河北省社会科学基金项目成果

职业院校劳动教育教学体系建设与创新

徐爱新　赵素华◎著

中国铁道出版社有限公司
CHINA RAILWAY PUBLISHING HOUSE CO., LTD.

内容简介

本书以职业院校如何深入推进劳动教育为切入点，梳理了劳动教育与德育、专业教育、体育、美育、创新创业教育的关系，结合职业教育的教学规律和学生特点，重点论述了职业院校如何构建具有职业教育特色的劳动教育教学体系。本书主要包括劳动教育的基本问题、新时代劳动教育的性质与任务、劳动教育的理念与思路、劳动教育的目标与内容、劳动教育的课程体系、劳动教育的模式与方法、劳动教育的考核与评价、劳动教育的保障与规制等内容。

本书可供职业院校教育工作者、劳动教育专任教师、劳动教育研究人员参考。

图书在版编目（CIP）数据

职业院校劳动教育教学体系建设与创新 / 徐爱新，赵素华著 . -- 北京 : 中国铁道出版社有限公司，2024. 7. -- ISBN 978-7-113-31374-6

Ⅰ. G40-015

中国国家版本馆 CIP 数据核字第 20246U7V22 号

书　　名：职业院校劳动教育教学体系建设与创新

作　　者：徐爱新　赵素华

策　　划：潘星泉　　　**编辑部电话**：（010）51873090

责任编辑：潘星泉　徐盼欣

封面设计：刘　颖

责任校对：苗　丹

责任印制：樊启鹏

出版发行：中国铁道出版社有限公司（100054，北京市西城区右安门西街8号）

网　　址：https://www.tdpress.com/51eds

印　　刷：北京市泰锐印刷有限责任公司

版　　次：2024年7月第1版　2024年7月第1次印刷

开　　本：787 mm × 1 092 mm　1/16　**印张**：12.5　**字数**：301千

书　　号：ISBN 978-7-113-31374-6

定　　价：45.00元

前 言

党的二十大报告提出："教育、科技、人才是全面建设社会主义现代化国家的基础性、战略性支撑。必须坚持科技是第一生产力、人才是第一资源、创新是第一动力，深入实施科教兴国战略、人才强国战略、创新驱动发展战略，开辟发展新领域新赛道，不断塑造发展新动能新优势。"劳动者的劳动素养既关系到每个人的精神面貌和生活质量，也关系到国家生产、建设、管理、服务第一线劳动力供给的质量，还关系到我国全面推进社会主义现代化建设伟大事业的进程。2018年以来，劳动教育被提到了前所未有的重要地位，中共中央、国务院《关于全面加强新时代大中小学劳动教育的意见》对新时代劳动教育进行了顶层设计，教育部印发《大中小学劳动教育指导纲要（试行）》对各级各类学校落实劳动教育工作进行了全面部署，印发《义务教育劳动课程标准（2022年版）》对义务教育阶段劳动课程进行了规范设计。新时代劳动教育的设计与实施迅速成为各级各类学校教育教学改革的重要内容，劳动教育研究迅速成为教育研究的热点。

教学体系是学校实施教学行为的规范体系，是教师教、学生学的总体，是教育者主动建构教学过程的整体设计，包括教学理念、教学目标、教学内容、教学模式、教学方法、教学评价及教学保障等关键要素，是基于特定教学目标或教学任务，面向特定教学对象，针对谁来教、教什么、怎么教等核心问题的顶层设计。德智体美劳全面培养的教育体系建设，赋予了劳动教育"五育"之中"一育"的重要地位，劳动教育谁来教、教什么、怎么教，新时代劳动教育与之前的劳动教育有什么区别和联系，如何处理劳动教育与德、智、体、美四育的关系，是各级各类学校落实国家教育方针、推进劳动教育急需破解的问题。

职业教育是与基础教育、普通教育不同的教育类型，是培养受教育者获得某种职业或岗位劳动所需要的专业知识、技能和素养，使学生毕业后可直接参加职业或岗位劳动的职业准备教育，担负着为国家生产、建设、管理、服务一线培养高素质应用型技术技能人才的任务。有人认为，职业教育本身就是劳动教育，没有必要再额外加强劳动教育；也有人认为，职业院校开展劳动教育只需要在实践教学或实习实训中强调一下劳动教育的要求即可。认知决定行动，职业院校在落实劳动教育的过程中，如何处理劳动教育与专业教育的关系，如何建构具有职业教育特色的劳动教育教学体系，是职业教育工作者需要深入研究和实践的课题。

本书力图回应和破解上述问题，立足新时代、新征程背景下劳动教育的新任务、新要求，对职业院校推进劳动教育过程中产生的各种认识问题进行思考和辨析，针对教育实践中的痛点、难点、堵点，以职业院校劳动教育教学体系建设为研究对象，进行理论化、系统化、体系化建构，并基于实践探索给出成熟经验和典型案例，以供同行切磋借鉴。希望以教学体系研究为突破口，引发同行更大范围、更深程度的思考，共同为构建德、智、体、美、劳全面培养的教育体系贡献绵薄之力。

因为著者水平有限，书中疏漏及不妥之处在所难免，敬请广大读者批评指正。

著　者

2024 年 4 月

目 录

第一章 劳动教育的基本问题 …… 1

第一节 当前劳动教育存在的突出问题 …… 1
第二节 劳动教育的发展演进 …… 3
第三节 劳动与教育的关系 …… 6
第四节 劳动与劳动教育的关系 …… 10
第五节 劳动教育与职业教育的关系 …… 13

第二章 新时代劳动教育的性质与任务 …… 18

第一节 新时代劳动教育的性质 …… 18
第二节 新时代劳动教育的任务 …… 22

第三章 劳动教育的理念与思路 …… 27

第一节 理论基础与实践借鉴 …… 27
第二节 职业院校劳动教育的教学观 …… 31
第三节 劳动教育的课程化建设思路 …… 34
第四节 劳动教育的“五进”实施路径 …… 35

第四章 劳动教育的目标与内容 …… 39

第一节 劳动教育的“三维三阶”教学目标 …… 39
第二节 劳动教育的“五大模块”教学内容 …… 45

第五章 劳动教育的课程体系 …… 62

第一节 劳动教育专题必修课程建设 …… 62
第二节 劳动教育主题选修课程建设 …… 71
第三节 劳动教育岗位实践课程建设 …… 75
第四节 劳动教育研学实践课程建设 …… 79
第五节 劳动教育五育融合课程建设 …… 85

第六章 劳动教育的模式与方法……99

第一节 劳动教育教学模式的设计原则……99
第二节 劳动教育的项目式教学模式……104
第三节 探索实践数字化劳动教育……119
第四节 劳动教育的线上线下混合式教学模式……128

第七章 劳动教育的考核与评价……140

第一节 劳动教育考核评价的困境……141
第二节 劳动教育考核评价的理念与工具……145
第三节 “五维三级”学生劳动素养评价体系……151
第四节 “多元三度五维”学生劳动素养评价模式……164

第八章 劳动教育的保障与机制……177

第一节 劳动教育“五位一体”协同育人机制建设……177
第二节 劳动教育“五课堂”协同育人资源建设……181
第三节 劳动教育协同育人团队建设……186

第九章 结 论……190

第一章

劳动教育的基本问题

2020年3月20日，中共中央、国务院出台《关于全面加强新时代大中小学劳动教育的意见》（以下简称《意见》），对全面构建体现时代特征的劳动教育体系进行了总体规划，全面开启了新时代劳动教育的发展进程。为推进《意见》的落实，教育部于2020年7月7日印发《大中小学劳动教育指导纲要（试行）》（以下简称《纲要》），对新时代劳动教育的性质、目标、内容、途径、评价、保障等进行了细化和部署。各级各类学校对新时代劳动教育积极回应，展现出极大的教育研究和教学改革热情，各大中小学均开设了劳动教育课，新时代劳动教育进入了发展快车道。在快速发展的同时也应清醒地认识到，新时代劳动教育的发展之路并不是一路坦途，而是面临着诸多亟须解决的问题。2022年有学者调查显示，15.5%的学生认为劳动会影响学习，8.4%的学生认为劳动教育对自己没有用处[①]。造成这些现象的原因主要是传统劳动观念存在认知误区，劳动教育的价值未得到彰显，劳动教育的方式方法存在异化等。这些问题的存在，对劳动教育的有效落地和健康发展形成了桎梏。打破认知桎梏，厘清劳动、教育、劳动教育三者之间的关系，建立对劳动及新时代劳动教育内涵和价值的正确认识，是为新时代劳动教育破除发展阻力，助推其持续健康发展的基础和前提。

第一节　当前劳动教育存在的突出问题

对于当前劳动教育存在的突出问题，教育部职业技术教育中心研究所的姜大源教授总结为“劳动教育地位被边缘化、实施被形式化、地点被单一化，存在有劳动无教育、有教育无劳动的双重缺失现象”[②]。王玉廷指出劳动教育存在着“劳动教育精神价值的迷失、劳动教育课程资源的短缺以及劳动技能培养的滞后等”[③]。周波认为人们对劳动教育的认识存在窄化、泛化、矮化问题，表现为把劳动教育视为体力劳动教育、生产劳动教育、道德教化的工

① 陈明香，李永义，廖鹏. 供给侧改革视角下职业院校劳动教育的现状及影响因素研究[J]. 宁波职业技术学院学报，2022，26(1): 98-102.

② 姜大源. 刍议新时代劳动教育的时空构建[J]. 国家教育行政学院学报，2020(6): 43-57.

③ 王玉廷. 新时代高校劳动教育弱化的表现缘由及出路[J]. 当代教育科学，2019(10): 44-47.

具与手段，未把劳动教育视为培养全面发展的人的组成部分①。班建武认为学校对劳动和劳动教育的关系存在认识和实践误区，表现为在教育形式上用劳动代替对劳动教育的设计，在资源开发上将劳动教育资源简单等同于劳动资源，在评价上用对劳动成果的评价取代对劳动综合育人效果的评价②。综观当前劳动教育的现状，存在的突出问题主要表现为对劳动和劳动教育内涵的误读与劳动教育实践的异化两个方面。

一、对劳动和劳动教育内涵的误读

在我国古代和近代，学校教育长期与生产劳动分离，在人们认知中形成了关于劳动与教育的刻板印象。原始社会末期，随着社会生产力的发展，社会分工从劳动领域扩大到整个社会，出现了脑体分离，一部分人从直接的生产劳动中脱离出来，专门从事社会管理和文化活动，产生了对从事社会管理和文化活动人员进行专门培养的需要，催生了学校教育的产生。早期的学校教育是为了传递知识和学问，教育者和受教育者都是脱离了直接生产劳动的人，而社会管理和文化活动人员在社会阶层中处于较高的社会地位，便形成了“劳心者治人，劳力者治于人”的刻板印象。延续几千年脑力劳动与体力劳动的分离，导致“重脑力劳动、轻体力劳动”的社会观念根深蒂固，人们将劳动与教育对立起来，形成了劳动与教育分立的“二元认识论”，“劳动就是体力劳动”“劳动耽误学习”“学而优则仕”“要努力学习跳离农门”的思维长期影响家庭的教育观念。

新中国成立后，在全民劳动政策和推崇劳动模范社会文化的引领下，人们对劳动的认识发生了巨大转变，劳动教育的发展也经历了几多转折。新中国成立初期，由于国家建设需要大量的劳动者，大批中小学毕业生需要直接参加生产劳动，劳动教育得到国家及社会各界的高度重视，起着重要的政治宣示、接班人培育、社会生产动员、意识形态建构四大功能③，尊重劳动、崇尚劳动模范的社会主流思维基本形成。随着社会生产力水平的提升，学生受教育年限延长，劳动教育直接面向生产劳动的职能减弱，学校教育的中心工作围绕德育、智育、体育开展，劳动在教育中转化为实践教学的一种形式，劳动教育一度受到弱化和边缘化，高等学校普遍未开设劳动课，部分中小学忽视劳动课或取消了劳动课。改革开放之后，随着物质生活条件的大幅度提高，基于对孩子的疼爱及“望子成龙”传统思想的影响，劳动与教育分立的“二元认识论”在部分家庭中死灰复燃，家长们虽然在理性认识上认同热爱劳动、尊重劳动的社会文化，但普遍缺乏对劳动及劳动教育的正确认识，认为劳动就是体力劳动，是让孩子吃苦受累，认为劳动耽误学习，家长的错误认识和不当做法直接影响了孩子的劳动价值观和劳动习惯。社会上的某些个例或部分媒体的不当宣传也起到了推波助澜的负面作用，追求不劳而获等不良价值观在部分年轻人中悄然滋生。部分年轻人羡慕创业者的一夜成名却体会不到创业的艰辛，羡慕轻松的工作和优越的物质生活却不愿意付出汗水和努力，劳动观念淡薄，不想劳动、不尊重基层体力劳动者、不会劳动、不珍惜劳动成果，出现了好逸恶劳、追求不劳而获、贪图享乐等畸形价值观。

---

①周波. 劳动教育的认识误区及其澄清[J]. 教育评论, 2021(4): 18-23.

②班建武. 劳动与劳动教育的关系辨析及其实践意义[J]. 广西师范大学学报（哲学社会科学版），2021(2): 51-60.

③刘向兵, 曲霞. 党史百年历程中劳动教育的功能及其实现[J]. 教育研究, 2021, 42(10): 4-10.

二、劳动教育实践的异化

劳动异化是马克思主义哲学的重要观点。马克思认为，资本主义私有制导致了本应体现人主体力量和类本质特征的劳动变成了劳动者异己的压迫力量，这样一种劳动是一种异化的劳动，也导致了劳动者自身的异化。马克思提出劳动者被三种方式异化：与其生产的劳动产品相异化；与其所在的劳动过程相异化；与自然和他人相异化。劳动异化使劳动变成维持人肉体生存的必要手段，剥夺了劳动者劳动的快乐，劳动的过程使劳动者感到痛苦，使劳动者丧失主动性和创造性，迫切想逃离劳动。

现实生活和劳动教育实践中，一些不当做法使劳动异化现象在部分学生身上再现。如学生犯了错误之后，一些学校老师或家长罚学生打扫卫生，让学生对劳动产生了不良体验。再如一些学生在没有认识到劳动价值的情况下直接参加体力劳动，劳动过程中的脏、重、忙、烦琐等让学生产生苦、累、委屈等消极感受。职业院校的劳动教育实践中，受场地、教育者的认识、管理力量等多种因素影响，存在诸多导致劳动异化的不当做法。例如，一些学校机械理解“以体力劳动为主”的要求，在缺乏深入细致的劳动观念教育和劳动设计的情况下，直接用“出力流汗”代替劳动教育，导致学生只感受到了劳动的脏和累，形成了越劳动越厌恶劳动的情感；或者把劳动教育仅作为一项任务来做，缺乏对课程的精心设计，课程开设的价值无法显现，学生仅把劳动教育作为一门课程修习，以拿到学分为目的；或者缺乏对教学评价的有效设计，用对劳动成果的评价代替对劳动教育效果的评价，导致劳动基础差或动手能力弱的学生产生了挫败感，进而厌恶或逃避劳动；或者简单理解《意见》中提出的“劳动精神、劳模精神、工匠精神教育不少于16课时”的要求，认为“职业教育就是劳动教育，没必要再增加额外的教育”，仅开设理论课，劳动教育止步于说教；或者因缺乏师资和场地，把原有学生活动改造后冠以劳动教育之名，用活动代替劳动教育，学生认为劳动教育就是搞活动，导致部分社交能力弱或特长不突出的学生失去了参与积极性。上述做法未能彰显劳动及劳动教育的价值，劳动教育走了过场，学生对劳动教育兴趣不高、主动性不强，认识不到也体验不到劳动教育对自身成长的价值。

无论是对劳动和劳动教育的认识误区还是劳动教育实践中的不当做法，虽然有其产生的历史渊源和社会背景，但与新时代劳动教育的要求相背离，对劳动教育的持续健康发展形成了阻力。规避劳动教育实践中的异化现象，澄清概念，厘清关系，理清思路，是职业院校推进劳动教育需要深入研究和亟待破解的课题。教育工作者需要加强劳动教育研究和实践探索，从重构“德、智、体、美、劳”五育并举的人才培养体系的高度和视角，运用科学规范的课程建设范式，从顶层设计入手，科学设计职业院校劳动教育的教学体系，推进劳动教育课程建设以及教学内容、教学模式、教学手段、考核评价体系改革，使劳动教育真正发挥劳动育人的职能。

第二节　劳动教育的发展演进

梳理劳动教育的发展脉络，对深刻理解劳动、教育、劳动教育三者间的关系具有基础作用。劳动教育是劳动与教育的结合体，是以劳动为载体的教育活动，是以提高受教育者劳动素养为目的的人类实践活动。从广义的角度，劳动教育是伴随着人类的劳动而产生的，从原始社会的劳动开始，伴随着人类在劳动过程中有意或无意的劳动知识与技能传递，劳动教育便发生了；从狭义的角度，19世纪60年代，我国在由农业社会向工业社会转型的探索过程中，由于工业化生产对劳动者素质提出了较高要求，劳动知识和技能的传递不能再通过劳动过程中的互动有效地完成，产生了对从业人员进行专门的、形式化的技术教育和培训的教育需求，1862年洋务派在北京创办了京师同文馆，成为最早学校劳动教育的雏形。新中国成立后，劳动教育得以正式确立并迅速发展。按照劳动在教育中的作用划分，可将劳动教育的发展划分为四个阶段。

一是劳动教育的形式化阶段（19世纪60年代至1948年）。在这一阶段，劳动与教育长期分离的状态被打破，生产劳动知识与技能教育成为教育的一个分支领域，劳动教育由生产劳动实践过程中师徒面对面言传身教的非形式化教育，发展成为有目的、有计划、有组织的学校教育。洋务运动时期和清朝“新政”时期开办了各类实业，为培养各实业部门需要的技术人员和管理人员，以张之洞等为代表的进步人士开办了各类实业学堂，1866年左宗棠开办的福州船政学堂被认为是中国近代职业技术教育的开端。实业学堂的开办挑战了原有“万般皆下品，唯有读书高”的封建思想，对脑力劳动和体力劳动分离、歧视体力劳动的教育观念形成了极大冲击，标志着以培养劳动者为教育目的、以劳动技术为教学内容的学校劳动教育产生。

二是劳动教育的制度化阶段（1949—1977年）。新中国成立后，劳动教育的身份和地位在教育制度层面得到了正式确立，以生产劳动知识和技能教育为目的和主要内容的劳动教育进入国民教育序列，并始终在教育体系中占据着重要地位，在国家教育方针和教育体系改革的演进中，劳动教育的教育目标、教育内容通过教育制度建设得以逐步完善。新中国成立初期即明确了培养劳动者的教育目标，确立了教育为生产劳动服务的教育方针。1957年，毛泽东在《关于正确处理人民内部矛盾的问题》中明确提出：“我们的教育方针，应该使受教育者在德育、智育、体育几方面都得到发展，成为有社会主义觉悟的、有文化的劳动者”。由于中小学生毕业后需要直接参加生产劳动，劳动教育在中小学教学中受到了高度重视，逐步从课外活动成为中小学的正式课程。各中小学普遍开设了劳动技术课，学工学农成为中小学生学习的重要内容。1950年，时任教育部部长钱俊瑞在《当前教育建设的方针》中把劳动教育作为贯彻“教育为生产建设服务的方针”的重要内容。1955年，国务院召开全国文化教育工作会议，正式决定在全国小学有步骤地实施基本生产技术教育，生产劳动技术教育作为教育内容之一正式进入国民教育。1958年9月，中共中央、国务院发布《关于教育工作的指示》，提出“在一切学校中，必须把生产劳动列为正式课程”。这一时期的劳动教育主要服务于生产劳动，以培养受教育者直接参加生产劳动为教育目标，一般以当地实用生产技术为主要教育内容。

三是劳动教育的全面化阶段（1978—2017年）。在这一阶段，劳动教育的内涵趋于丰富，教育目标具备了服务生产、育人双重属性，教育内容进行了延展扩充，由生产属性的劳动演化出教育属性的劳动实践活动。劳动教育的任务在服务生产劳动的基础上丰富了育人的职能，“教育与生产劳动相结合”成为我国长期坚持的教育方针，教育不仅服务于生产劳动，而且挖掘了劳动的教育价值，将生产属性的劳动改造为具有教育属性的劳动实践活动，作为实践教学的一种载体。劳动教育更加关注自身人才培养的职能，教育目标同时服务于生产劳动和人的发展，既是“为了劳动”的教育，也成为“通过劳动”的教育；劳动教育内容在外延上不再局限于以体力劳动为主的生产劳动。1981年，党的十一届六中全会通过《关于建国以来党的若干历史问题的决议》，提出了脑力劳动与体力劳动相结合的教育方针，劳动的范围从生产劳动延伸到了公益劳动等领域，劳动教育也曾一度被赋予德育实践教学的职能。1984年9月，中共中央宣传部、教育部印发《关于高等学校学生参加生产劳动的若干规定》，要求学生参加劳动期间，对学生进行形势与政策、四项基本原则、革命传统、热爱专业与热爱劳动教育，使学生思想上得到进步和提高。进入21世纪之后，劳动教育的内涵和外延进一步拓展，既突出了培养劳动者这一社会价值，又从培养受教育者的品德、情感、知识和能力等方面增强了个体价值。2015年，教育部、共青团中央和全国少工委联合印发《关于加强中小学劳动教育的意见》，明确提出劳动教育的主要目标、基本原则、关键环节和保障机制，对中小学劳动教育进行了规划和完善。

四是劳动教育的体系化阶段（2018年至今）。在这一阶段，“德、智、体、美、劳”全面培养的教育体系建设，将劳动教育引入发展的新时代，在培养“德、智、体、美、劳”全面发展的社会主义建设者和接班人的教育方针指引下，劳动和教育的双向服务职能增强。2018年，习近平在全国教育大会上指出：“要努力构建德智体美劳全面培养的教育体系”“要在学生中弘扬劳动精神，教育引导学生崇尚劳动、尊重劳动，懂得劳动最光荣、劳动最崇高、劳动最伟大、劳动最美丽的道理，长大后能够辛勤劳动、诚实劳动、创造性劳动”。《关于全面加强新时代大中小学劳动教育的意见》《大中小学劳动教育指导纲要（试行）》相继出台，新时代劳动教育应时代要求而生，承载了时代赋予的新使命。2022年教育部印发《义务教育劳动课程标准（2022年版）》，对义务教育劳动课程的性质、目标、分学段教学内容、评价标准进行了规范，并对课程实施给出了基本操作建议。2022年，教育部印发《关于公布2021年度普通高等学校本科专业备案和审批结果的通知》，正式将劳动教育新增为本科专业，标志着劳动教育发展成为一门独立的学科及专业，成为教育要素全面、知识结构完整、逻辑框架清晰的一个完整教育分支。

从19世纪60年代发展至今，劳动教育中的“劳动”具备了三重属性：不仅是教育的目的，而且是教育的手段，还成为教育的内容之一。劳动教育作为“五育”中的“一育”，正式成为中国特色社会主义教育体系中的一个分支领域，具备了教育目标、教育内容、评价标准、保障措施等进行自身体系建构的核心要件，逐步走上学科化、专业化发展道路，建构了自身完整系统的目标框架和知识结构，形成了相对独立完整的教学体系。

第三节　劳动与教育的关系

《辞海》中把劳动定义为人类创造物质或精神财富的活动，按照传统的劳动分类理论，一般分为脑力劳动和体力劳动两大类。《辞海》中把广义的教育定义为以影响人的身心发展为直接目的的社会活动，把狭义的教育定义为由专职人员和专门机构进行的学校教育。劳动与教育都是人类重要的实践活动，两者的结合产生了劳动教育，劳动教育的发展密切了两者间的双向互动。要研究劳动教育，回答“为什么要加强新时代劳动教育”的问题，需要从探讨劳动与教育的关系入手，从劳动对教育的价值视角揭示加强劳动教育的必要性和紧迫性。

一、劳动是教育的目的

教育是培养人的社会活动，“培养什么样的人”是教育的基本问题，无论是“培养有社会主义觉悟的、有文化的劳动者”，还是“培养德智体美劳全面发展的社会主义建设者和接班人”，社会主义教育的最终目标都指向“劳动者”这一基本角色，培养劳动者是教育的基本职责。劳动起源说认为，教育起源于劳动，在人类最原始的劳动过程中，基于人与人劳动协作的需要或者长者引导幼者劳动的需要，产生了劳动知识技能的传递，教育随之而生。毋庸置疑，劳动是人类生存的基础，培养新一代人具备劳动能力是人类生存和繁衍的需要，因而劳动对教育提出刚性要求。如果教育培养的人不想劳动、不会劳动，人类将无法生存，人类社会将难以为继，教育没有完成自己应有的基本职责，就失去了存在的意义。新中国始终坚持教育为生产建设服务的教育方针，社会主义教育的本质是培养社会主义劳动者。1950年，时任教育部副部长钱俊瑞在《当前教育建设的方针》中明确指出：“为工农服务，为生产建设服务，这就是当前实行新民主主义教育的中心方针。”新中国成立初期，由于大部分学生中小学毕业后直接参加生产劳动，因而特别重视中小学劳动教育。1954年，时任政务院总理周恩来在第一届全国人民代表大会第一次会议所做的报告中明确提出：“中小学教育中都应当注意劳动教育，以便中小学毕业生广泛地参加工农业劳动。”培养劳动者的教育方针始终指引着新中国教育改革的方向。进入新时代，培养劳动者的目标更加适应时代发展和国家建设的要求。2018年，习近平总书记在全国教育大会上，强调“坚持中国特色社会主义教育发展道路”，“培养德智体美劳全面发展的社会主义建设者和接班人”，对新时代教育的目标和任务做出了明确要求。

基于社会生产力发展的要求，教育不仅要培养劳动者，还要持续提高劳动者的劳动素养，以满足社会生产力发展对高素质劳动者的要求，从这个意义上讲，教育是劳动的支撑。劳动力是劳动的三要素之一，劳动力的提升推动了劳动形态的变迁和社会生产力的发展；反过来，劳动形态的变迁和社会生产力的发展对劳动者素质不断提出新的要求，劳动生产力的发展需要数量充足的、具有创造力的高素质劳动者。在原始社会，生产力水平低下，劳动依靠的是人的手、脚等自然力量；在农业社会，人类发明了各种劳动工具，但生产过程依然依靠人自然力的付出；在工业社会，机器化大生产降低了对人体力付出的要求，但对劳动者团队合作能力和机器操作技能提出了较高要求；在当今时代，人类劳动已经进入信息时代和智能劳动时代，对人的设计能力和创新能力提出了更高要求。教育必须回应劳动对劳动者素质的时代要求，不仅要培养与社会生产力发展相匹配的劳动者，还要具有前瞻性，通过提升劳动者的创造性推动社会生产力持续发展。基于以上分析，从广义来看，开展劳动教育是教育履行其基本职责的必要手段，是教育本质属性的具体体现；从狭义来看，学校教育不仅要加强劳动教育，把劳动作为教育的主要内容之一，还要加强劳动教育研究。研究人为什么需要劳动，人为什么而劳动，帮助劳动者树立正确的劳动观念，积极地投入劳动。还要研究什么是高质量的劳动，如何实现高质量的劳动，提高劳动者的劳动能力、创造力以及其他高品质劳动素养，通过提升劳动者素质促进劳动质量的提升，进而促进社会生产力和人类社会的持续发展。

劳动者的劳动素养是劳动质量的决定因素，劳动素养也是人的核心素养，提高人的劳动素养是教育本质属性的体现，也是教育的目的之一。从外部输出角度，教育要为社会和生产劳动服务，体现其社会价值；从内部输入角度，教育要着眼于人的全面发展，促进人的全面发展，体现其个体价值。“德、智、体、美、劳”是当代人才全面发展的五个维度，五个维度的素质均得到发展才称得上是全面发展，“五育”之所以并列是因为“五育”对应人的五个素质维度，各自有自己的价值目标和教育任务。马克思认为，人的本质就其现实性而言，是一切社会关系的总和。从这个视角出发，人的生活以及人的素养培养都不能离开现实生活。人的生活包括物质生活和精神生活两个层面，从这两个层面来看人的素养培养，德育追求“善”，智育追求“真”，体育追求“健”，美育追求“美”，劳育追求“富”①。“德、智、体、美”四育着眼于人的内部身心素养，人的身体健康是构成人生命存在的生理前提，德育、智育、美育解决人“为什么活”“如何活”“如何活得好”的问题，教会人理智地生活、道德地生活、审美地生活，而劳育着眼于人与外部现实生活联系所必需的根本素养，是解决人靠什么而“活着”的问题②。生存是人的第一需求，生活自理及独立生活所需要的基本劳动能力是人的第一能力，人的劳动创造是构成人生命维系的物质保证，劳动教育的核心就在于使人获得物质创造能力，这一能力是劳动教育之外其他“四育”不能替代的。因此，教育必须承担基本职责，对人进行“德、智、体、美、劳”全面培养，缺少任何一项素养培育都会导致人发展的片面性。

二、劳动是教育的载体和手段

劳动天然具有教育性。马克思主义认为，劳动是教育的起点，劳动之所以与教育息息相关源于劳动的本质特征。劳动具有二重性：第一重指劳动是人类生存的必备手段；第二重指劳动让人获得自由。“劳动既是人类生存欲望需求支配下的自然限定性的谋生活动，同时也是超越这一谋生性而成为解放自然万物与人自身的自由活动③。”人类在劳动过程中促进了直立行走以及语言的产生，在不断使用、改进、创造劳动工具的过程中促进了心智的发展，在劳动的分工与合作中建构了人与人之间的关系。劳动促进了人类的进化与发展，正如

①柳夕浪. 全面准确地把握劳动教育的内涵[M]. 教育研究与实验, 2019(4): 9-13.

②班建武. 新时期劳动教育理论体系建构研究[M]. 杭州: 浙江教育出版社, 2022.

③尤西林. 阐释并守护世界意义的人: 人文知识分子的起源与使命[M]. 上海: 华东师范大学出版社, 2017.

恩格斯在《劳动从猿到人的转变中的作用》所言："劳动是整个人类生活的第一个基本条件，而且到这样的程度，以致我们在某种意义上不得不说：劳动创造了人本身。"①原始社会的教育就是生产劳动教育，主要是"生产"与"劳动"，劳动过程本身就能完成对劳动者劳动能力的培养，"教育"是隐性的，附着在劳动过程之中。劳动起源说认为，教育起源于劳动过程中社会生产需要和人的发展需要的辩证统一。因此，劳动具有极强的教育性，"劳动耽误学习"本身就是一个伪命题，是对劳动窄化和曲解认识下"二元认识论"的具体反映。劳动本身就是一种教育，参加劳动是学习的另外一种形式。

劳动的教育性与教育的本质属性直接相关。教育是人类特有的社会实践活动，是有目的、有计划、有意识、自觉地对受教育者进行培养的活动。劳动也是人类特有的实践活动，劳动能够促进人的身体心理发展，充分说明其具有强大的教育功能。苏霍姆林斯基说过，儿童的智慧在他的指尖上。劳动能够促进人手和脚以及身体的运动，在劳动过程中，手脚、肢体、脑等器官联动，促进人脑的发展和四肢的发育。劳动是人之为人的显著特征，是人社会化的主要途径，也是对个体进行道德品质教育的载体。卢梭指出："劳动教育不仅可以让孩子实现自主的生活，还有利于培养他们的优秀品质。"②马卡连柯指出："努力劳动不只可以培养人的工作能力，而且可以培养同志的关系，即培养一个人对其他人应有的正确态度，这就是一种道德教育。"③劳动首要的意义与价值在于满足人们的生存需要，是人创造、表征、确证自身存在本质的生命活动，是人的类本质特征。具有相同类本质特征的人构成了人类社会，且选择了群居的生活方式。人生活在一个群体之中，必然与他人发生各种各样的社会关系。劳动在人建构社会关系中起着决定作用，劳动在创造物质产品和精神文化的同时，创造出以这些产品为载体的人与人的社会关系。在人的社会关系建构中，人的生产劳动是建构其社会关系的主要载体，人正是通过生产劳动才形成了现实的社会关系④。

基于劳动极强的教育性，劳动是提升教育效果和教育质量的天然的、优势极其突出的载体和手段，教育应该将其利用并发挥到极致。教育具有个人和社会双重属性，从教育的个人属性来看，教育担负着把新生代培养成为具有健全人格、全面发展的人的任务，让每个人具有自主发展意识，能够独立存在且持续发展，经济独立是前提和基础，参加劳动是实现经济独立的必要保证，是人生存和发展的基础，劳动可满足人生存的第一需要并展示人的自由、自觉的类本质⑤。劳动也是人利用一定时间、付出一定强度的体力和脑力才能完成的实践活动，对受教育者的意志品质和劳动能力也是一种培养手段。劳动具有树德、增智、强体、育美的功能，德、智、体、美"四育"的教学成果，可以在劳动实践中得到检验和强化。劳动为教育引领方向，为增进教育效果提供实践舞台，高质量的、社会主义的教育离不开劳动实践，教育与劳动相结合是我国长期坚持并将继续坚持的教育方针。从教育的社会属性来看，教育担负着培养社会主义建设者和接班人的神圣使命，参加劳动是社会成员的职责

---

①马克思, 恩格斯.马克思恩格斯选集: 第三卷[M] .中共中央马克思恩格斯列宁斯大林著作编译局, 编译.北京: 人民出版社, 2012.

②卢梭. 爱弥儿[M]. 李平讴, 译. 北京: 商务印书馆, 1983.

③马卡连柯. 马卡连柯教育文学: 第四卷[M]. 北京: 人民教育出版社, 1959.

④檀传宝. 劳动教育论要[J]. 北京: 北京师范大学出版社, 2020.

⑤班建武. 新时期劳动教育理论体系建构研究[J]. 杭州: 浙江教育出版社, 2022.

和义务，劳动也是社会分配法则，“不劳动者不得食”是社会资源分配的基本原则。生产劳动、服务性劳动及其他社会劳动是对教育履职情况的检验，让劳动深入融入教育，是教育提升自身履职能力的手段。新时代，劳动形态日趋多样化，劳动知识更新迭代加剧，劳动技能呈现精细化、复杂化、智能化等特征，对劳动者的知识、能力、素质提出了新的、更高的要求，我国社会主义现代化建设伟大事业步入了快车道，“两个一百年”奋斗目标及中华民族伟大复兴中国梦的实现，都要依靠全国人民辛勤劳动、诚实劳动、科学劳动、创造性劳动，需要教育提供充足的高素质人力资源。新时代的教育要回应时代和社会的要求，以劳动为载体和手段，培养造就符合时代和社会要求的劳动者。

三、劳动与教育相互依存

“劳教结合”是马克思主义哲学的经典思想，教育与生产劳动相结合是中国长期坚持的教育方针。1950年，时任教育部副部长钱俊瑞在《改革旧教育，建设新教育》的报告中提出“教育与生产相结合”的要求。初期的“教育与生产相结合”主要面向实际生产，要求培养的人才要具备直接参加工农业生产的知识和技术，是培养“有社会主义觉悟的、有文化的劳动者”教育目的的贯彻落实。在基础教育直接面向工农业生产的职能减弱之后，“教育与劳动相结合”更侧重于教育的育人属性，着眼于人的综合素养培养。1993年2月，中共中央、国务院印发《中国教育改革和发展纲要》，再次明确了“必须坚持教育为社会主义现代化建设服务，与生产劳动相结合”的教育方针，第36条提出：“加强劳动观点和劳动技能的教育，是实现学校培养目标的重要途径和内容。各级各类学校都要把劳动教育列入教学计划，逐步做到制度化、系列化。”①

“劳教结合”之所以受到推崇，源于劳动与教育的双向需求。劳动具有树德、增智、强体、育美的综合育人价值，能够提升育人的实效性和有效性，促进学生全面发展，为教育达成教育目标提供了有力支撑。马克思指出：“未来教育对所有已满一定年龄的儿童来说，是生产劳动与智育和体育相结合。它不仅是提高社会生产的一种方法，而且是造就全面发展的人的唯一方法。”②教育对劳动具有反向支撑功能，不仅仅是将有潜在劳动能力的自然人培养成为有现实劳动能力的社会人，还着眼于提高劳动经验传递的科学性和创新性，更有质量地实现劳动知识技能的传承，更高层次地提升劳动者的劳动素养，更大程度地提升受教育者的创新创造能力，通过提升劳动者的劳动素养促进知识技能的创新，促进社会生产力的发展。

在劳动和教育的发展过程中，虽然经历数次分离和融合，但均是从服务于社会生产力发展的需要出发，在分离和融合中实现了向更高层次的融合发展。在原始社会，劳动主要依靠人自然劳动力的输出，因劳动技能比较简单，劳动过程中就可以完成劳动知识技能的传递，劳动和教育是融合于一体的，教育附着于劳动过程之中；第一次社会大分工后，为了培养服务于统治阶级的管理和文化人才，学校教育产生，狭义上的教育与生产劳动分离，但如果从广义的角度来看，劳动过程中劳动知识和技能的传递仍然存在，师徒相授就是一种在劳动中进行非形式化劳动教育的典型例证；进入工业社会以后，劳动的复杂性增强，技术含量

---

①曾天山，顾建军. 劳动教育论[M]. 北京：教育科学出版社，2021

②马克思，恩格斯. 马克思恩格斯全集：第二十三卷[M]. 中共中央马克思恩格斯列宁斯大林著作编译局，编译. 北京：人民出版社，2009.

明显提升，机械生产对劳动者的劳动知识、劳动技能要求提高，随着劳动知识和技能的专业化、复杂化，劳动知识和技能的传授不能单独依靠劳动过程中的言传身授之后，需要在劳动之外通过专门的教育提升劳动者的劳动素养，便产生了培养劳动者的教育与生产劳动本身形式上的分离，形式化的劳动教育产生。这种分离是社会生产力发展到一定程度的产物，是劳动对教育的依赖和对教育提出的新要求，形式上的分离并不意味着两者本质的分离，反而是为了提高劳动力的质量、促进生产技术进步的一种方式。形式上的分离在更高的层面上实现了二者更为本质的结合[①]。分离的结果是促进教育与劳动的更好结合，使教育培养出符合劳动标准要求的劳动者。新时代，随着劳动生产力持续高速发展，脑力劳动与体力劳动高度融合的条件下，教育与劳动必将由分离走向结合，并朝着高度融合的方向发展。

“劳教结合”明确了劳动与教育的依存关系，是推进新时代劳动教育最有力的说服和证明。苏联教育家苏霍姆林斯基说过：“劳动以外的教育和没有劳动的教育是不存在，也不可能存在的。”劳动对教育的价值在随着时代的发展而变化，不仅作为教育的目的对教育提出要求，还作为提升教育有效性的手段，在人才培养中发挥着重要作用。当前，劳动又进一步成为新时代劳动教育的重要内容，在教育教学中深入开展为什么而劳动、怎样劳动、怎样实现高质量的劳动等专门研究和实践，将有力地推动教育教学改革及发展。反之，教育不仅来源于劳动，从劳动中汲取发展的动力，又服务于劳动，为劳动提供源源不断的高素质劳动者。随着对劳动教育性的深入挖掘，劳动已经由单纯的生产劳动覆盖到人类全部的劳动实践，教育者组织受教育者参加各个领域的劳动实践，在劳动实践过程中通过有效的互动实现对受教育者素质的提升，在这一过程中教育就发生了，有力地反击了“劳动耽误学习”的错误认知，有计划、有意识、有觉悟的劳动实践就是受教育者学习的过程，劳动与教育分立的“二元认识论”将彻底被摒弃。作为劳动与教育的结合体，劳动教育既是社会主义教育体系的重要组成部分，是培养全面发展的人的必要手段，也是直接为劳动服务的教育类别，劳动教育的发展与创新对劳动的高质量发展必将起到巨大的推动作用。

第四节　劳动与劳动教育的关系

提到劳动教育，人们脑海中自然联想到组织学生到工厂、乡村、社区等地参加义务劳动，这与劳动教育发展的历史沿革相关，之前的劳动教育通常的教学形式就是组织学生参加各种劳动。新时代的劳动教育已经成为一个教育分支，具有体系化的结构框架，如果再将劳动教育理解为直接参加劳动，是对劳动教育的窄化，组织学生参加劳动实践仅是劳动教育的实践教学形式。新时代的劳动教育置身于物质充裕的社会环境，如果再以简单直接的方式组织学生到生产一线“出力流汗”，不仅不能完成新时代劳动教育应有的教育任务，还可能会造成我们不愿意看到的两种极端现象：或者学生因感受到劳动的脏、累、苦、烦，越劳动越想逃离劳动，教育效果适得其反；或者成为繁重学习之外的一种休闲方式，学生仅感受到新鲜有趣，达不到应有的教育目的。这就需要我们深层次探究劳动、劳动实践、劳动教育的内

① 班建武. 新时期劳动教育理论体系建构研究[M]. 杭州: 浙江教育出版社, 2022.

涵，规避新时代背景下的劳动异化和劳动教育异化现象。

一、劳动与劳动实践的概念辨析

在之前的劳动教育中，人们往往把劳动与劳动实践混为一谈，劳动、劳动实践虽然都是人类的实践活动，但是两个不同性质的概念。人类的实践领域可以是生产层面的，也可以是文化、社会活动层面的，劳动是生产层面的人类实践，劳动实践是文化或社会活动层面的人类实践。

劳动是以获得物质财富和精神财富为目的的人类实践活动，本质特征是生产性，其作用对象是物，其产品是物质产品或物化、显性化的精神文化产品。在劳动的认识上存在两个误区：一是把劳动等同于体力劳动；二是把人类一切付出脑力或体力的活动视为劳动。澄清这两个错误认识需要在认识劳动的概念时把握两个关键点：一方面，劳动是人类输出劳动量的实践活动，无论是脑力的输出还是体力的输出，都是人体劳动量的消耗，人体是一个各器官有机组成的整体，任何劳动量的消耗都不会是孤立的单一器官的活动，脑力和体力的消耗是相伴相生的，任何劳动都是脑力劳动和体力劳动的结合体；另一方面，劳动是创造财富或产生劳动价值的人类实践活动，创造性是劳动的显著特征，判断的标准是人体活动的工具性和有用性，如果人体的活动不能创造财富和价值，就不能视其为真正意义上的劳动。

实践是与理论相对的概念，是人们能动地改造和探索现实世界的社会性活动，是主观见之于客观的活动。其主要形式包括改造自然的物质劳动、改进社会关系的社会活动，以及探索世界奥秘的科学探索活动等①。理论教学、实践教学是教育领域常用的两种教学形式。劳动教育中常用的实践教学形式是组织学生参加劳动实践。劳动实践的本质特征是实践性，其作用对象是人。常见的劳动实践可以细分为两种形式：一种是组织学生参加真实的劳动场景，以劳动过程作为对学生进行劳动教育的过程，是以真实劳动为内容的实践教学形式；另一种是劳动教育中的实践教学环节，是以劳动为内容或以劳动项目为载体，通过现场教学或沉浸式教学的形式，让学生动手、动脚、动脑，亲力亲为，注重学生的体验、感受和获得直接经验，可以没有物化的、形式化的、显性化的劳动产出。

澄清劳动与劳动实践的概念，有助于进一步明确新时代劳动教育的教学观。劳动教育的本质特征是教育性和社会性，其作用对象是人，是以提高人的劳动素养为目的的社会实践活动，劳动实践是教学的手段，但并不是劳动本身。劳动教育的最终目的是培养能够完成真实劳动任务的劳动者，劳动教育的教学不能止步于任何形式的劳动实践，不能停留于让学生“出力流汗”，教学设计要将学生导入现实生活，尽最大可能让学生深入现实世界中的真实劳动，用真实劳动的标准重构教学标准，使劳动教育能够真正服务于学生的现实生活及未来的职业生活。此外，通过对劳动和劳动实践性质的分析，还能明确地认识到“以劳动代替劳动教育”“以劳动实践活动代替劳动教育”等教学行为的片面性。无论是直接参加劳动还是劳动实践，都是劳动教育的实践教学部分，新时代的劳动教育作为与“德、智、体、美”并列的一个教育分支，有自身完整的、体系化的教学设计，不仅包含实践教学，也包含理论教学。特别是针对当前年轻一代出现的问题，需要加强劳动教育理论教学体系建设，进行正确

---

①檀传宝. 劳动教育的概念理解: 如何认识劳动教育概念的基本内涵与基本特征[J]. 中国教育学刊, 2019(2): 82-84.

的劳动观念、劳动精神、劳动品质教育。引导学生正确看待当前劳动形态、劳动方式、劳动关系、劳动分配制度的特征及变化，正确看待社会财富的积累及分配问题，摒弃不劳而获等畸形心态，正确行使自己的劳动权利并履行应尽的劳动义务，学会在劳动中保护自己、证明自己、发展自己。理论教学与实践教学的有机融合，才是完整的、科学的劳动教育。

二、劳动与劳动教育的内涵辨析

劳动和劳动教育虽然都是人类的实践活动，劳动教育因劳动而产生，以劳动为教育内容和研究对象，教育目标也直接指向受教育者的劳动素养，但二者性质不同，决定着二者有明显的差别。在对象上，劳动的对象是物，劳动教育的对象是人；在目的上，劳动的目的是创造物质财富、精神财富或社会价值、使用价值，人在生产劳动中扮演着劳动力的生产要素作用，生产性而不是教育性是劳动的基本属性，而劳动教育以提高受教育者的劳动素养为目的，劳动是载体，是内容，是手段，最终目的是培养全面发展的人；在结果评价上，劳动以财富的数量和质量、价值作为评价标准，可以用量化的方式衡量，劳动教育是以人的知识、能力、素质提高为评价标准，既考察人的行为，也考察人的思想品德，既要有量的测量也要有质的评价。

厘清劳动与劳动教育的内涵，有助于进一步明确新时代劳动教育的学生观。要科学制定学生评价标准，一方面要聚焦学生劳动价值观的内在固化和外在表现，没有创造财富和价值的人类实践活动不是劳动，如果教育培养的人不想劳动、不会劳动、不能高质量创造性地劳动，社会生产力就无法获得数量充足的高素质劳动力，要摒弃“有教育无劳动”的劳动教育；另一方面，不要用劳动评价代替劳动教育评价，在劳动教育中“不能见物不见人”，摒弃“有劳动无教育”的劳动教育，要考察学生对劳动的态度、认识以及参加劳动的现实表现，要综合考核受教育者劳动观念、劳动态度、劳动知识、劳动技能、劳动品质、劳动习惯等增长情况，不能简单地用学生劳动的物化成果来测量，否则会降低学生参加劳动的获得感、幸福感、成就感、荣誉感，或者造成学生间的不良攀比，给学生带来不良的劳动体验，让学生失去劳动信心和热情，造成劳动教育的异化现象。此外，还要着力提高学生的创新创造能力，师生共同探讨“为什么劳动、为什么而劳动、怎样劳动、怎样高质量地劳动、怎样提高劳动效率”等问题，激发学生的创意、创新、创造，培养有思想、肯钻研、敢担当、能创新的新时代劳动者，通过新时代的劳动教育彻底消灭劳动的异化现象，促进人自由地、全面地发展。正如马克思所说：“旧的生产方式必须彻底变革，特别是旧的分工必须消灭。代之而起的应该是这样的生产组织：在这个组织中，一方面，任何个人都不能把自己在生产劳动这个人类生存的自然条件中所应参加的部分推到别人身上；另一方面，生产劳动给每一个人提供全面发展和表现自己全部的即体力的和脑力的能力的机会，这样生产劳动就不再是奴役人的手段，而成为解放人的手段。因此，生产劳动就从一种负担变成一种快乐。”①

三、新时代劳动教育对劳动、劳动实践的有效整合

研究劳动、劳动实践、劳动教育三者间的关系，是为了在深刻理解三者内涵的基础上，有效挖掘和利用劳动与劳动实践的功能，摒弃各种劳动教育异化做法，更好地设计新时代的

① 马克思, 恩格斯. 马克思恩格斯全集: 第二十卷[M]. 中共中央马克思恩格斯列宁斯大林著作编译局, 编译. 北京: 人民出版社, 1971.

劳动教育。

新时代的劳动教育要对劳动的教育性进行深入挖掘和利用。劳动的本质是其生产性而非教育性，如果不去挖掘和利用，不去精心设计，劳动本身发挥的是创造物质财富和精神财富的作用，劳动就只能是劳动，而不是劳动教育。因此，直接让学生参加体力劳动，特别是重体力劳动的做法不可取。劳动教育的过程可以包含劳动过程，但不能完全用劳动过程所取代。劳动教育的过程要遵循教育教学的规律和规范，遵循人才成长的身心发展规律和技能成长规律，进行教学目标、教学内容、教学方式、教学手段、教学环境和保障、教学评价的精心设计，挖掘劳动中的教育元素或者把教育的元素植入劳动过程，有目的、有计划、有组织地组织学生参加“改造后的劳动”，才能使劳动在教育中发挥强大的教育功能，有效挖掘和利用劳动的教育性，达成劳动教育目标。

新时代的劳动教育也要对劳动实践进行有效整合和利用。基于对传统做法的传承，很多学校保留着设置劳动周的做法，在劳动周中组织学生参加校园劳动、校园服务、社会实践或志愿服务活动。毋庸置疑，设置劳动周是一种非常有效的劳动教育形式，但也存在一些瑕疵，如一些学校校内实践教学条件开发不足，岗位设置不足，实践教学课时量安排不足，导致学生组织松散、态度敷衍、空耗时间等。实践教学是教学的重要组成部分，劳动教育要高度重视校内外劳动实践条件的开发，保证实践教学的开出率，让学生动手实践，出力流汗，接受锻炼，磨炼意志。新时代劳动教育要科学构建自身理论和实践教学体系，既要增强实践性、社会性，利用劳动实践和劳动实践活动增强教学效果，又要增强思想性、价值性，形成自身完整的理论知识架构，既不能用劳动实践代替劳动教育，也不能用单纯的理论教学代替劳动教育，要通过理论与实践的有机融合促进学生知行合一，真正实现劳动育人。

第五节　劳动教育与职业教育的关系

职业院校推行劳动教育是贯彻《意见》提出的“把劳动教育纳入人才培养全过程，贯通大中小学各学段”要求的应有之义。有人认为，职业教育本身就是直接面向职业和岗位群进行生产劳动知识和技能的教育，就是劳动教育，无须再额外增加劳动教育的内容。也有人认为，《意见》中已经明确了职业院校开展劳动教育“以实习实训课为主要载体开展劳动教育，其中劳动精神、劳模精神、工匠精神专题教育不少于16学时”的要求，只要增设16学时的理论教学即可。面对这些认识，需要对劳动教育与职业教育的内涵进行辨析，理清二者间的关系，才能在教学中准确、深入、有效地推动国家教育方针政策的贯彻实施。

一、劳动教育与职业教育的性质辨析

性质是事物本身所具有的、区别于其他事物的特征，理清劳动教育与职业教育的关系，可以从二者的教育性质入手。通常认为，我国现行国民教育体系包括基础教育、高等教育、职业教育、成人教育四个类型①。职业教育是一个教育类型，其本质属性是职业性和教育性，

①2019年，国务院印发《国家职业教育改革实施方案》，开篇提出“职业教育与普通教育是两种不同教育类型，具有同等重要地位”。职业教育自此被列为一种类型教育，成为我国教育体系中的重要组成部分。

区别于其他类型教育的类教育特征是其职业性，有其特有的教育教学和发展规律，是我国社会主义教育体系的重要组成部分。纵观职业教育的发展历史，职业教育之所以由初期的技术教育发展成为一个教育类型，受到国家及社会各界的高度重视及大力支持，源于其重要的教育意义和社会价值。从育人的角度，职业教育在我国教育大众化中做出了重要贡献，让更多的人实现了“大学梦”，为实现“努力让每个人都有人生出彩的机会”①及促进人的全面发展起到了重要作用。从社会需求的角度，随着科技进步以及职业分工的精细化和高标准，国家生产、建设、管理、服务等各职业岗位对从业人员的素质提出了高标准要求，自然劳动力只有经过专业培养之后才能转化为与岗位需求匹配的现实劳动力，职业教育回应了这一要求，承担了满足社会多样化需求的重任，成为国家工业化、现代化、智能化以及和谐社会建设的重要支撑，为社会培养了数以亿计的高素质劳动者和专门人才，起到了其他类型的教育无法取代的重要作用。

新时代劳动教育的性质可以从《意见》中可分析得出。《意见》开篇即提出，劳动教育是中国特色社会主义教育制度的重要内容，直接决定社会主义建设者和接班人的劳动精神面貌、劳动价值取向和劳动技能水平，要求把劳动教育纳入人才培养全过程，贯通大中小学各学段，贯穿家庭、学校、社会各方面，与德育、智育、体育、美育相融合。由此可见，新时代劳动教育是一种面向各学段学生的公共基础教育，是“在时间上贯穿人生全程、在空间上充注于人生各处”②的全过程、全方位的教育。《意见》将新时代劳动教育的总目标规定为：“通过劳动教育，使学生能够理解和形成马克思主义劳动观，牢固树立劳动最光荣、劳动最崇高、劳动最伟大、劳动最美丽的观念；体会劳动创造美好生活，体认劳动不分贵贱，热爱劳动，尊重普通劳动者，培养勤俭、奋斗、创新、奉献的劳动精神；具备满足生存发展需要的基本劳动能力，形成良好劳动习惯。”③可见，新时代劳动教育的重点在于培养受教育的观念、精神、品质、习惯，对劳动能力的要求是“基本劳动能力”，由此可认定新时代劳动教育是以培养劳动价值观和劳动品质为主的公共素质教育。世界各国基本上将劳动教育定位为普通教育和通识教育，不是指向特定专门人才的培养，而是为专门人才的培养提供最为基本的劳动素养教育。因而，我国各级各类学校教学体系建构中，劳动教育都应是重要的组成部分。对职业教育而言，职业技术教育并不是天然的劳动教育，当劳动成为学生的精神需求和兴趣时才有价值，德技并修是职业教育中开展劳动教育的基本要义④。高等职业院校劳动教育不仅要培养学生的综合劳动实践能力，还要特别利用劳动的创造性提高学生的创造性劳动能力，培育高素质创新型人才，为发展新质生产力培育新型劳动者。

二、劳动教育与职业教育的内涵辨析

基于不同的教育性质，劳动教育与职业教育有着不同的教育特点和发展规律。从教育

---

①“努力让每个人都有人生出彩的机会”是2014年习近平为全国职业教育工作会议召开作出的重要批示中对职业教育提出的要求。

②汪明义，康胜. 新时代地方高校构建高质量人才培养体系的维度与实践[J]. 现代教育管理，2022(5): 17-24.

③中共中央，国务院. 关于全面加强新时代大中小学劳动教育的意见[N]. 人民日报，2020-03-7(01).

④曾天山，顾建军.劳动教育论[M]. 北京：教育科学出版社，2020

的基本元素教育性质、教育对象、教育目标、教育内容、教学方法、教学条件、教学评价、教学团队八个方面进行对比，二者的区别见表1-1。

表 1-1　劳动教育与职业教育的内涵比较

教育元素	劳动教育	职业教育
教育性质	公共基础教育	专业技术教育
教育对象	大中小学全学段的学生	职业院校学生、企业在职职工、退役军人、新型农民
教育目标	提升劳动素养，促进人全面发展	面向生产、建设、管理、服务一线培养高素质高技能应用型人才
教育内容	日常生活劳动、生产劳动、服务性劳动，侧重劳动观念、劳动品质和习惯的养成，以及基本知识、基本技能的掌握	职业或岗位群必备的专业知识、专业技能、职业素养，侧重专业知识技能的精深及职业素养的养成
教学方法	以学生亲身参加真实劳动或劳动实践为主，强调学生的体验、感悟和情感	以项目教学、任务教学、案例教学等行动导向的教学方法为主，强调学生完整、规范地完成工作任务
教学条件	校内劳动基地、家庭、企业、社区、乡村等全方位劳动场域	企业生产经营场域
教学评价	劳动观念、基本劳动能力、劳动精神、劳动品质和习惯的增值程度	对应岗位工作职责和工作标准，完成岗位实际工作任务的综合职业能力
教学团队	学校教师、家长、企业在职人员、社区工作人员、乡村劳动者、手工艺传承人组成的多师型教学团队	学校教师、企业技能能手组成的双师型教学团队

劳动教育和职业教育最重要的区别在于教育目标和教育内容的不同，二者有不同的价值追求和教育任务。

在价值追求上，可以从《纲要》的总体目标中提取出劳动教育目标的六个关键词：劳动认知、劳动态度、劳动能力、劳动精神、劳动品质、劳动习惯，可见新时代劳动教育的目标不是将学生培养成某一领域的专业人才，而是指向学生的内在劳动素养，着重于学生认知、情感、态度、价值观、品质、习惯等内在心理特征的培养；职业教育以培养满足生产、建设、服务、管理一线的技术技能人才为目标，着重提高学生的职业关键能力和职业技术能力，实质是提高学生完成实际工作的能力，以能否保质保量地完成工作任务、胜任岗位职责为标准，是从职业岗位的角度对学生外在行为表现的要求。从教育目标的个人价值和社会价值的平衡角度考量，劳动教育更偏重于人素养提升的需求，让劳动者更具有劳动价值，职业教育更偏重于实际岗位劳动的需求，使岗位获得能够完成实际工作任务的劳动力资源。

在教育内容上，劳动教育和职业教育有不同的教育任务，职业教育面向某一职业领域，劳动教育则面向现实世界的全方位劳动。《纲要》中对职业院校劳动教育的教学内容提出了三个方面：一是持续开展日常生活劳动，满足自我生存和生活的需要，能够完成自我服务劳动，打理自己的衣食住行，营造自己生活的环境；二是定期开展校内外公益服务性劳动，做好校园环境秩序维护，运用专业技能为社会、为他人提供相关公益服务，培育社会公德，厚植爱国爱民的情怀；三是参与真实的生产劳动和服务性劳动，增强职业认同感和劳动自豪感，培育不断探索、精益求精、追求卓越的工匠精神和爱岗敬业的劳动态度。劳动教育的内容更加宽泛，涵盖了学生当前生活劳动、社会生活劳动、未来职业劳动的全方位需要。日常生活劳动是基于家庭生活和校园生活的设计，使学生成为一名合格的家庭成员、一名合格的在校学生，认识到自己在家庭中的责任、在学校中的责任，具备生活自理能力，能够分担家务劳动，能够与同学共同承担校园劳动，营造和谐、舒适、健康的生活环境；生产劳动是基于学生就业准备的设计，为学生未来的职业储备必备的基本素养；服务性劳动是基于学生成为一名合格公民的设计，培养学生的公民意识和处理人际关系的技能，使学生能够融入公共生活，增强社会责任感和奉献祖国、服务他人的精神。在教育内容的组成上，如果某项生产技术十分简单，无须专门学习便可轻松掌握，则该项生产技术不会列入职业教育的教学内容，但劳动教育则不同，即使劳动技能再简单，只要其存在，该项劳动即具有其存在的社会价值和经济价值，就对劳动者的劳动观念、劳动素质具有教育意义，该项劳动就可以成为劳动教育的重要实践载体。

三、深刻认识职业院校开展劳动教育的重要意义

对劳动教育和职业教育的性质和内涵辨析，有助于进一步明确职业院校开展劳动教育的重要意义。职业院校开展劳动教育不仅是贯彻国家教育方针的举措，也是推进职业教育高质量发展的必然需求。爱因斯坦说过："用专业知识教育人是不够的。通过专业教育，他可以成为一种有用的机器，但是不能成为一个和谐发展的人。要使学生对价值有所理解并且产生热烈的感情，那是最基本的。他必须获得对美和道德上的善的鲜明的辨别力。"①仅有精深的专业技术并不一定能够圆满完成真实生产中完整的劳动任务，并不一定能够创造有价值的劳动成果，劳动者也不一定能够获得良好的职业发展。人是一个综合复杂的整体，生理因素和心理因素相互影响，知、情、意、行交叉作用，新时代的劳动者不仅要有高技能，更要有高素质，一个从思想上抵触劳动的人，或者对劳动持敷衍态度的人，或者用欺诈劳动获得不正当利益的人，即使专业技术水平高超，也不是新时代合格的劳动者。

劳动教育与职业教育同为面向劳动的育人实践，劳动教育着力培养的劳动素养是每个人基本的、基础的素养，职业教育着力提升的职业素养是建立在劳动素养之上的，结合各职业岗位的要求而专门化的素养，劳动教育起着为职业素养的培养打基础、强弱项的重要作用，为职业教育中的"高素质"目标提供了有力支撑。职业教育实践中，虽然各专业也制定了完整科学的知识、技能、素质三维目标，但由于专业知识技能教育的任务较重，职业道德、职业素养、职业习惯的培养容易被忽视和弱化。当今社会，产业转型升级给技术人才提出了新挑战，必然带来产业岗位结构的变化和工作任务的升级。比如，从简单的技术操作走向复杂问题解决，大部分重复的、标准化的岗位会被智能化生产系统替代，岗位的智能化迫使劳动者从传统的规则性体力劳动走向非规则性、复杂的智能劳动②。职业教育面临新的挑战，培养的人不仅要有某一岗位的高技能，还要具有职业适应性和灵活性，能够随时应对岗位变化和技术升级。劳动教育与专业教育在培养劳动者的总目标上是一致的，二者的结合能够有效提高职业教育的科学性、创新性以及与职业的适应性，协同培养适应21世纪所需要的T型人才，既具有精深的专业技能，又具有全球的观察视野、广博的知识宽度、优秀的劳动品质，能够结合自身的职业取向具有较大的劳动自主权，能够适应灵活多变的劳动力市场需

① 爱因斯坦. 爱因斯坦文集: 第三卷[M]. 许良英, 赵中立, 张宣三, 译. 北京: 商务印书馆, 1979.

② 梁国胜. 培养拔尖技术人才, 职业院校准备好了吗[N]. 中国青年报, 2023-07-03(07).

求，具有快速接受新型生产关系的再生产劳动能力，既能够适应又能直接胜任某一职业的高素质高技能劳动者，提高各行各业劳动力后备人才的基础素质水平，为我国社会主义现代化建设伟大事业的高质量发展打下坚实的人才基础。

职业教育与劳动教育的融合也提升了劳动教育的精准性。广义上讲，职业教育也是劳动教育，职业教育产教融合的教育理念、校企合作的育人机制、行动导向的实践教学体系建设以及基于工作过程的项目式教学模式，均对劳动教育具有高度的借鉴价值。《意见》特别强调强化学生的劳动实践体验，防止用文化课学习代替劳动实践。新时代劳动教育可借鉴职业教育的成功经验，加强家校社协同育人，注重开发具有综合性、实践性、情境性、实用性特点的综合劳动项目和劳动环境，在劳动过程中培养学生程序性知识建构、结构化思维培养、社会实践能力提升、创造能力提升以及积极劳动情感的养成，让学生在劳动实践中综合调动自身体力和智力资源，综合运用原有的知识经验以及对新事物的认知提升，从一般劳动流程中寻找劳动规律，更好地认知自然世界，发现自然世界的规律，顺应规律寻求人与自然之间更优、更深的互动，得到新知识、新技能、新感受和创新劳动成果，实现手脑共用、知行合一，提升综合劳动素养。

第二章 新时代劳动教育的性质与任务

明确新时代劳动教育的定位，对明确职业院校劳动教育的教学目标、有针对性地整合教学内容、设计教学模式和方法以及进行教育评价改革均具有基础性作用。

第一节　新时代劳动教育的性质

新时代劳动教育的提出有其深厚的时代背景和社会背景，肩负着为国家培养社会主义建设者和接班人的神圣使命，承担着为人的社会化与和谐社会建构培养高素质公民的职责，也承载着人民群众对高质量教育和高品质生活的期望和追求，从教育目标到教育内容进行了全新的变革，呈现出全新的特征。

一、具有明确的基础性和普及性

新中国的劳动教育在不同阶段具有不同的教育属性，承担着不同的教育职责。劳动曾经以其本来的面目出现在学校教育中，学生在直接参加生产劳动过程中得到教育；劳动也曾以教育实践的方式，成为提升学校教育教学效果的手段，学生由直接参加生产性质的劳动转变为参加以劳动为内容和载体的教育性质的劳动实践，在劳动实践中增强切身体验和感性认知，将理论知识学习与现实生产生活联系在一起，提升德、智、体、美教育效果；劳动教育也曾经作为德育的一种形式出现，1988年12月中共中央印发的《关于改革和加强中小学德育工作的通知》中，要求在劳动教育中培养学生的劳动观点、劳动习惯和勤俭节约、艰苦朴素的精神。《中国大百科全书》将劳动教育定义为："使学生树立正确的劳动观点和劳动态度，热爱劳动和劳动人民，养成劳动习惯的教育，是德育的内容之一[①]。"

新时代的劳动教育不是原有劳动教育的简单延续，而是以全新的面貌，成为具有自身完整教育要素和体系结构，与德、智、体、美并列的教育分支领域。在职能上，对人的五大

---

① 中国大百科全书总编辑委员会《教育》编辑委员会, 中国大百科全书出版社编辑部. 中国大百科全书: 教育[M]. 北京: 中国大百科全书出版社, 1985.

核心素养之中的劳动素养起到支撑作用，成为中国特色社会主义教育体系的重要组成部分，与德育、智育、体育、美育并列，共同完成人的德、智、体、美、劳五大核心素养教育，为受教育者进一步接受专业教育打下坚实基础；在目标上，涵盖思想认识、情感态度、能力习惯三个方面，分为劳动观念、劳动能力、劳动精神、劳动品质和习惯四个维度，劳动教育不再是德育的一个内容，而是对人从思维情感到行为能力的整体教育，不仅是思想教育、情感教育，还是能力教育，通过培养使受教育者具备基本劳动能力；在内容上，劳动教育中的"劳动"由生产劳动扩展到日常生活劳动、生产性劳动、服务性劳动三大类劳动领域，覆盖了现实生产生活劳动以及未来可能的生产生活劳动等全劳动领域；在教育对象上，根据《意见》中"劳动教育纳入人才培养全过程，贯通大中小学各学段，贯穿家庭、学校、社会各方面，与德育、智育、体育、美育相融合"的要求，成为面向各学段的普及性、基础性、公共性教育。

二、具有鲜明的政治性和思想性

新时代的劳动教育是以正确的劳动价值观教育为核心的公共基础教育，具有鲜明的社会主义特征，具有政治动员和劳动动员的职能。2014年，习近平在接见劳动模范和先进工作者、先进人物代表时强调："劳动是一切成功的必经之路。当前，全国各族人民正满怀信心为实现'两个一百年'奋斗目标而努力。实现我们确立的奋斗目标，归根到底要靠辛勤劳动、诚实劳动、科学劳动。"2016年，习近平在知识分子、劳动模范、青年代表座谈会上的讲话强调："实现中华民族伟大复兴的中国梦，要靠各行各业人们的辛勤劳动。"当前，国家正处于高质量发展的关键时期，实现第二个百年奋斗目标，实现中华民族复兴伟大中国梦，我国亿万劳动群众是主体力量，科技创新、产业结构转型升级，人才是第一资源，创新是第一驱动力，中国特色社会主义现代化建设需要劳动者在数量和质量上予以保证。新时代劳动教育必须承担起时代赋予的使命，服务国家的社会主义现代化建设，培养社会主义建设者和接班人。新时代劳动教育还需要进行教育创新，抵制甚至彻底消除异化劳动，用劳动的创造性重塑劳动者的劳动动机和劳动动力，通过劳动促进人的解放，进而促进人的全面发展和社会生产力的持续健康发展。

相较于其他层次的学校教育，职业院校的劳动教育更具有紧迫性和重要性。职业教育的职责是为生产、建设、管理、服务一线培养高素质技能型专业人才，学生毕业后直接参加社会生产或社会服务性劳动，劳动素养的培育对学生个体的职业生涯发展、对其所服务的行业企业均起着决定性作用。职业院校的劳动教育要把正确的劳动价值观培育置于首位，解决学生思想认识、价值观念的根本问题，培育学生的家国情怀和责任担当。使学生增强为国家、为社会、为人民而劳动的信念和情怀，把参加劳动与国家社会主义现代化建设联系起来，把学好专业技能与追求高质量劳动、追求美好幸福生活联系起来，能够认同和热爱职业教育，增强学好、用好职业技能的自律和自觉，增强对自身毕业后参加社会主义现代化建设的职业期待，能够自觉用德、智、体、美、劳全面发展的标准规划自己的成长，自觉提升劳动素养，自觉自愿参加劳动，通过劳动创造美好生活，实现人生价值。

三、具有突出的社会性和实践性

劳动是人与客观世界互动的方式，是人的主观世界与客观世界联系的媒介，新时代的劳动教育要发挥劳动的教育职能，为学生架设通向客观世界的桥梁，将学生导向现实世界。劳动是“人和自然之间的过程，是人以自身的活动来中介、调整和控制人和自然之间的物质变换的过程”①。社会性和实践性是劳动的显著特征，单一性地在教室里面讲劳动、在实训室里体验劳动等，都无法体现新时代劳动教育的应有之义。

新时代的劳动教育要解决现代信息技术发展过程中给新生代成长所带来的弊端，充分利用劳动的社会性和实践性，建立学生与现实世界的通道。新时代的劳动教育应是开放的教育，引导学生跳出小我的思维认知以及自我的小圈子，站在全球、全国的视野看待家庭、社会、国家、世界，把自我的价值放在社会发展、时代发展的大背景中；新时代的劳动教育应是现实的教育，要让学生认识到当今社会的各种劳动形态，以及由此关联的千变万化的社会，还要让学生深入接触各个层面的劳动者，体验各岗位劳动者的艰辛，引导学生主动把自己的主观世界与现实世界联系在一起，客观认识现实世界、主动融入现实生活，达到尊重劳动、尊重劳动者、珍惜劳动成果的教育目的；新时代的劳动教育应是社会的教育，要把学生的发展放在社会的大背景中，要让全社会成为教育者，成为教育环境，搭建社会大课堂，让学生在融入社会的过程中深刻理解当今社会的主要矛盾，思考如何去解决社会主要矛盾，使学生能够更好地完成社会化，更好地完善社会、改造社会、建设社会，共同营造和谐美好社会。

新时代劳动教育还要凸显其社会性和实践性，与现实世界的劳动建立实时互动，使教育行为来源于现实劳动并服务于现实劳动。现实世界的劳动与传统意义的生产劳动相比较，已经发生了巨大变化。新时代，劳动的目的不再停留于人与自然的物质交换，也不仅仅是财富的产出，日常生活劳动的身份和地位得以正式确立，电子商务、物流等服务性劳动以及网络环境下产生的直播、代购等新的劳动形式，以及探索性劳动、艺术性劳动、各种形式的创造性劳动的重要性日益凸显，催生了更加丰富、更加全面的劳动场域和劳动形态，使得劳动的内涵需要重新定义。当今的劳动不仅指物质财富和精神财富的产出，还着眼于创造价值，对受教育者个人的使用价值，对服务对象所创造的社会价值，均可归结到劳动的范畴，劳动对于社会的意义、对于个体的意义得到进一步彰显。新时代劳动教育必须要开门办教育，关注现实世界中劳动的新动态，使学生尽快适应劳动的新要求，要对未来的劳动具有预见性，增强引领劳动新技术、新方法、新应用的职能。新时代劳动教育还要增强社会服务职能，切实起到政治动员和劳动动员的作用，让学生接触各种各样的新兴劳动形态，将学生导入丰富的客观世界，认识到劳动形态的变迁及其发展趋势。让学生认识到自身素养成长要适应劳动形态的变迁，以便能够变被动为主动，在劳动形态变迁中主动去改造世界、创造世界，使人力资源与劳动有效匹配。

---

①马克思，恩格斯. 马克思恩格斯文集：第五卷[M]. 中共中央马克思恩格斯列宁斯大林著作编译局，编译. 北京：人民出版社，2009.

四、具有较强的生活性和应用性

与之前的劳动教育相比，新时代劳动教育最大的变化是增加了生活的视角，关注受教育者的个人生活和社会生活，增加了非生产劳动教育的内容。新时代劳动教育更新了人们对劳动的认识，将劳动分为生产劳动和非生产劳动，非生产劳动分为日常生活劳动和服务性劳动，相应地增加了日常生活劳动教育和服务性劳动教育。日常生活劳动教育注重学生个人生活自理，承担家庭劳动责任，强化自强自立意识，增强勤俭持家本领。服务性劳动教育注重学生融入社会生活，在公益劳动和志愿服务劳动中强化社会责任，培养良好社会公德，促进学生更好地实现社会化。

生活视角的融入强化了劳动教育的个人价值属性，从培养全面发展的人的立场出发，使新一代人生活质量更高、社会融入度更高。《意见》开篇提出一部分青少年不想劳动、不会劳动、不珍惜劳动成果，这些问题不仅影响了生产劳动的人才供给质量，更是对国人高品质生活质量的挑战。事实已经证明，劳动的问题不仅是经济问题，还涉及政治、文化、社会等方方面面的问题，新时代劳动教育会影响到家庭家风建设、和谐校园建设、和谐社会建设。因而，新时代劳动教育要特别注重教育成果的生活性、应用性。生活性体现在习惯的养成，学生参加几次日常生活劳动并不难，难的是随时随地、持久、常态化，养成良好的劳动习惯和消费习惯，“勤”与“俭”的劳动习惯和消费习惯是人生活质量的决定性因素。学生参加几次公益劳动和志愿服务劳动也不难，难的是扶危济困、奉献精神、担当品格的养成。应用性体现在劳动实践中的实用、管用，人的素养只有转化到应用中才是有效的，基本劳动能力的培养不能停留在教育过程中的“劳动体验”以及劳动技能的“学会”，要放在生活中检验和强化。学生劳动的生活性和应用性是新时代劳动教育的难点，也应该成为教育的重点。

新时代劳动教育需要建立家、校、社协同育人机制和环境，通过家庭劳动教育日常化、学校劳动教育规范化、社会劳动教育多样化，强化教育成果的生活性和应用性。学校需要发挥主体和指导作用，进行顶层设计，主动联合家庭和社区落地实施，需要在课程教学的基础上加入管理和评价的维度，如加强宿舍卫生管理、建立劳动值日制度等。家庭要发挥基础作用。对于职业院校的学生而言，家庭不能停留在鼓励学生参加家务劳动，而是让学生自然承担日常衣食住行及其他劳动，并对劳动质量以及随时随地、坚持不懈等劳动品质和习惯提出要求，还要支持学生参加社会公益和志愿劳动，营造崇尚劳动的家教家风。社区也需要积极站位，为学生参加公益劳动、志愿服务搭建劳动实践平台，配合学校，动员家庭，为学生自然、有效地融入社会生活提供机会，帮助学生建构和谐的社会关系。

五、具有显著的时代性和创新性

新时代的科技创新日新月异，劳动技术的进步使生产关系发生了巨大变化，劳动形态已经由农业劳动、手工劳动、机器劳动发展到当代的智能劳动，新的劳动业态不断涌现，职业和岗位细化、融合、再细化、再融合的速度加剧，已经跨越了传统学科、专业的界限。新时代的劳动与科技密不可分，生产需要的不再是从事简单的、重复性劳动的劳动者，而是能够适应新型生产关系的跨学科、跨专业、跨领域的复合型人才、创新型人才，提升劳动的现代化、科学化水平，提高劳动的高质量、高效益、高效能，必然从提升劳动者的劳动素养入手。新时代的劳动教育是将自然人培养成社会人的教育，与时代创新结合是其提升人才培养适应性的必然之义，需要顺应时代要求，满足劳动生产力发展的新需求，用创新性的教育培育创新性的人才。

习近平指出："创新是一个民族进步的灵魂，是一个国家兴旺发达的不竭动力，也是中华民族最深沉的民族禀赋。"①《意见》要求新时代劳动教育要体现时代特征，"适应科技发展和产业变革，针对劳动新形态，注重新兴技术支撑和社会服务新变化，深化产教融合，改进劳动教育方式。强化诚实合法劳动，培养科学精神，提高创造性劳动能力"②。还特别强调高等学校重视新知识、新技术、新工艺、新方法的运用，围绕创新创业引导学生创造性地解决实际问题。《纲要》强调，要鼓励学生在学习和借鉴他人丰富经验、技艺的基础上，尝试新方法、探索新技术，打破僵化思维方式，推陈出新。

新时代的劳动教育需要突出时代性、创新性，使人的创造力在劳动中得到更全面的展现。有人机械地理解"让学生动手实践，出力流汗"，认为劳动教育就是要让学生到田间从事原始的农业劳动，这是对新时代劳动教育的窄化和误读，即使是家庭中的日常饮食制作，或者学校中的宿舍卫生评比，都有当代创新元素的体现。新时代劳动教育在传统实践性、情境性之外增加了创造性、协作性、非物质性的特点，不仅要培养普通劳动者，还要培养大国工匠、美好生活的创造者，创新性培养要有机融入日常生活劳动、生产劳动、服务性劳动全劳动教育领域。当今时代，生产领域新型劳动业态频出，生活领域新技术催生了高品质生活的新需求，生产领域与生活领域、服务领域进一步融合，物流、网络购物等成为新兴劳动业态，劳动的自主性和自由度大大增加，人具有了更大的劳动选择权和劳动自由权，基于兴趣而劳动、基于自我价值的实现而劳动将成为劳动的动力，就业岗位与劳动需求之间需要建立新的动态平衡。创新是深度解决劳动异化的关键，只有增强劳动教育的时代性和创新性，才能激发劳动者的主观能动性和创造力，培养出具有时代性和创新性的劳动者，深层次解决直至消除劳动异化现象，推进更高层次的劳动创造和成果创新。

第二节　新时代劳动教育的任务

劳动教育在新中国教育体系中始终占有重要地位，新时代劳动教育之所以重提重申，《意见》开篇即明确了关键所在，因为近年来青少年中出现了不珍惜劳动成果、不想劳动、不会劳动的现象。不仅如此，新时代，我们面临"世界百年未有之大变局"，科技创新、产业升级对人才规格提出了新要求。恩格斯说过："用整个社会的力量来共同经营生产和由此而引起的生产的新发展，也需要一种全新的人，并将创造出这种新人来。"③新中国教育始终与劳动密切相关，教育与劳动相结合是新中国教育长期坚持的教育方针，但劳动教育也曾一度处于被忽视、被淡化、被弱化的状态，新时代劳动教育重提重申就是要结束劳动教育的边

① 习近平. 习近平谈治国理政: 第一卷[M]. 北京: 外文出版社, 2014.

② 中共中央，国务院. 关于全面加强新时代大中小学劳动教育的意见[N]. 人民日报, 2020-03-27(01).

③ 马克思, 恩格斯. 马克思恩格斯选集: 第一卷[M]. 中共中央马克思恩格斯列宁斯大林著作编译局, 编译. 北京: 人民出版社, 1972.

缘化状态，解决新时代出现的新问题，承担起新时代赋予的新使命，培养与社会主义生产力发展相匹配的全面发展的新型劳动者。

一、着力培育正确的劳动价值观

新时代劳动教育的首要任务是及时扼制不良思维和不良现象，引导全社会重塑正确的劳动价值观。新中国成立后，我国很长一段时间处于物质匮乏的状态，通过劳动增加社会财富是全社会的共识，具有扎实的热爱劳动、崇尚劳动的社会文化基础，"宁愿一人脏，换来万家净"的劳动模范时传祥等劳动模范形象深入人心，成为人们学习和效仿的榜样。改革开放以后，社会物质财富极大丰富，特别是进入21世纪以来，社会主要矛盾由"人民日益增长的物质文化需求与生产的落后之间的矛盾"转化为"人民日益增长的美好生活需要和不平衡不充分的发展之间的矛盾"，物质生活充裕的同时，人们的劳动观念悄然发生了变化，社会上出现了不良的社会风气和社会现象。例如，铺张浪费的不良风气滋长，出于攀比追求高档奢侈品、出于所谓的"面子"随意丢弃物品以及浪费粮食的现象时有发生；再如，用劳动改善生活条件的需求减弱后，相当数量的人退出社会劳动成为闲置劳动力。这些现象在年轻人身上表现得尤为明显，家庭物质条件改善后，很多家长认为"再苦不能苦孩子""家庭条件好了要让孩子生活得好一点"，普遍对孩子的物质需求持支持的态度，对孩子不参加劳动持放任消极态度，导致部分年轻人的劳动价值观、消费观与社会主流要求发生了偏离，出现了好逸恶劳的想法，追求物质的丰富和占有。因从小不参加劳动造成了四体不勤、五谷不分，一些学生不会洗衣服、宿舍脏乱差，部分学生缺乏基本的生活自理能力。部分毕业生择业、就业观念不端正，不愿意参加社会生产，缓就业、慢就业甚至不就业，或者一心追求轻松、体面的工作，不能安于一线工作；有的人幻想一夜暴富，不切实际地寻求成功的捷径。不当的劳动价值观引发出一系列社会问题和社会危害，如果人类不想参加劳动，不尊重劳动成果，肆意浪费劳动成果，不能在劳动中运用聪明才智去创新创造，仅仅重复低水平劳动，人类社会将面临致命的灾难。新时代的劳动教育首先要直面新时代出现的新问题，体现新时代国家建设和社会发展的新要求，让全社会重新认识劳动的重要意义，重塑正确的劳动价值观。

新时代劳动教育需要以马克思主义劳动观、社会主义核心价值观为核心，强化对年轻人的劳动价值观教育，引导新一代劳动者建立正确的劳动认知，树立正确的劳动价值观。马克思主义劳动观对劳动意义的解读可以分为社会意义和个人意义两个层面。从社会意义角度，劳动是人类生存的基础和保障，没有劳动就没有人类的生存，没有劳动就没有人类社会的繁荣和进步。恩格斯曾一针见血地指出，"人们首先必须吃、喝、住、穿，然后才能从事政治、科学、艺术、宗教等等"①；从个人意义角度，劳动不仅是人获取物质财富、保障并提升自身生活条件的手段，更重要的意义在于劳动具有教育性，劳动能够促进人的身心发展，是人建构社会关系的手段，是实现自身价值的载体，让人实现自由的、全面的发展。此外，劳动也是人的精神需要，人区别于其他生物，有思想、会思考，有社会交往的需求，当人们物质生活得到满足后，对精神生活的追求将空前迫切。心理学家马思洛七层次需求理论中物

① 马克思, 恩格斯. 马克思恩格斯文集: 第三卷[M]. 中共中央马克思恩格斯列宁斯大林著作编译局, 编译. 北京: 人民出版社, 2009.

质的需要是第一层次，其他层次的需要均属于精神层面，劳动是人实现精神层面需求的路径。新时代劳动教育要让年轻人充分认识劳动的作用，扭转因生存而劳动、因物质而劳动的不当观念，深刻认识劳动的意义，围绕社会主义核心价值观，建立“劳动最光荣、劳动最崇高、劳动最伟大、劳动最美丽”以及劳动光荣、浪费可耻的价值判断，增强热爱劳动、尊重劳动、尊重普通劳动者的劳动情感，树立为国为民而劳动、用劳动创造美好生活、用劳动实现人生价值的信念和追求。

新时代劳动教育还要通过劳动价值观教育进行政治动员和劳动动员，重塑年轻人的精神面貌、价值取向和劳动技能水平。新时代劳动教育要以广泛传播马克思主义劳动观为己任，运用马克思主义劳动观对劳动的内涵进行深入解读，让学生认识到劳动于国家、于社会、于自己的重要意义，把劳动同国家的建设和自身的发展结合起来，摒弃因生存而劳动、因物质而劳动的低级追求，摆脱单纯的物质追求所带来的无度、攀比、空虚、贪婪以及基于个人或物质的患得患失，跳出自我的小圈子，正确认识时代、认识社会、认识国家，坚定对马克思主义的信仰、对中国特色社会主义的信念、对实现中华民族伟大复兴中国梦的信心，能够融入国家的社会主义现代化建设，融入社会主流生活，以劳动为手段寻找自身在社会中的位置，追求自我价值的实现。新时代劳动教育要通过正确的劳动价值观教育激发年轻人的劳动热情，提高新一代劳动者的劳动素养，为社会主义现代化建设准备长久的、充足的、高素质的人才资源。物质的满足是暂时的，而精神的富足才能成为长久的、稳定的劳动动机和人才动力。我国已经全面开启社会主义现代化建设的新征程，需要全体劳动者传承艰苦奋斗、勤俭节约的劳动精神，用真抓实干的实际行动解决发展不平衡、不充分的突出矛盾，产出高质量的劳动成果，满足广大人民对高质量生活的追求，进而实现中华民族伟大复兴的中国梦。劳动既关系到国家的富强、社会的发展，还关系到个人价值的实现，新时代劳动教育必须扭转与时代发展和社会需求不匹配的思想观念，呼应时代、国家、社会对劳动者的高标准要求，要让学生乃至全社会正确、全面、科学、完整地认识劳动的内涵，建立高层次的劳动动机和劳动动力，能够自觉自愿地劳动、自律合法地劳动、诚实劳动、创新创造地劳动，追求劳动创新所带来的获得感和精神富足，自觉培养“辛勤劳动、诚实劳动、创造性劳动”的自律自觉和优秀品质，展现新时代年轻人积极奋进、敢想敢为、担当奉献的精神风貌。

二、着力培育优秀的劳动品质

劳动品质是劳动者政治素养、道德素养、法治素养在劳动中的具体表现，对劳动质量起着决定作用。在解决“人民日益增长的物质文化需求与生产的落后之间的矛盾”时期，劳动追求的是财富数量的增长和低廉的价格，对劳动成果的质量停留在实用层面。而当前要解决“人民日益增长的美好生活需要和不平衡不充分的发展之间的矛盾”，追求劳动成果的高品质、高质量，需要进行供给侧改革。提高供给的质量必须从劳动成果的起点，也就是劳动的起点开始抓起，高质量的劳动不仅取决于劳动技术的精进，更取决于劳动者的劳动品质。不良的劳动品质轻则导致不合格劳动成果的产出，重则对社会造成严重危害。例如，在我国经济发展的一定时期，由于劳动教育的弱化或缺失，部分人追求不劳而获、一夜暴富，通过不当方式获得不法利益，严重危害了社会秩序。在农业中有一句谚语“人勤地不懒，人懒地生碱”，道出了朴素的自然法则。劳动是人与大自然之间、人与人之间互动的过程，互动的结果是物质成果和精神成果的平等交换。个人追求美好生活，国家追求富强繁荣，都要通过“干”加“实干”。

新时代劳动教育要着力培养学生辛勤劳动、诚实劳动、规范劳动的劳动品质。要引导学生传承中华民族勤劳、善良、节俭的传统美德，重塑人人爱劳动、人人会劳动的社会风尚，杜绝不劳而获和奢侈浪费，塑造自强自立的独立人格和健全人格。组织学生到田间地头“出力流汗”，就是让学生深刻理解“一分耕耘一分收获”的朴素哲理，深刻理解大自然和农业是人类赖以生存之本，激发学生对大自然、对家乡、对国家最朴素的、最真挚的情感，深刻理解劳动的真谛。还要引导学生强化道德、规则和法律意识，用规范劳动产出高质量劳动成果，用诚信劳动营造和谐幸福的美好生活。

三、着力培育创新精神和创造能力

我们生活在一个创新的时代，科技创新日新月异，每个人都在接受新思维、使用新技术、享受新生活，每个人也都要具有产生新思维、探索新技术、创造新生活的能力。新时代，科技创新、产业升级以及信息化和智能时代的到来，对劳动者的劳动素养提出了前所未有的高标准要求，创新精神和创造能力是新时代劳动者必备的劳动素养。我国社会主义现代化建设进入新时代，面临“百年未有之大变局”，面临复杂的国际环境、潜藏的发展危机实现高质量发展，需要劳动创新和产品创新，全面建设和谐社会需要管理创新和服务创新，创新是新时代各项事业发展的主题，迫切需要新时代劳动教育培养创新型人才。

劳动本身即具有创造性，从这个意义上讲，劳动教育是培养创新型人才的专用载体。劳动是人类独有的创造性活动，这种创造性体现在将一个自在之物变成为我之物，是一种自然的人化的过程，人通过劳动，创造出自然中原本不存在或至少由人加工改良了的东西，生产出新的事物[①]。人与动物虽然都依存于大自然而生存，但人与动物最大的区别在于劳动，动物仅是简单地从大自然中获取食物，将大自然中的物质直接作为食物，保留了物质本身的形态和特点，而人类的劳动将大自然获取的物质用做食材，加工制作出各种美味的食物，改变了其本来的形状和特性。恩格斯指出：“动物仅仅利用外部自然界，简单地通过自身的存在在自然界中引起变化；而人则通过他所作的改变使自然界为自己的目的服务，来支配自然界。这便是人同其他动物的最终的本质的差别，而造成这一差别的又是劳动。”[②]人通过劳动与自然界互动，人可以改造劳动工具，更优质、更便携地获取所需，还能够有意识地维护自然界、改造自然界，使大自然进入更好的生态。劳动工具的改进、劳动技术的革新、劳动成果的产出，都是人类创新创造的结果，推动了社会生产力由低水平向高水平持续发展，创造了中华文明和人类文明。

新时代的劳动教育要着力提升学生的创造性，通过创新精神、创新能力的培养，使学生获得自由全面发展的能力。首先，新时代劳动教育要培养学生具备基本的劳动能力。新时代劳动教育虽然是以劳动价值观教育为核心，但决不能忽视基本劳动能力的培养。人的创造力在于不仅有创新思维，能够产生新想法，还要将新想法通过劳动转化为有形的物质或精神

---

①班建武.新时期劳动教育理论体系建构研究[M].杭州：浙江教育出版社，2022.

②马克思，恩格斯.马克思恩格斯选集：第二十二卷[M].中共中央马克思恩格斯列宁斯大林著作编译局，编译.北京：人民出版社，2012.

财富，基本劳动能力是实现这一转化的基础。劳动教育不能停留于理论教学和体验式教学，要让学生扎扎实实地真劳动，产出真实的劳动成果，既要解决学生“会劳动”的问题，还要利用劳动的创造性培养学生的创造热情、创造思维、创造能力。其次，新时代劳动教育的教学内容不能停留于传统的劳动形态，要适度超前于现实生活，关注各领域的前沿劳动，重视新知识、新技术、新工艺、新方法、新应用以及劳动新形态、经济新业态，关注生活方式新变化、劳动方式新变化和社会服务新变化，启发学生的创新思维。再次，要重视劳模精神、工匠精神的培养。创新的动力源于对高品质的追求。专注过程、追求极致很可能会产生新的创意和新的技术[①]。劳动模范、大国工匠所具有的执着、专注、精益求精、追求卓越的优秀品质是创造力的源泉。教学过程中可以邀请大国工匠、劳动模范进校园，激发学生的信念与热情，要有意识地为学生提供创造性地解决实际问题的机会，引导学生发现问题、分析问题、解决问题，培养创新思维，还可以以赛促学，或与创新创业相结合，引导学生进行劳动设计、产品设计及产品迭代，使创新创造成为一种思维习惯和行为习惯。

四、着力促进学生的全面发展

德、智、体、美、劳全面发展是新时代的人才标准，缺少任何一个维度都不能称为全面发展。劳动教育是其中的一个维度，要为促进学生全面发展贡献自己“一育”之力。檀传宝教授认为，物质丰裕的新时代的教育，一定是优质的教育，一定是解放人、尊重人，能真正让人的生活品质提高、促进人生幸福的教育，要对内容和形式进行审美化的改造，让教师所教的恰好是学生们所渴望的、所欣赏的东西，解决价值引导和自主建构之间的矛盾。新时代劳动教育要成为解放人的思想、尊重人的选择和差异的教育，成为学生改造自我、创造自我、完善自我、发展自我的途径。教育过程中要引导学生关注自己的价值追求，使学生深刻地认识自我、认识社会、认识现实世界。马克思主义认为，劳动是人类和自然界之间互相作用的物质变换过程，通过与外界的物质变换，人会更深刻地认识自然认识自身之外的外部世界，建构自我与外部人、物、事之间的关系，不断修正世界观、人生观、价值观，提升认知能力和水平，丰富情感和体验，具备规划和实现自身发展的能力，更好地掌握自身的发展，更好地利用外部世界发展自己，实现自己的追求。新时代的劳动教育是人们对高质量教育追求的一种教育，应顺应学生对高品质物质生活和精神生活的追求，让学生在劳动中感受到创造和自主发展的快乐。

新时代的劳动教育还要促进“五育”的融合，发挥以劳树德、以劳增智、以劳强体、以劳育美的作用，从劳动中挖掘德育、智育、体育、美育元素，引导学生对自身发展进行积极的、多维度的自我建构，引发学生对人生意义及生活态度的思考，增强对劳动文化和劳动精神的领悟以及对人生哲理的领悟，有规划、有步骤地促进自身自由地、全面地发展。

---

① 钱旭红, 樊丽萍. 加强劳动教育, 根除“丧文化”滋生温床[N]. 文汇报, 2019-03-22(05).

第三章

劳动教育的理念与思路

教育理念是教育主体对教育的理性认识以及关于教育“是什么、为什么、怎么办”的基本观点。职业教育是不同于基础教育和普通教育的教育类型，在实施科教兴国战略和人才强国战略中具有特殊的重要地位，在推进国家工业化、现代化进程中担负着重要职能，教育对象的身心特点及教育教学规律均具有自身特殊性，明确职业院校开展劳动教育的理念和思路，对学校进行顶层设计、教师推进课程教学改革均具有重要意义。

第一节　理论基础与实践借鉴

科学构建职业院校劳动教育教学体系需要有科学理论和系统思想作支撑，在国家全面推进新时代大中小学劳动教育的总体设计下，关于职业院校如何全面推进劳动教育的思考，需要基于自身的类型教育特征，将著名思想家、教育家的思想与当前职业教育先进的教育理念结合起来，从中汲取智慧和经验。

一、马克思主义的“劳教结合”思想与“工作过程系统化”教育理念

“劳教结合”是马克思主义基本的劳动教育观，其含义是生产劳动与教育的双向结合、双向促进。马克思在《资本论》中强调，“劳教结合”是提高社会生产的一种方法，是造就全面发展的人的唯一方法。恩格斯在《反杜林论》中指出：“造就全面发展的一代生产者，他们懂得整个工业生产的科学基础，而且每一个人对生产部门的整个系列从头到尾都有实际体验，所以这样的社会将创造新的生产力。”①马克思认为实现教育与生产劳动相结合，就必须进行综合技术教育，在1866年《临时中央委员会就若干问题给代表的指示》中提出，“要使儿童和少年了解生产各个过程的基本原理，同时使他们获得运用各种生产的最简单的工具的技能。”②马克思认为，综合技术教育是消除脑力劳动和体力劳动分离的有效手段，能够促进人的全面发展。

---

① 马克思, 恩格斯. 马克思恩格斯文集: 第九卷[M]. 中共中央马克思恩格斯列宁斯大林著作编译局, 编译. 北京: 人民出版社, 2009.

② 马克思, 恩格斯. 马克思恩格斯全集: 第十六卷[M]. 中共中央马克思恩格斯列宁斯大林著作编译局, 编译. 北京: 人民出版社, 1964.

马克思的“劳教结合”思想是对劳动教育中理论教学与实践教学分立教学模式的有力反驳，是对各种形式的“有劳动无教育、有教育无劳动”教育组织方式的鞭笞，强调教育过程中脑力劳动与体力劳动有机结合，理论教学与实践教学有机融合。这一思想虽然是根据马克思所处的年代机器大工业生产的客观需要提出的，但对我国劳动教育的发展起着重要指导和推动作用。马克思提出的综合技术教育属于劳动教育范畴，是让青少年广泛接受生产实践，了解生产全过程的基本生产知识和技能。马克思“劳教结合”思想的中国化是我国长期坚持的教育为生产劳动服务、教育与生产劳动相结合的教育方针。

马克思的“劳教结合”与综合技术教育思想，反映在职业教育实践中，与“工作过程系统化”的职教理念异曲同工。“工作过程系统化”是欧盟Asia-Link项目“关于课程开发的课程设计”课题组在《职业教育与培训学习领域课程开发手册》中提出的理念，是指任何技术问题的解决，不是只有技术就能够解决问题，在很大程度上需要技术与社会过程相结合，工作中所需要的知识技能必须与整体化的实际工作过程相联系，要从整体化的角度认识整个工作过程。工作过程系统化理念强调劳动者“解决综合性实际问题”的能力，强调劳动者劳动的完整性，能够完成整个劳动过程而不是部分完成。以培养这种能力为目的的现代职业教育，要让学习者以“解决综合性实际问题”为核心进行综合性学习，学习内容会涉及多领域、多学科，包含技术、社会甚至环境等与整个工作过程相关的方方面面。

马克思的综合技术教育思想与“工作过程系统化”职教理念都强调让学生掌握生产全过程所涉及的全部知识技能，能够完成全过程操作，解决综合性实际问题。因而，劳动教育中理论知识与操作技能不能割裂，知识不能分学科学习，技术也不能分专业训练，即使分学科学习或分专业训练，也要放在一个完整的、综合的生产过程中去检验和强化教学效果，培养学生的综合劳动能力。学习借鉴马克思综合技术教育思想和“工作过程系统化”职教理念，新时代劳动教育需着眼于学生的综合应用能力、应变能力和创造能力，能够面对劳动过程中各种不可预知的综合性问题，完成综合性劳动任务。在教学内容设计上，需要从劳动需要的视角整合教学内容，打破传统学科、专业的束缚，脱离“点状”的知识点、技能点的传授，用劳动过程为主线串连知识技能；在教学环境建设上，要为学生创造情境化的、综合的学习环境，让学生熟悉立体化的、有时间跨越性的劳动生态；在教学过程设计上，用劳动过程重构教学过程，将“工作过程中的学习”和“课堂上的学习”整合为一个整体。将学习过程、工作过程、学生的能力和个性发展联系起来，构建“工作过程完整”而不是“学科完整”的学习过程[①]。

二、陶行知的劳动教育思想与学习领域课程开发

陶行知生活教育理论的核心内容是生活即教育、社会即学校，强调做中教、做中学、教学做合一。陶行知强调“行是知之始”，实践是获取真知的重要途径，劳动教育只有来源于生产生活实践才具有长久生命力。陶行知在《生活即教育》中提出：“我们此地的教育，是生活的教育，是提供给人生需要的教育。人生需要什么，我们就教什么。人生需要面包，我们就得受面包教育；人生需要恋爱，我们就得过恋爱生活，也就是恋爱的教育。照此类

---

①欧盟Asia-Link项目“关于课程开发的课程设计”课题组.职业教育与培训学习领域课程开发手册[M]. 北京：高等教育出版社，2007.

推，照加上去：是那样的生活，就是那样的教育。”①

陶行知的生活教育思想建立了“因用索学”、从学习者的需要出发逆向求导教学内容的教学思维逻辑。当代职业教育已经将这一思想应用于教育实践，学习领域课程开发就是打破由学科逻辑构建课程，基于工作逻辑逆向推导课程的课程开发方法。1996年德国各州文教部长联席会议颁布职业学校使用被称为“学习领域”的课程指南。学习领域是德文ernfeld的意译，是由两个德文单词lernen（学习）与feld（田地、场地）组合而成，是“以职业任务和行动过程为导向的，通过目标、内容和基准学时要求描述的课题单元”②。学习领域的来源是职业中岗位工作的“行动领域”。“行动领域”并不是职业工作中简单重复的日常工作，而是代表职业核心工作内容和典型工作特征的，具有“工作过程系统化”特征的完整工作过程。“行动领域”是由职业生产或社会生活特定情境中一个或多个“典型工作任务”组成的。“典型工作任务”描述的是一项具体的专门工作，是基于实际工作提炼的一个复杂的职业活动中结构完整的工作过程，这个工作过程包含计划、实施、评价等完整的工作过程，包含该职业典型的工作内容和工作形式，包含可以传授的工作关系和典型的工作任务，包含了该职业从业人员的典型职业能力。“典型工作任务”的提取基于对职业工作任务的分析，分析的方法可以采用跟岗观察、召开实践专家研讨会等，分析的内容包括工作环境、工作流程、工作对象、工具和器材、工作方法、劳动组织形式、对工作及工作对象的要求、产品检验及工作时间、工作关系等。

OBE（outcome based education）教育理念是与学习领域课程开发相似的教育理念。OBE侧重于理念的建构，学习领域课程开发侧重于操作方法层面。OBE教育理念又称成果导向教育、能力导向教育、目标导向教育或需求导向教育，是以最终学习目标为起点，反向进行课程设计，开展教学活动的课程开发方法。其关注四个问题：想让学生取得的学习成果是什么？为什么要让学生取得这样的学习成果？如何有效地帮助学生取得这些学习成果？如何知道学生已经取得了这些学习成果？运用OBE教育理念首先要预设教学成果，明确劳动教育的物质成果产出和教育成果产出，反向整合教学内容，设计教学策略，针对教学目标进行教学评价，形成一个教学设计的闭环。

学习陶行知的生活教育思想以及学习领域课程开发方法、OBE教育理念，为新时代劳动教育重构课程体系和单元课程提供了借鉴。劳动教育本身即具有极强的生活性、社会性、实践性，劳动教育要服务于学生的现实生活，教学效果要经得起现实生活的检验，如果学生经过劳动教育之后仍然不想劳动、不会劳动，劳动教育就没有达成基本的教学目标。课程教学是劳动教育的主阵地，劳动教育的课程就要基于现实世界的劳动进行开发，从现实生活中提取教学内容，选取各行各业的优秀劳动者担任教师，教学设计还要延伸到生活中，将学生生活中的表现纳入教学评价，切实起到服务并优化学生现实生活的作用。

三、杜威的劳动教育思想与行动导向的教学设计理念

“做中学”是杜威教育思想的核心。杜威提出学校即社会，认为学校是一个小社会，在

---

①陶行知. 陶行知全集: 第二卷[M]. 长沙: 湖南教育出版社, 1985.

②欧盟Asia-Link项目“关于课程开发的课程设计”课题组.职业教育与培训学习领域课程开发手册[M]. 北京: 高等教育出版社, 2007.

这个小社会中应该有反映大社会的各种类型的作业，让学生在实际活动中，通过积极的手脑并用的“探索-验证”性活动，获得知识、技能、素质的提升。杜威把他的“做中学”思想贯彻到课程的各个方面，在结构上强调活动课程与学科课程相结合，课程实施上强调设计与教学相统一，在课程评价上注重内在价值与工具价值相一致。

20世纪70年代以来，行动导向教学率先在德国职业教育领域传播开来。行动导向教学强调把行动过程与学习过程统一起来，倡导通过行动学习和为了行动学习，是在一个真实的或模拟的专业环境中，由师生共同确定的行动产品来引导教学过程，师生完成设计、实施、检查、评价的完整过程，学习者因用索学，通过发现、探讨、实践、反思等一系列行动，最终获得相关职业活动所需要的知识、能力、素质，学生在行动中完成整个学习过程。行动导向教学不强调学科知识的系统性，教学内容往往是多个学科知识技能的组合，强调工作过程系统化，以解决实际问题和提升学生解决实际问题的能力为目的。行动导向教学体现了以学生为中心的教学理念，学生从一开始便参与教学过程的设计、实施、评价过程，学生往往以小组合作学习、探究学习的组织方式，全程参与教学全过程，与教师共同构建师生、生生有效互动的课堂教学生态。行动导向教学常用的组织形式有交际教学、建构主义学习、问题导向学习、项目教学等，常用的教学模式有七阶段协作-反思教学法、引导文教学法、基于完整工作过程的项目教学法等①。

劳动是一种创造性实践活动，劳动能力、劳动精神、劳动品质和习惯不是“教会”的，是人在劳动过程中“习得的”“悟到的”“养成的”。新时代劳动教育需要从杜威的教育思想和行动导向的教学理念中汲取营养，要利用学校这个“小社会”，集合必修课、选修课、社团活动、文体活动、校园文化等各种教育元素，构建劳动教育课程教学第一课堂、课外活动第二课堂，为学生的探索和实践提供多种多样的载体，还要将人才培养延伸到校外“大社会”，构建劳动教育社会实践第三课堂，形成课内外、校内外的联动共育。

四、苏霍姆林斯基的劳动教育思想

苏霍姆林斯基特别强调劳动的社会目的和教育目的，社会目的是必须为社会创造财富，如果劳动不能生产实际的物质产品，那么这种劳动只能被视为无效劳动；教育目的是充实学生的精神生活，提高学生的道德素养和审美情操，培养学生的劳动态度和劳动习惯。“创造性劳动”是苏霍姆林斯基劳动教育思想的关键，他认为劳动中的创造是青少年智力发展的强烈刺激因素，不能简单认为劳动实践是对课堂知识的巩固和检验，而是通过劳动发展人的智力，培养人的创造性。创造性劳动不仅促进国家繁荣社会进步，还促进人的个性发展，提高人的道德修养。他在自己的教育实践中设置了劳动小组，让学生体会劳动的快乐，在创造中认识世界、认识自己。

苏霍姆林斯基的劳动教育思想对当今的劳动教育具有重要的借鉴意义。现代科学技术迅猛发展，生产方式和生活方式不断更迭，新的劳动形态不断产生，对劳动的高质量和劳动者的创造性提出了更高要求。新时代劳动教育要适应社会劳动变化的需求，采用新模式、新方法、新手段进行教育创新，不仅要解决学生不想劳动、不会劳动、不珍惜劳动成果的基本

---

①姜大源. 当代德国职业教育主流教学思想研究理论、实践与创新[M]. 北京: 清华大学出版社, 2011.

性问题，更要让学生深刻认识劳动之于人类、之于社会、之于自身的重要意义，认识到劳动强大的创造力，建立对高质量劳动、创造性劳动的信念和追求。当今时代，新质生产力成为推动现代社会经济持续发展的核心动力，作为其三要素之一，劳动者是新质生产力的核心力量，劳动者的实践能力和创新能力是形成新质生产力的必要条件之一。借鉴苏霍姆林斯基的劳动教育思想，新时代的劳动教育应深入挖掘劳动的教育性和创造性，着力提升学生的实践能力和创新能力，使"用劳动创造美好生活"的理念深入人心，帮助学生养成反思、设计、创新等与劳动孪生的思维习惯，用劳动的创造性丰富学生的物质生活和精神生活。

第二节　职业院校劳动教育的教学观

教学观是教育者对教学行为的认识、看法和规范，关系到教育者对教学活动的设计、实施和评价。树立正确的教学观是劳动教育教学体系建构的前提。

一、人才培养体系建设坚持五育并举的整体观

德智体美劳全面培养的教育体系是中国特色社会主义教育制度的重要内容，是培养德智体美劳全面发展的社会主义建设者和接班人的必要保障。整体主义认为，人是拥有复杂多样的丰富性的整体，"联结、转化、超越"是整体主义的三个基本特征①。人的素养是一个整体，虽然细分为"德、智、体、美、劳"五个方面，但任何一方面的素养都不可能孤立存在，"五育"是当代人全面发展的五个素养维度，缺少了任何一个维度都称不上"全面发展"。职业院校的人才培养以专业为基本单元，专业人才培养方案是专业教学的规范性文件和基本遵循。制定专业人才培养方案需要从塑造全面发展的人的整体视角，构建"五育并举"的人才培养体系，在课程体系建构中，要考虑课程之间的联结与转化，"五育"的支撑性课程并不是简单地组合与叠加，而是在专业人才培养目标的统领下，遵从专业人才培养方案的编制规范，对科目、课时、课序、教学进程等进行顶层设计，按照人的认知规律和技能养成规律有逻辑性地呈现。

新时代劳动教育作为"五育并举"教育体系的重要组成部分，需要处理好与其他四育的关系，协同构建全面培养的教育体系。劳动教育是"五育并举"人才培养体系中的一部分，承担"一育"职责，与其他四育共同完成培养"全面发展的人"的教育任务，保证人才培养的整体性。苏霍姆林斯基认为："离开智育、德育，离开创造、兴趣和需求，劳动便成为学生的负担和累赘。"② "五育"的具体实施课程不是孤立的，相互之间既联结又相互转化，课程之间既有物理关系也有化学反应，例如，劳动教育有树德、增智、强体、育美的职能，其他"四育"的教学也蕴含劳动教育元素，也可以承担劳动教育职能。"五育"之间的"联结"与"转化"可实现"超越"的终极目标，五育协同发力、同向同行，将起到"1+1+1+1+1>5"的效果，形成五育协同育人的人才培养合力。

---

①罗生全, 张雪. 劳动教育课程的理念形态及系统构建[J]. 广州大学学报(社会科学版), 2022, 21(2): 150-160.

②宋雪. 苏霍姆林斯基劳动教育思想及对特殊教育的启示[J]. 出国与就业(就业版), 2011(16): 140.

二、课程建设坚持服务学生的价值观

新时代劳动教育具有时代特殊性，在物质生活显著提高的大背景下，引导学生克服人性中的懒惰、自私以及怕苦、怕脏、怕累等心理积极投身劳动，需要深入挖掘劳动在新时代的育人价值，让学生真正认识到劳动的价值，才会自觉自愿地劳动，才会自觉自律地利用劳动教育丰富自身的劳动素养。劳动素养是劳动者“具身”的素养，即使相同的技术标准由不同劳动者完成也会得到不同劳动效果，劳动素养提升的关键在于劳动者自身的主观能动性。职业院校劳动教育要取得实效，关键在于受教育者的认同和有效参与，学生只有真正认识到劳动教育的价值才会重视劳动教育，劳动教育对学生产生切实的增值价值，学生才会自觉接受劳动教育。

劳动教育价值体现的第一载体是课程，劳动教育的课程不能“因课设课”，如果学生仅作为一门课程修习，以取得学分为目的，劳动教育将流于形式。课程建设要将劳动的工具性属性转化为本体论的价值性属性，在理论教学上要让学生认识到除了创造财富之外劳动对促进人发展的重要意义，在实践教学中要让学生切身感受到课程学习给自身生活带来的优化效果。课程教学设计需立足于学生的日常生活和真实需要，以学生当前的生活需要和未来职业的需求为导向，使劳动教育来源于真实生活并回归到真实生活，从学生当前所处的家庭、校园、社会以及未来需要面对的生产劳动中提取教育内容，为学生建立一条学习与应用、当前与未来的连接通道。在教学内容建构中不要把劳动价值观教育隐含于日常生活劳动、生产劳动、服务性劳动中，要将劳动价值观教育凸显出来，否则会被劳动本体性知识技能稀释和淡化。可以采用总分结合的思路，对劳动价值观进行集中的、系统化教学后，再分解融入三大类劳动教育中进行具体化和强化。

课程建设还要处理好新时代劳动教育所提出的思想认识、情感态度、行为习惯三个方面教育目标之间的关系。很多学者认为，新时代劳动教育是以培养学生正确的劳动观念为核心的教育，在劳动教育发展的历程中，劳动教育也曾一度被视为德育的一种形式。本书认为，新时代劳动教育已经成为一个完整的教育分支领域，有独立的价值追求和教育功能，正确的劳动观念教育是新时代劳动教育的核心，但情感态度、行为习惯方面的教育绝不可偏废，使受教育者具备基本的劳动能力，解决“不会劳动”的问题也至关重要。立德的目的是树人，对受教育者价值观的塑造是教育的本质属性、本源性目的和根本任务，培养学生正确的劳动观念是新时代劳动教育的根本任务。新时代的劳动教育要“明确劳动教育的核心在于培养学生形成正确的劳动价值观，继而培育出热爱劳动、尊重劳动者、积极投身于社会主义建设事业的合格公民，就当是我国开展劳动教育的根本出发点和核心教育目标。”[①]同时，培养学生具备基本的劳动能力也是新时代劳动教育的基本任务，劳动的本质是实践性，正确劳动观念、积极情感态度、优秀品质习惯的外在表现终究要落实到学生的现实表现，劳动教育一定要依托劳动知识和能力培养，让学生通过具体的劳动知识技能学习，学到实用的、先进的劳动知识和技能，能够优化自己的现实生活，能够服务于未来生活及职业选择，才能体现劳动教育对学生成长的多元价值，让学生建立自身发展与劳动的必然联系，以体现个人存在、实现个人价值为目的激发用劳动创造美好生活的劳动动机，把劳动兴趣、劳动期待、劳动追

① 檀传宝. 劳动教育论要[M]. 北京: 北京师范大学出版社, 2020.

求转化为自觉自愿参加劳动教育的动力，自觉接受教育并按照要求建立价值趋同和行为自律。

三、自身建设坚持学科化、专业化的本体观

新时代劳动教育已经成为中国特色社会主义教育制度的重要内容，成为一个细分教育领域，其发展必然走向学科化、专业化，建构自身独立的、系统的、完整的体系框架，是劳动教育持续健康发展的关键。作为“五育”中的“一育”，如何保证劳动教育不是一阵风，如何保证不被弱化、淡化、边缘化，能够长久有效地开展，劳动教育自身的学科化、专业化至关重要。劳动素养是人的核心素养之一，新时代劳动教育有其独立的价值追求，有产生、存在、发展变化的原因和规律，促进新时代劳动教育的持续健康发展，要建立基于劳动教育自身发展的视角，按照劳动教育的理论逻辑和实践逻辑，构建符合自身发展规律、体现自身教育特色、切实落实“劳动育人”根本任务的完整的、系统化、科学的教学体系。

职业院校推行劳动教育需要加强教学体系建设和教育教学研究，使自身建设日趋系统完整。教育实施要有“主渠道”和“主阵地”。开设劳动教育专题必修课、开发劳动教育选修课是其“主阵地”，还可以按照“劳动+”的思路，把专业、课程、实践活动、党团社团、科研、校园文化等学校教育的全要素、全方位手段利用起来，构建专业劳育、课程劳育、活动劳育、科研劳育、文化劳育，为劳动教育全方位作用于受教育者开辟多路径、多渠道，进而以学校为圆心，联通家庭、企业、乡村、社区，利用校内外劳动岗位、优秀劳动者、劳动场所等丰富的、广阔的劳动资源，改造为劳动教育资源，构建与学生生活活动时间、空间相吻合的全员、全过程、全方位立体式教育网络，形成“大劳动教育”格局。

四、教学设计实施坚持全面发展的学生观

学生观涉及人才培养目标和教学标准、考核评价标准的制定，是以什么样的标准评价学生的学习。从国家层面的重视程度和顶层设计来看，新时代劳动教育需要解决的问题严重，需要承担的任务重大，大力推进劳动教育不是为了提升人才培养科学性的“锦上添花”，而是全面服务于国家各领域建设及国民高品质生活的“雪中送炭”，决不能陷入“运动式”短期行为，不能搞成“休闲式”繁重学习生活的调剂，要扎扎实实见成效，切切实实解决问题。

劳动素养是一个整体概念，包括劳动观念、劳动能力、劳动精神、劳动品质和习惯等，任何一方面素养都不能孤立存在，新时代劳动教育需要提升学生的综合劳动素养。人的知、情、意、行是一个相互影响的复杂整体，认知是行动的先导，行动是能力提升的路径，有意义的行动要建立在丰富的知识、正确的认知和积极的情感基础之上。因此，教育者在教学设计、教学实施、教学评价中，要重视学生劳动观念、劳动情感态度、劳动能力、劳动精神、劳动品质和习惯等素养的同步提升。人的思想具有复杂性，劳动观念及情感态度的提升不是直线行为，教育者要关注学生的思想发展动态，及时纠偏。劳动本身也是一种人类因生存和生活而产生的实践活动，是脑力劳动与体力劳动的结合体，教学中需彻底摒弃理论教学与实践教学分立的做法，理论教学与实践教学同步规划、同步实施，促进学生学知行合一、知信行一致。

劳动教育的设计实施可以采用劳动项目将理论教学与实践教学有机串联在一起。以真实的劳动任务为起点，以探究劳动知识、提升劳动认知为切入点，师生共同设计劳动、实施劳动、产出劳动成果。教学过程中要特别关注劳动观念、劳动品质习惯等隐性素养的培养，

促进学生劳动素养同步提升。在认知层面，除劳动本体性知识外，正确的劳动观念也是学生应该掌握的知识，为价值塑造和能力培养转化提供基础，每个人都持有一定的劳动观念，关键是引导学生辨别并接受什么是正确的、什么是错误的，并建立对劳动正确的认知。要以现实问题和劳动任务为先导，针对学生所思、所想、所求，通过理论知识的阐述、分析和答疑解惑，把理论应用于现实世界中的问题和困惑，有针对性地帮助学生辨析似是而非的观念，澄清模糊认知，在充分掌握知识的基础上通过思考形成自己的判断、信念和追求，进而用马克思主义劳动观构建自身的劳动价值观，形成以社会主义核心价值观为基础的坚定劳动信念，达到由知到信的转化。在行为层面，教学过程中要关注观念、精神、品质、习惯的外化表现，重视学生的动手实践、亲身体验、真实感悟。劳动观念、劳动精神、劳动品质和习惯的培育不是一蹴而就的，需要在教育过程中通过实践、反思、再实践的反复作用，完成劳动经验的积累、劳动精神的感悟和劳动能力的提升，实现劳动素养的螺旋式进阶提升。

新时代劳动教育还要重视教学评价的设计，教学成效要体现在学生的现实表现中。教学评价的内容要对应教学目标的维度，全方位考察学生思想认识、情感态度、能力水平的纵向发展，不能单纯用劳动本体性知识技能的提升评价学生的学习效果，对劳动观念、劳动精神、劳动品质习惯等不易观察和测量的心理性特征，要用其对应的行为性特征去构建评价指标。如学生的劳动态度可以用出勤、与团队成员协作的积极性等指标测量，诚实劳动的品质可以用是否按时、保质、保量地完成劳动任务等指标测量。教学评价具有导向、强化、反馈作用，教育者要善于用行动性指标测量学生内在素养的内化程度，保证教学目标的全面达成。

第三节　劳动教育的课程化建设思路

课程建设是教学体系建设的中心，是学校达成人才培养目标的主要手段。课程是学校教育的科目和进程，课程门类及其排列顺序决定了学生通过学习将获得怎样的知识结构。学校教育是有目的、有计划、有组织的人才培养活动，教育者将教学内容按照一定逻辑划分为一门门科目，遵循学生的认知规律，在一定时间段内按照一定逻辑顺序排列，即形成了学校教育的课程。课程包括宏观层面的课程建设理念、中观层面的课程体系和微观层面的单元课程三个层级。劳动教育是“一育”，不是简单开设一门必修课就能够达成教育目的，需要系统化设计、全面实施和有力的教学资源保障。

一、劳动教育课程化的重要意义

学校教育的课程具有四个显著特征。一是教学目标和教学内容的相对完整性。从小学到大学，每一学段的教学内容都按照知识和技能分类划分为不同的科目，将人才培养的总目标细分为科目的子目标，每一个科目的内容具有相对完整性，有自己的教学目标和教学任务，有相对完整的知识或技能结构。二是有保证教学目标的考核评价措施。教学计划中的每一门科目都有明确的考核内容、考核形式、评价标准，考核评价结果作为学生学业成绩，纳入毕业条件，对学生的学习形成有效约束，保证了教学目标的达成。三是有规范的教学运行机制。教学计划是学校教学的规范性文件和基本遵循，纳入日常教学管理规范，从发放教学任务、实施教学任务、教学监督、教学评价，有一整套管理制度，列入教学计划的课程有场地和师资保障，能保证其实施及教学任务的完成。四是有质量提升机制。课程建设历来是学校教学改革的重点，由学校的教研活动或教学改革项目推动，能实现持续的质量提升。

基于学校课程的四个显著特征，本书认为，在劳动教育教学体系建设中，应该发挥课程这一主渠道、主阵地作用，用课程的形式使劳动教育有计划、有形式、有团队、有机制、有资源、有评价，确保教学内容的落实以及教学目标的达成。《纲要》提出每学年设立劳动周，采用专题讲座、主题演讲、劳动技能竞赛、劳动成果展示、劳动项目实践等多种劳动教育形式，但如果不能将这些形式制度化、规范化，劳动教育易陷入短期化、活动化的误区，不能长期坚持，教育效果虚而不实、浅而不深。职业院校劳动教育取得实效的关键，不仅在于开设专门的劳动教育必修课，还要利用学校可能利用的多种教育手段，如第二课堂、社团活动、劳动周、志愿者服务、社会实践等，对其进行课程化改造，赋予其“课程”的职能和教育优势，使劳动教育成为“在时间上贯穿人生全程、在空间上充注于人生各处”①的教育，切实保证学生劳动素养的达成。劳动教育课程化可获得制度化保障，进入人才培养方案，纳入教学计划，有固定的、体系化的教学内容，有教师、教材、教学场地等教学资源，有教学运行的制度性保证，能够通过规范的教学设计、教学实施、教学监督和教学评价保证教学目标的达成。

二、职业院校劳动教育课程化的总体设计

学校是对特定学生群体进行集中的有计划、有组织实施教育教学活动的机构，职业院校的教学组织一般按照专业和年级划分为教学班级，通过课程实施教学活动。课程教学之外，学校还通过党团活动、文体活动、社团活动对学生进行教育引导，通过学籍管理、宿舍管理、班级管理、纪律管理、生活服务等进行管理服务。借鉴陶行知的“生活教育”理论，本着劳动教育来源于生活、服务于生活的理念，劳动存在的地方就可以进行劳动教育。本书提出以劳动教育专题必修课为主体，以主题选修课、岗位实践课、研学实践课为补充，以五育融合课为协同的“五课联动”劳动教育课程体系建设思路，打通课内教学、校内实践、校外实践的通道，建立课内劳动、生活劳动、岗位劳动、公益劳动、研究性劳动组成的“大劳动教育”格局，让学生在教中学、做中学、岗中学、研中学，使职业院校劳动教育规范化、制度化、长效化，多维度、全时空进行“劳动育人”。

第四节　劳动教育的“五进”实施路径

劳动教育是一项系统工程，是面向全体在校学生开展的教育，不是仅开设几门课程或仅依靠几个部门推动就能完成的，需要学校进行顶层设计，自上而下推动以及所有部门联动，构建全员、全过程、全方位的教育生态。实施过程中可采用“劳动+”的思路，促进劳动教育进入学校教育、教学、管理、服务各领域，打通“五进”实施路径，进入专业建设构建专业劳育，进入课程建设构建课程劳育，进入课内外、校内外实践活动构建实践劳育，进入日常学生管理构建生活劳育，进入校园文化建设构建文化劳育，使劳动教育成为各部门工作职责之一，成为常态化工作。

---

①汪明义，康胜. 新时代地方高校构建高质量人才培养体系的维度与实践[J]. 现代教育管理，2022(5): 17-24.

一、劳动教育进入专业建设构建专业劳育

专业是职业院校人才培养与组织管理的基本单元，专业建设是学校建设发展的重中之重，劳动教育进入专业建设，成为专业建设的一部分，可以为劳动教育的落地实施构筑坚实保证。专业人才培养方案是专业建设的顶层设计，是对专业教学内容、教学进程、教学标准以及人才培养的各主要环节进行总体设计的规范性文件，是专业教学实施的基本依据和遵循。将劳动教育正式纳入人才培养方案，在人才培养目标、课程设置、教学进程、毕业条件等内容中对劳动教育进行明确规定，既是构建德、智、体、美、劳全面培养的人才培养体系的具体措施，也可以为劳动教育的实施、监督、评价构建制度性保障。由于制度有权力的支持，在一般情况下人们会选择按制度的要求行事，久而久之，人在制度化生活中的行为就成了非反思性的行为，这种惯性的非反思的行为同样可以影响人的心理和行为倾向①。在学校教学管理制度的约束下，专业建设的各项行为均趋于规范、有序、常态，能够有效推动劳动教育教学标准、考核标准和教育行为的规范化建设，在制定课程标准、安排教学计划、发布教学任务、配备教学资源、实施教学、教学检查、教学评价等各个教学环节，建立一整套完善的运行规范，成为师生共同遵守的教学规范，为劳动教育构筑了长效化、常态化运行机制。

二、劳动教育进入课程建设构建课程劳育

课程建设是学校教育教学改革的中心，涉及教学团队、教学资源、教研科研等多方面建设。将劳动教育正式纳入课程建设，可有效促进劳动教育教学团队建设、实践教学条件建设、教材建设及劳动教育研究等工作。课程劳育可分为两个方面：一是发挥劳动教育课程的育人职能；二是发挥五育融合课程的协同联动育人职能。首先，将促进学校劳动教育设计实施部门的归口管理，使劳动教育的规划与实施实现专门、专人、专管。按照《意见》要求，学校应成立劳动教育教学委员会，明确劳动教育归口部门，或成立专门二级内设机构，或成立教研室归口到教务处、学生处、公共教学部等，具体负责全校劳动教育的总体规划、资源整合、落地实施，以及课程教学、教研科研和日常管理工作。其次，课程劳育可促进教材、数字教学资源、实践教学条件等教学资源建设，体系化教学内容的形成是劳动教育走向学科化的标志，也是劳动教育顺利实施的必要保证。最后，课程劳育将有效推动劳动教育研究和教学改革，国家、省、市、校四级课程建设以及精品课程、一流课程建设项目，将激发教师教学改革的热情，推动劳动教育课程改革和课题研究，使劳动教育理论研究和实践改革步入快车道。

三、劳动教育进入实践活动构建实践劳育

第一课堂之外，第二课堂、社团活动、社会实践是职业院校丰富教学手段的载体，为学生提供了广阔的实践舞台，劳动教育不仅仅依靠课程，还需要全方位融入学生的生活，充分利用第二课堂、学生文体、美育活动丰富教育的形式和载体，使劳动教育形式更丰富多样，易于被学生接受。在教育的形式上，可开办劳动教育大讲堂，邀请劳动模范、大国工匠、毕业生中的佼佼者进校园、进课堂，采取讲座、报告、座谈会、访谈等形式，结合具体的案例、故事和图片展示劳动模范的先进事迹，通过劳动模范、大国工匠的现身说法，使学生对劳动

---

① 高德胜. 生活教育论[M]. 北京: 人民出版社, 2005.

教育所彰显的价值魅力形成具体的、可学习的精神画像，帮助学生深入了解劳动的价值和意义，增强劳动教育的感染力和吸引力，在校园中形成热爱劳动、崇尚劳动的积极氛围。

在教育载体的建设上，可发挥活动的激励凝聚作用，围绕劳动开展各种形式的活动。采用“劳动+”的思路，基于第二课堂、学生社团、志愿者服务、社会实践等开发系列劳动教育实践活动，利用建构主义随机进入式教学模式，在不同时空、从多个角度对学生实施立体化教育。采用“劳动+社团”的思路，学生可组建学生劳动实践社团，学生会可设立劳动实践部，由学生自主规划、组织、实施各种校内外公益劳动、志愿服务活动，让学生在社会大课堂中进行劳动实践。采用“劳动+创新创业”的思路，用科技创新元素改造传统劳动项目，组织学生参加创业项目孵化、成果转化等，促进劳动教育与创新创业教育融合，组织学生开展劳动调研、科技创新竞赛、大学生创新创业大赛等劳动创新实践。采用“劳动+岗位”的思路，开发校内外劳动实践岗位，让学生通过勤工俭学、志愿服务、岗位实习等方式，在岗位实践中接受劳动教育。采用“劳动+专业实践”的思路，可利用专业实践基地、大学生创新创业实践基地、职教周、职教月、科技节等，或结合劳动节、植树节、志愿者日开展劳动实践活动，组织学生开展各种基于专业的劳动实践和专业创新竞赛。校内外丰富的实践活动均可作为劳动教育的手段，使学生在真正的劳动中接受劳动教育。采用“劳动+服务”的思路，推动劳动教育进家庭、进社区、进乡村、进企业，组织“以劳爱家”“科技下乡”“文化兴农”“尊老助困”等多样化劳动实践活动，组织学生走出校园、家庭，融入丰富广阔的社会生活，在社会实践中强化学生的社会责任意识和奉献精神，在服务奉献中提升社会责任感。《纲要》提出，学校可与家庭、社区联动，联合共青团、妇联、社区、家庭共建劳动教育平台，构建全员参与、协同育人的劳动教育共同体。多种多样的劳动实践活动能够以更为灵活的方式促进家、校、社互动、联动，促进劳动育人共同体的形成，彰显劳动教育的生活性、社会性、实践性，对劳动教育课程教学形成有益补充，为学生深入参加劳动实践提供丰富载体和多样化路径，以学生喜爱和乐于接受的方式增强劳动热情和劳动动机，使学生自觉自愿地劳动。

四、劳动教育进入校园文化构建文化劳育

文化是凝聚人心的精神力量，新时代劳动教育的最高形式是建设中国特色社会主义劳动文化，成为可阐述、可展示、可传承的文化现象。劳动教育保持旺盛生命力的关键在于形成稳定的、先进的劳动文化，形成勤于劳动、精于劳动、甘于奉献、善于创造的社会风尚，像盐溶于水、花香融于空气一样，渗透入学生的所见、所闻、所感、所思，成为影响人们思想观念和生活态度的精神力量，通过广泛的社会教化和浸润式教育达到润物细无声的效果。

校园文化可成为劳动文化在校园形成和传播的一种形式，劳动教育的深入开展能促进校园文化丰富内涵和层次，增进劳动教育与校园文化之间相辅相成、相互作用、相互影响的耦合关系。校园文化一般分为物质文化、制度文化、精神文化、行为文化等，“劳动教育+校园文化”的融合，可突出劳动教育的教育性、时代性和情境性，既可以建立劳动教育融入学生日常生活的生活化教育路径，保证各教育要素之间的协同，培养学生适应新时代发展的劳动素养，培育被社会认可、被劳动者推崇、具有学校特色的劳动文化，又能够丰富校园文化的内涵，打造校园文化品牌，搭建校园文化活动和劳动教育协同育人实践平台，完善劳动教育的制度建设。

学校的校风、教风、学风等精神文化，劳动实践场地建设、文化墙等物质文化，教学运行制度、学生管理制度等制度文化，劳动周、科技节、劳动实践活动、劳动榜样评选等行为

文化，均可从多角度融入劳动教育元素。在物质文化建设方面，遵循生活即教育的理念，可利用劳动实践基地、实训室、文化墙等，在学生活动的各个空间展示载有劳动精神的文字、图片，让学生触目可及。还可利用学校的物理空间建设全域化劳动环境，如将环境区维护清洁、花木养护、实训室管理、教学区管理等作为劳动教育的场所，为学生提供生活化的劳动实践环境。在制度文化建设上，可将劳动周制度化，或利用文化艺术节将劳动竞赛、劳动评比制度化，开展各种形式的劳动技能竞赛，如劳动技能竞赛、劳动成果展示以及“劳动之星”“明日工匠”评选，挖掘学生群体中具有真实劳动经历的学生的事迹，评选“身边的劳动榜样”，发挥榜样在学生成长引领和价值观塑造中的积极作用，形成以赛促教、以赛促学的培育机制。在精神文化建设上，学校应积极打造劳动教育线上线下传播平台，利用“三微一网一刊”、学校官方网站、抖音号、官方微信公众号等设立劳动教育专栏，针对劳模精神、工匠精神等内容进行专题论述，宣传先进人物、先进事迹、劳动典型，展示劳动教育成果，弘扬马克思主义劳动观，使“技能宝贵、劳动光荣、创造伟大”的理念深入人心；在校园行为文化建设方面，基于OBE教育理念，实现“劳动”与“教育”的紧密结合，凸显教学实践、社会实践、创新创业、军事训练、文体竞技等实践环节的劳动育人功能，让劳模精神、劳动精神、工匠精神成为校园文化建设的着力点，使全体师生将“工匠精神”内化于心、外化于行①。

五、劳动教育进入日常生活构建生活劳育

有生活的地方就有劳动，有劳动的地方就应该有劳动教育。新时代劳动教育来源于生活，理应回归生活，服务并优化现实生活。日常生活劳动是新时代劳动教育的重要内容，教育效果最终要取决于劳动在生活中的落实情况。依据陶行知生活教育理论，新时代劳动教育要成为基于生活的教育，落实到家庭生活和校园生活中。校园是一个小社会，师生关系、生生关系构成了多样化生态，职业院校学生尚处于价值观塑造时期，朋辈之间相互影响，思想、情绪、行为容易出现反复，通过课堂教学能够实现劳动教育的参与性和创新性，但劳动教育是否长期有效最终要在日复一日的生活中进行检验，基于生活的教育才是长久的教育。

实施“生活劳育”需要构建教育与教学协同机制，课堂教学要设计教学延伸环节，课后布置生活化任务，把生活化任务的完成情况纳入教学评价；学生管理部门要发挥教育、管理、服务职能，将校园、教室、实训室、宿舍、生活区等设置为学生的日常劳动实践场地，以劳动周、教室宿舍卫生评比、劳动值日、勤工俭学等形式，督促学生日常劳动。还需要构建家、校、社协同机制，学校联通家庭和社区，构建督促、帮助学生劳动的协同育人环境，为学生制定劳动清单，把家务劳动、校园劳动、志愿服务劳动整合为学生的常态化劳动，使劳动教育在家庭、学校、社会保持一致性。人的思想和行为是相互关联、相互制约的整体，生活教育的主体既有学校、家庭、社会，还有学生自己，各育人主体既要在行动上联动，也要在目标上达成共识，深刻理解新时代劳动教育对劳动观念、劳动能力、劳动精神、劳动品质和习惯的综合培养要求，形成持久合力，增强劳动教育成果的稳定性以及行为指导的应用性，通过自律和他律联动，协同构建中国特色社会主义劳动文化，形成全社会热爱劳动、崇尚劳动的社会风尚。

---

①张岩，李新纲，齐文彬. 工匠精神视域下应用型高校劳动教育探究[J]. 教育与职业，2021(20): 58-61.

第四章

劳动教育的目标与内容

目标对行动具有导向、规范和评价作用，明确教学目标是教学体系建设的起点，关系到培养什么样的人的根本问题，关系到课程建设的方向问题，关系到教学内容整合的原则和方法问题，还关系到教学评价改革的方向和策略问题等。职业院校劳动教育教学目标和教学内容的建设对劳动教育教学体系建设具有奠基作用，决定着职业院校劳动教育的建设水平。

第一节　劳动教育的“三维三阶”教学目标

教学目标是预期的教学结果，是对受教育者知识、能力、素质提升的预期。在培养“德智体美劳全面发展的社会主义建设者和接班人”教育方针的指引下，新时代劳动教育的总目标必然指向培养劳动者，新时代劳动者的标准和规格要求就是劳动教育教学目标探求和表述的内容。

一、新时代劳动教育总目标的解析

对照《意见》和《纲要》中关于劳动教育总体目标的表述（见表4-1），新时代劳动教育的目标可分解为劳动认知、劳动态度、劳动能力、劳动精神、劳动品质、劳动习惯六个方面，对应了劳动者认知、情感、能力、文化、伦理、行为六个方面的基本素养。

表 4-1　劳动教育总体目标表述对照表

劳动目标	《意见》中的表述	《纲要》中的表述
劳动认知	（1）理解和形成马克思主义劳动观； （2）体会劳动创造美好生活，体认劳动不分贵贱	（1）正确理解劳动是人类发展和社会进步的根本力量，认识劳动创造人、劳动创造价值、创造财富、创造美好生活的道理； （2）领会“幸福是奋斗出来的”内涵和意义
劳动态度	（1）牢固树立劳动最光荣、劳动最崇高、劳动最伟大、劳动最美丽的观念； （2）热爱劳动，尊重普通劳动者	尊重劳动，尊重普通劳动者，牢固树立劳动最光荣、劳动最崇高、劳动最伟大、劳动最美丽的思想观念
劳动能力	具备满足生存发展需要的基本劳动能力	掌握基本的劳动知识和技能，正确使用常见劳动工具，增强体力、智力和创造力，具备完成一定劳动任务所需要的设计、操作能力及团队合作能力

续表

劳动目标	《意见》中的表述	《纲要》中的表述
劳动精神	培养勤俭、奋斗、创新、奉献的劳动精神	继承中华民族勤俭节约、敬业奉献的优良传统，弘扬开拓创新、砥砺奋进的时代精神
劳动品质	—	能够自觉自愿、认真负责、安全规范、坚持不懈地参与劳动，形成诚实守信、吃苦耐劳的品质
劳动习惯	形成良好劳动习惯	珍惜劳动成果，养成良好的消费习惯，杜绝浪费

（一）劳动认知

认知是指人们获得信息、加工信息、应用信息的过程，是人最基本的心理过程，是形成观念的基础。劳动认知是对劳动的元认知，是关于劳动是什么，为什么要劳动、为什么而劳动的认识，是形成劳动观念的基础。总目标中要求使学生“树立正确的劳动观念”，新时代劳动教育所强调的“正确的劳动观念”是指马克思主义劳动观，这是我国社会主义劳动教育的根本属性。树立马克思主义劳动观就要让学生深刻理解并掌握马克思主义劳动观，从马克思主义的认识论去认识劳动的价值，形成历史唯物主义的劳动观，牢固树立劳动创造人、劳动创造人类历史的基本认知；形成政治经济学的劳动观，认识到劳动创造财富，按劳分配是社会的基本分配法则，建立必须彻底摒弃异化劳动，发挥劳动的无穷创造性，用劳动创造美好生活的基本认知；形成教育学原理的劳动观，建立“劳教结合”的基本认知①。新时代的劳动教育要让学生树立劳动是人的权利和义务、劳动中人人平等、美好生活要靠劳动创造等基本认知，形成为祖国、为人民、为创造幸福生活而劳动的价值判断。

（二）劳动态度

劳动态度是对劳动和劳动者采取的立场、看法以及行为选择，是学生对劳动的情感、内向感受、好恶的外在表现。新中国成立伊始，1949年中国人民政治协商会议第一届全体会议通过的《中国人民政治协商会议共同纲领》，就把“爱劳动”列为国民公德之一。“爱劳动”一直是我国推崇的社会文化。习近平在2018年全国教育大会发表的重要讲话，更是把“爱劳动”的社会文化提到了前所未有的高度。态度决定人的好恶和行为趋向，新时代劳动教育要让学生形成“劳动最光荣、劳动最崇高、劳动最伟大、劳动最美丽”的认知和价值判断，对劳动和劳动者建立积极的、美好的情感，形成热爱劳动、尊重劳动、尊重劳动者的劳动态度。

（三）劳动能力

劳动能力是完成一项劳动任务所体现出来的胜任力，是劳动知识、劳动技能、行为方式等在劳动实践中的综合表现，以能否准时、完整、规范、高质量地完成劳动任务为衡量标准，以劳动者的劳动产出为评价依据，是可观察、可测量的素养。《意见》中提出，新时代的劳动教育要解决学生“不会劳动”的突出问题，让学生具备满足生存发展需要的基本劳动能力。这里的基本劳动能力区别于职业教育中的专业技术能力，具有非职业性和非专业性，是所有人都应该具备的基础性劳动能力，更着重于人维持生存以及日常个人生活、家庭生活、社会生活的能力。这种劳动能力是一种综合运用智力和体力，完整地完成一项劳动任

① 班建武. 新时期劳动教育理论体系建构研究[M]. 杭州: 浙江教育出版社, 2022.

务所需要的设计能力、操作能力、团队合作能力、资源整合能力、时间管理能力。在生产劳动领域，这种劳动能力是公共的、通用的劳动能力，更偏重于劳动素养。有了这种公共的、通用的劳动能力，人便具有职业选择的能力，能够应对上岗、转岗、再岗等职业或岗位的变化。

（四）劳动精神

人的精神具有无穷的力量，是人行动的动力系统。精神文化是指属于精神、思想、观念范畴的文化，代表一定民族的特点，是其思维方式、价值取向、伦理观念、心理状态、理想人格、审美情趣等精神成果的总和。劳动精神是反映劳动和劳动者的精神文化，是关于劳动的信念信仰，反映优秀劳动者的人格特质。2020年11月24日，习近平在全国劳动模范和先进工作者表彰大会上对劳动精神有精辟的论述："在长期实践中，我们培育形成了爱岗敬业、争创一流、艰苦奋斗、勇于创新、淡泊名利、甘于奉献的劳模精神，崇尚劳动、热爱劳动、辛勤劳动、诚实劳动的劳动精神，执着专注、精益求精、一丝不苟、追求卓越的工匠精神。"劳动精神维度的教育目标是对学生有关劳动的思维方式、价值取向、伦理观念、心理状态的培养要求，新时代劳动教育要求学生继承和发扬以劳模精神、劳动精神、工匠精神为代表的，反映中国人民勤劳、奋斗、创新、奉献的中华民族优秀传统美德和精神风貌。

（五）劳动品质

劳动品质是通过劳动行为、作风反映出来的思想、认识等的本质属性，是劳动者在劳动实践中表现出来的稳定的行为倾向和品格特征。劳动知识和技术是可以脱离劳动者而存在的"去身"的属性，劳动品质是与人特质密切相关的"具身"的属性，每个人的劳动品质均不相同。劳动品质往往体现在劳动者与劳动环境、劳动工具、劳动资料的互动关系中，是同等技术条件下，决定劳动者劳动质量优劣和技术应用水平高低的决定性因素。例如，劳动者在劳动中偷工减料、以次充好，不诚实劳动不仅导致劳动的质量低下，还会引发一系列社会问题。新时代劳动教育弘扬吃苦耐劳、诚实守信、开拓创新等优秀劳动品质，解决因不良劳动品质所导致的劳动质量和劳动产品低劣等问题，以提升劳动者的劳动品质为突破口推动供给侧改革和产业转型升级。

（六）劳动习惯

劳动习惯是指社会生产和日常生活中长时期养成的不易改变的行为、倾向、生活方式，反映了人劳动自觉的程度。新时代劳动教育要培养学生良好的劳动习惯和消费习惯。劳动习惯是指人具有劳动自觉意识，所谓"眼里有活"，能够看到劳动的可能性，能够自觉完成劳动，能够用劳动创造出无限可能。懒惰则与之相反，不仅不能看到劳动的可能性，即使对必要劳动也不想、不做。消费习惯是指人对待劳动成果的态度和行为，新时代的劳动教育传承勤俭节约等中华民族传统美德，要解决不珍惜劳动成果、奢侈浪费等社会问题。

二、教学目标设计的原则

教学目标是整个教学体系建设的核心，是教学内容整合和教学评价标准制定的依据。制定教学目标要综合考虑新时代劳动教育的总要求和具体教学实践等多种因素。

（一）教学目标要可教、可学、可测

制定教学目标要考虑到教学实践落实，考虑到目标的达成性。新时代劳动教育总目标包括劳动观念、劳动能力、劳动精神、劳动品质和习惯等方面，劳动能力往往容易用具体的知识、技能、素质目标表述，其他维度描述的是劳动者的内在素养，往往不容易表述清楚。制定教学目标时需要把劳动观念、劳动精神、劳动品质、劳动习惯转化为具体的概念、特征、行为规范等显性化知识、技能、素质，如将“树立正确的劳动观念”具体化为“树立马克思主义劳动观”，将“培育积极的劳动精神”具体化为“培养劳模精神、劳动精神、工匠精神”等，以便于整合教学内容，也便于考核评价，否则，教学实施时，教师会因为缺乏具体的教学内容而陷入空泛的说教，教学评价时也无法考核教学目标的达成情况，使教学目标无法落实。

（二）教学目标要全面对应劳动教育的总目标

《意见》提出劳动教育内容以日常生活劳动、生产劳动和服务性劳动三大类劳动为主要内容。《纲要》提出职业院校开设劳动教育专题教育必修课不少于16学时，主要围绕劳动精神、劳模精神、工匠精神、劳动组织、劳动安全和劳动法规等方面设计。部分院校机械落实《意见》和《纲要》要求，或者仅开设理论课，使“具备必备的劳动能力”的目标难以落实，或者以日常生活劳动、生产劳动和服务性劳动为主开设实践课，虽然制定了劳动观念、劳动精神、劳动品质与习惯等目标，但在实践中或者用劳动本体的目标代替，或者因缺乏具体的教学内容和评价标准而无法落实，或者因师生关注劳动能力目标而被忽视和淡化。如在日常生活劳动的饮食制作中，用掌握营养配餐的知识、掌握主食的种类等劳动本身的目标代替等。因此，要把握新时代劳动教育总目标的整体性，无论是课程的总目标还是单元教学的子目标，都要全面对应劳动教育总目标的维度，保证劳动观念、劳动能力、劳动精神、劳动品质和习惯的整体性，不可割裂和偏废。教学目标要对整合教学内容、制定教学标准和考核评价标准具有统领性，跨学科整合教学内容，制定对应教学目标的评价指标体系，保证劳动教育教学目标的全面达成。

（三）教学目标要具有层次性

教学目标是对同一层次、同一年龄或同一类学生学习的总体的、平均水平的预期结果，但并不是每一位学生学习的实际结果。由于前期经验和个人特质各不相同，实际的学习结果会存在较大差异，在集体教学中，不可能用一个标准要求全体学生，特别是劳动教育具有极强的实践性、现实性，需要根据学生的情况尊重个性差异。教学目标不仅对教学具有导向功能，对人的成长也具有导向功能，劳动本身即具有促进人发展的功能，能够提升动手能力、设计能力以及解决问题的能力，让学生通过劳动不断发现自己，融入社会生活，建立自身与他人、与社会、与环境的关系，不仅促进体力的培养，还促进人的心理的积极的变化，能够不断建构自己的目标并通过劳动实现自己的目标。劳动教育的教学目标要能够引领学习者持续发展。因此，劳动教育的教学目标要具有层次性和区分度，从考虑学生的个性差异和成长梯度，要有最低层次的目标，使学生整体能够达到基本要求，还要有高层次目标，使劳动能力强的学生实现更大的发展。教学目标要为学生展示发展梯度和发展方向，便于学生根据目标检测自己的发展程度，对应目标进行自我成长规划，满足不同程度学生的发展需求，引领

不同水平学生在原有基础上都能实现成长。

（四）教学目标要有前瞻性

劳动教育的目标指向人的综合素养，要避免单纯以劳动知识技能为主的目标设计，将其与人的德智体美素养结合，促进人的全面发展。新时代劳动形态变迁，新兴劳动层出，对劳动素养提出了新要求和新挑战，劳动教育的教学目标既要反映当前社会发展的现实水平，也要有发展的前瞻性。要将社会生产生活的现实需求和未来的发展趋势结合，在立足当下的基础上，根据时代和社会生产的发展需要及时调整目标，确保目标的先进性和引领性。如信息技术、人工智能已经广泛应用于生产生活，劳动教育不仅要关注当下的劳动，还要关注现代信息技术、人工智能技术在劳动中的应用，关注数字经济对劳动者劳动素养提出的新要求，关注新质生产力对劳动形态演变所带来的促动，关注劳动形态、产业业态的发展趋势，关注技术发展的前沿动态，引导学生掌握现代信息技术，激发学生的学习动机和劳动动机，持续激励学生成长。

三、“三维三阶”教学目标设计

基于以上分析，本书借鉴当前职业教育常用的知识、能力、素养三维目标分类，将劳动教育的教学目标按照学什么、做什么、提高什么的逻辑，将学生的劳动素养分为劳动观念、劳动能力、劳动素质三个维度。使每个维度都包含知识、能力、素质，既有内在的思想认知，又有外在行为的表现，能综合反映学生的素质成长情况，便于在实施中对应整合教学内容，使教学内容显性化，也便于对应制定评价指标。

（1）劳动观念维度。将劳动认知、劳动态度纳入劳动观念教育的范畴。知识层面包括马克思主义劳动观等劳动教育本体性知识；能力层面体现为受教育者对劳动问题和劳动现象的思考和判断，对劳动和劳动者表现出来的热爱、冷淡、拒绝等行为表现；素质层面包括树立正确的劳动价值观，形成积极的情感、态度，建立社会主义信念和追求等。

（2）劳动能力维度。将劳动知识与技能纳入劳动能力培养范畴。知识层面包括具体劳动的本体性知识、描述劳动对象特性及劳动方法的陈述性知识，劳动流程及劳动工具使用的程序性知识；能力层面包括劳动安全防护技能、劳动操作技能，能够完整、高效地完成真实劳动任务；素质层面包括完成整个劳动过程所需要的团结协作、规范操作、资源整合利用、流程和工具创新以及产品创造等。

（3）劳动素质维度。考虑到劳动精神、劳动品质和劳动习惯均具有内隐性和长期性，代表了一个人的综合修养，因而将三者统一纳入劳动素质教育的范畴。知识层面包括对新时代提倡的、优秀的劳动精神、劳动品质、劳动习惯的认知；能力层面表现为劳动精神、劳动品质、劳动习惯的外在表现，如劳动中是否能够精益求精，是否追求创新创造，是否能够发现劳动的可能性，是否具有爱惜劳动资料、劳动工具、劳动成果的表现等；素质层面表现为对优秀劳动精神、良好劳动品质及劳动习惯的认同和追求。

由于人的素养提升不能一蹴而就，劳动教育的教学目标还要有层次性和递进性。最低目标是让学生能够参与劳动，在日常生活中能够实现基本的生活自理，能够在学校的组织下参与服务性劳动，树立正确的择业观，在未来的职业选择中顺利进入职业劳动；中级目标是让学生高质量地劳动，能够用学习成果优化日常生活，能够主动参加志愿者服务劳动，为他人提供有质量的服务，能够明确自身职业取向，树立一定的职业理想，能够规划并有步骤地实现自身职业发展；最高目标是培养学生劳动的创新性，让学生形成用劳动创造美好生活的劳动信仰和理想追求，具备劳动精神、工匠精神、奋斗精神、奉献精神，树立为国家、为人民而劳动的崇高理想和人生追求。

基于上述设计思路，本书提出职业院校劳动教育的“三维三阶”教学目标体系（见表4-2）。其中三维代表劳动素养的三个维度：劳动观念、劳动能力、劳动素质；三阶代表劳动素养的三个层次：参与性、有效性、创新性。“三维三阶”目标体系将学生劳动素养的静态剖面和动态发展结合起来，有利于劳动教育的个性化实施和分类评价。

表4-2 “三维三阶”教学目标体系

目标	参与性	有效性	创新性
劳动观念	（1）理解马克思主义劳动观，建立情感认同； （2）体认劳动不分贵贱，尊重劳动、尊重劳动者； （3）认识到劳动是人的基本权利和义务，能够自觉自愿劳动	（1）深刻理解劳动的意义，建立思想认同； （2）牢固树立劳动最光荣、劳动最崇高、劳动最伟大、劳动最美丽的价值判断； （3）形成积极的劳动情感，热爱劳动、崇尚劳动，并追求劳动创新	（1）形成与马克思主义劳动观一致的劳动价值观，建立价值认同； （2）深刻理解劳动的创造性，树立用劳动创造美好生活的信念和追求
劳动能力	掌握基本生产生活技能，正确使用劳动工具，保证劳动安全，能够完成基本的生产生活劳动	掌握劳动质量标准，具备劳动所需要的设计、组织、实施、评价、反思、合作能力，规范地、有质量地完成生产生活劳动	增强体力、智力、创造力，能够劳动创新、创业、创造，不断提升劳动质量
劳动素质	具有日常劳动习惯，珍惜劳动成果，养成良好的消费习惯	能够辛勤劳动、诚实劳动、规范劳动、安全劳动、创造性劳动，具有吃苦耐劳、持之以恒、敬业奉献、责任担当的劳动品质	具有劳动精神、劳模精神、工匠精神、创新精神、奉献精神，追求卓越

“三维三阶”教学目标体系是职业院校劳动教育的宏观的、整体的目标，是学校层面采用各种教育教学手段后的应然状态，教学实施中还要在这个目标体系框架下进行分解，细化为不同劳动领域、不同课程、不同教学模块具体的教学目标。特别注意的是，无论如何分解，都要遵循“三维三阶”的框架设计，保证教学目标维度的完整性和引领学生成长的阶梯性。“三维”目标的达成可用教学评价进行检验和强化，“三阶”目标的达成是一个系统的、长期的过程，需要全员、全方位、全过程参与。在教育主体的构建中，需要学校、家庭、社会联动，采用“全员皆教员”的思路，在学生劳动的每一个时空，每一位先行者都可以成为教育者；在劳动环境和教育路径上，劳动教育要实施生活化教育，采用多样化教学形式和多渠道、多路径，使劳动教育发生在学生活动的每一个时空，构建“全情境”劳动环境；在教育时限上，劳动教育不仅要贯穿整个学程，注重各学段之间的衔接和一贯性，还要培养学生的终身学习能力，通过自我教育和他教育，使劳动素养提升具有长期性、持续性和发展性。

第二节　劳动教育的“五大模块”教学内容

教学内容是教与学的主要承载物，是教学目标的载体和具体化，是服务于教学目标达成的素材及信息，是给学生传授的知识和技能、情感态度价值观、过程与方法、行为规范和习惯等的附着物，是教学过程中教师教、学生学的媒介和依据。教学内容设计是教学体系建设的重要内容，劳动教育教学内容体系建设是劳动教育走向学科化、专业化的关键，隐性的、过于宽泛的、缺乏具体描述的、尚未形成完整体系的教学内容，均会使教学难以实施，直接影响教学目标的达成度。依据职业院校劳动教育的教学目标，当前的学科划分没有任何一个学科可以覆盖劳动教育的目标要求，需要对应教学目标重新整合教学内容，形成劳动教育自身教学内容体系。

一、教学内容整合的原则

教学内容并不是知识、技能的简单组合，劳动教育的教学内容并非来源于某一学科或某一专业，需要遵循劳动教育的理论逻辑和实践逻辑，从原有的学科、专业中提取，并进行体系化的重构和设计。

（一）教学内容要服务于教学目标

在教学体系建设中，教学目标是核心，是整合教学内容、开发教学资源、实施教学评价等的依据。《意见》和《纲要》中均提出劳动教育以日常生活劳动、生产劳动和服务性劳动三大类劳动教育为主要内容，但不能简单理解为劳动教育的教学内容仅包括三大类劳动中的本体性知识和技能。劳动教育中的“劳动”本身就具有特殊性，既是教育内容也是教育手段。在教育内容的体现上，劳动教育是关于劳动的教育，是研究基于什么目的而劳动、依靠什么资料和工具而劳动、产出什么劳动成果、如何优化劳动成果及应用的教育，有关劳动的劳动观念、劳动知识技能、劳动精神、劳动品质习惯均是教育内容，这些内容要通过显性的知识、技能传递给学生，使学生形成自己的知识结构、技能水平、劳动素养。新时代劳动教育教学内容的整合要对应教学目标，体现教学目标所包括的劳动观念、劳动能力、劳动精神、劳动品质和习惯四个维度，从三大类劳动中去提取。例如，从日常生活劳动中提取有关日常生活劳动的主流劳动观念、劳动知识与技能、蕴含的劳动精神及对劳动品质和习惯的要求。要特别关注劳动观念、劳动精神、劳动品质和习惯的提取和凝练，这些是其他学科或专业中都没有的、尚未显性化的知识，提取后需要总结、归纳、凝练，纳入劳动教育的教学内容体系。

在从劳动能力维度提取教学内容时，要区分劳动教育的劳动能力与专业技术教育的职业能力。二者虽然都是指向劳动的知识、技能、素质等信息，但二者具有教育性质上的区别，专业技术教育指向某一职业或岗位群，教学内容专、精、深，教学重点在于让学生掌握专业知识、操作技能、工作方法，而劳动教育指向从业者的劳动素养，岗位工作任务仅是教学的载体，教学的重点在于培养学生对待工作的积极认真态度、遵守工作规范和工作流程的劳动习惯、创新工作方法的劳动品质，以及爱岗敬业、精益求精、追求卓越的劳动精神等，不能用专业技术教育的内容代替劳动教育的内容。

（二）教学内容要来源于现实世界的真实劳动

劳动是人与外在客观世界的互动，劳动素养的高低并不单纯取决于劳动知识的多少以及技术的娴熟程度，更大程度上取决于人与客观世界互动的结果，即劳动产出。因而，劳动教育的教学内容并不来源于某一学科知识和专业技能，应是“活的”“动态的”，来源于现实世界的真实劳动，由教师、学生、真实劳动重构教学生态。需打破学科专业的壁垒，从现实世界的真实劳动中去提取教学内容，以学生的个体需求、职业需求、社会需求为逻辑起点，从日常生活劳动、各种形态的生产劳动、服务性劳动中提取，构建模块化教学内容，劳动的内容就是教学的内容，劳动的流程就是教学的流程。提取的教学内容不仅包括显性的劳动环境、劳动工具、劳动对象、劳动知识、劳动技能的描述，还要把劳动组织、劳动规范、劳动标准、劳动流程、劳动方法，以及反映劳动者素养的劳动观念、劳动态度、劳动品质、劳动习惯、劳动精神等描述出来，用文字、图片、音视频等方式显性化，用劳动流程串联和序化，建立自身的逻辑结构，成为可教、可学的教学内容。

要特别突出教学内容的真实性、生活性，只有取材于现实劳动的教育才有意义、有价值，一切脱离现实劳动的劳动教育将成为无效教育。新时代劳动教育的目的是要让新一代年轻人全面、客观认识现实世界和现实生活，解决部分人不想劳动、不会劳动、不珍惜劳动成果的问题，加深对劳动成果背后生产过程的了解和体验，懂得劳动分工的原理，尊重他人的劳动付出。只有让学生进入现实世界中的真实劳动，才能刺激学生的感性认识和理性思考，客观看待现实世界中善恶美丑，形成正确的劳动观念和真实的劳动能力，这样的劳动教育才对学生有意义、有价值、有吸引力。

（三）教学内容要对接劳动的新发展和新趋势

新时代劳动教育要反映真实的劳动，还要反映先进生产力的发展方向，教学内容要提取代表高质量劳动和先进生产力的信息，使劳动教育能够优化现实劳动、趋向未来劳动。提到劳动教育，很多人就会想到组织学生到田间挖地、浇水、施肥。教育者需要改变传统认知，“真实的劳动”不是教育者“曾经的劳动”，而是受教育者正在面对或即将面对的劳动。随着社会生产力的发展，当今的人类劳动已经在劳动对象上进行了更大范围、更深层次的延伸，在劳动工具上进行了前所未有的更新迭代，生产劳动领域催生了多种多样的劳动形态，传统农工商业劳动已经发生了翻天覆地的变化，劳动的内容由物质领域深入延伸到精神领域和服务领域，日常生活劳动的内容也发生了巨大变化，智能手机、共享单车、各种App小程序的应用让日常生活劳动较传统劳动复杂了许多。因此，新时代的劳动教育要对接生产力的新发展以及高速发展，可以通过农作物种植、蔬菜种植、花卉移植等让学生体验传统农业劳动，更要让学生体验大规模机器生产、无土栽培等劳动的新发展、新业态、新技术、新方法，让学生看到无人工厂已经让居家办公成为可能，智能家居使人类生活更加便捷时尚和人性化等，劳动教育要体现前瞻性的引领性。

21世纪的科技发展急需创造型人才，创新性劳动是推动社会进步的主要动力，需要贯穿劳动教育的始终。教学内容对接生产力发展的新动态，是新时代的劳动教育服务于学生当前生活需要以及未来职业发展的需要，也是培养学生创新精神和创造能力的需要，更是从根本上解决劳动异化的需要，要规避机械地、低水平的、重复的劳动教育，让学生认识到劳动的巨大创造力，培养创新精神和奋斗精神，增强用劳动创造美好生活的追求和动力，这样的劳动教育才是有效、实效的劳动教育。

（四）教学内容要鲜活生动且贴近生活

劳动教育其本身就是一种生活教育，是来源于现实生活且服务于现实生活的教育，教学内容的呈现要生活化。劳动教育的目的是让学生处理好自己的日常生活和社会生活，谋划好未来的职业生活。现实世界中的劳动虽然多种多样，但只有出现在自己生活中的劳动才是学生最关心的和最需要的。选取教学素材和开发教学资源时要体现生活化原则，不要搞成各学科知识和技能的物理拼凑，而要从宏观层面对学生现实的与可能的劳动进行梳理，将生活化的劳动情景转化为可教、可学、可测的学习情境，让学生在真情境、真任务中真劳动、真体验、真提升。要特别关注劳动过程中还未用文本形式呈现的过程性行为，以及附着在优秀劳动者身上的精神、品质、习惯等，从学生熟悉的人和事中挖掘整理鲜活的教学素材，如创业者生动的创业史，劳动模范的先进事迹，蕴藏于劳动人民头脑中各种关于劳动的智慧和经验，散落在民间的文化传承和传统技艺等，都是劳动教育的鲜活内容。要把抽象的精神、品质、习惯转化为具体的、可感的、直观的生活事例，利用鲜活人物、生活场景、生动事例对学生进行“活”的教育。

（五）劳动教育要建构自己的内容体系

科学完整的教学内容体系是劳动教育学科化、专业化的标志，整合教学内容时，不仅要考虑内容的具体素材和呈现方式，还要考虑教学内容自身的逻辑结构。传统的学科教学内容一般按照知识由易到难、由浅入深的逻辑结构，若劳动教育也采用这样的知识结构，则教学内容所呈现的劳动知识技能，对学生而言只能是一种客观存在，学生在劳动实践中还需要再整合、再梳理、再内化，便产生了学用脱节的问题。劳动是一种“具身”的实践，劳动的感受以及劳动能力的提升只有在真实劳动中才能发生。劳动教育在内容结构上，需要对应日常生活劳动、生产劳动、服务性劳动提取劳动任务，对若干劳动任务进行分析、归类、总结，提炼该领域劳动所承载的劳动观念、劳动能力、劳动精神、劳动品质和习惯，选取能够代表该领域劳动特征且有效承载该领域劳动观念、劳动能力、劳动精神、劳动品质和习惯的典型劳动任务，融入学科知识、专业技能、劳动素养对典型劳动任务进行重构，转化为可教、可学、可测的劳动项目，以劳动项目为载体设计教学过程，劳动的流程就是学习的过程，让学生在学习的开始即建立劳动思维，在哪里用就在哪里学，怎样用就怎样学，解决学用脱节的问题；在内容逻辑上，对应劳动的程序化知识、技能、素质，将陈述性知识、学生的情感态度、品质习惯养成建构其中，不能“见物不见人”，而要“见物、见人、见事”，对学生的学习起到引领和导航作用。

二、教学内容的整体设计

《意见》和《纲要》虽然提出以日常生活劳动、生产劳动、服务性劳动为主的框架，但对应劳动观念、劳动能力、劳动素质三维教学目标，职业院校劳动教育的教学内容应包括劳动观念教育、劳动能力教育、劳动素质教育三部分。考虑到劳动观念教育、劳动素质教育的重要性，若将其隐含在三类劳动中，容易在教学实施中造成重劳动知识技能轻观念素质的现象，因此，有必要将劳动观念教育和劳动素质教育设计为独立的教学模块，采用总分结合的方式，先进行系统的、完整的认知教育，再将指标分解融入各领域劳动强化认知和养成教育。此外，当今社会的劳动形态千变万化，生产劳动和服务性劳动的界限变得模糊，如电子商务，既包括产品的设计和再加工等生产劳动，也包括物流等服务性劳动。本书根据职业教育的特点，为便于与各专业教育相结合，将与职业岗位对应、与经济建设相关的劳动从服务性劳动中抽取出来，与生产性质的劳动合并归入职业劳动的范畴。基于以上思考，本书将职业院校的劳动教育教学内容设计为劳动观念教育、劳动素质教育、日常生活劳动教育、职业劳动教育、公益服务劳动教育五大教学模块。

（一）劳动观念教育

观念在《辞海》中解释为看法、思想，是思维活动的结果。人的观念起源于人在知识积累基础之上经过思维活动建立起来的认识，既包括内在的价值观，即对什么是对、什么是错的思维判断，也包括外在表现，表现为个体的说和做等行为动作。本书认为，习近平新时代中国特色社会主义思想、马克思主义劳动观、社会主义核心价值观是新时代劳动教育的核心和立论基础，包括以马克思主义劳动观为基础的劳动认知，以“劳动最光荣、劳动最崇高、劳动最伟大、劳动最美丽”为主体的价值判断，以“尊重劳动、热爱劳动、崇尚劳动”为结果的信念追求。因此，本书将劳动认知和劳动态度教育纳入劳动观念教育范畴，将职业院校劳动观念教育分为劳动价值观教育和劳动态度教育两部分内容，见表4-3。

表 4-3 劳动观念教育的教学内容

教学模块	教学内容	重点内容	学习要求
劳动观念教育	劳动价值观教育	（1）劳动的定义、本质、价值； （2）马克思主义劳动观解读； （3）马克思主义认识论； （4）习近平总书记关于劳动的重要论述； （5）“按劳分配”的社会主义原则； （6）马克思主义“劳教结合”思想	（1）深入理解与形成马克思主义劳动观； （2）深刻理解劳动的价值； （3）对劳动建立情感认同、思想认同、价值认同
	劳动态度教育	（1）劳动最光荣、劳动最崇高、劳动最伟大、劳动最美丽的理念解读； （2）尊重劳动、热爱劳动、崇尚劳动的行为辨析	（1）建立积极的劳动情感； （2）形成积极的劳动态度

1. 以马克思主义劳动观为核心进行劳动价值观教育

价值观是认定事物、辨别是非的思维和价值取向，是判断什么是价值、什么有价值、如何创造价值的根本观点，包括对事物的认知、理解、判断和抉择。劳动价值观是劳动是否有价值、什么样的劳动才有价值、如何通过劳动创造价值的根本看法和基本态度，决定了劳动者对劳动的价值判断和价值选择，决定了劳动者为什么要劳动的意愿以及为什么而劳动的动力。

马克思主义劳动观是新时代劳动教育的核心内容，劳动观念教育须以马克思主义劳动观为核心和主要内容，通过对马克思主义劳动观的解读，使学生理解并形成与马克思主义劳动观统一的劳动价值观。关于劳动的价值，马克思、恩格斯从三个递进的角度进行了论述。第一，劳动是人类生存的基础，人类通过劳动获得生存必需的物质资料。马克思说过：“任何一个民族，如果停止劳动，不用说一年，就是几个星期，也要灭亡，这是每一个小孩都知道的。”[①]第二，劳动推动了社会发展，劳动创造了人类历史。人在劳动的过程中不断改变自然、创造和改进生产工具、提高生产力，变革生产关系，促进了社会的繁荣进步。马克思认为：“整个所谓世界历史不外是人通过人的劳动而诞生的过程。”[②]第三，劳动促进了人的发展。马克思认为，劳动不仅改变了客观世界，还改变了人本身。“人本身是他自己的物质生产的基础，也是他进行的其他各种生产的基础。因此，所有对人这个生产主体发生影响的情况，都会在或大或小的程度上改变人的各种职能和活动。”[③]恩格斯认为：“劳动与自然界在一起才是一切财富的源泉，自然界为劳动提供材料，劳动把材料变为财富，但是劳动的作用还远不止于此，劳动是整个人类生活的第一个基本条件，而且达到这样的程度，以致我们在某种意义上不得不说：劳动创造了人本身。”[④]

马克思主义劳动观首先回答了人为什么要劳动的问题，从人类的整体来看，没有劳动就没有人类的生存和繁衍，更没有人类社会的发展进步，劳动是人区别于动物的类本质特征，是每个人生而为人的基本属性。从人个体的发展来看，劳动是人保障生存、融入社会生活、促进自身发展、实现个人价值的唯一手段，劳动是人的精神需求，也是每个人的公民权利。从马克思主义劳动观出发，就可以回答人为什么而劳动的问题，在生产力水平低下的古代，人为了获取物质财富而劳动，为了自身的温饱生存而劳动。随着生产水平的提高，当人满足了温饱之后，为获取精神财富而劳动的比重逐步增加，为了实现自己的理想、人生价值以及为国为民的情怀而劳动，成为新时代劳动的高层次追求。例如，袁隆平心怀国之大者，为了千千万万的人能够吃饱饭，为了“把饭碗牢牢地端在自己手里”的理想，为了“禾下乘凉梦和杂交水稻覆盖全球梦”，用劳动创造了人间奇迹。支教助学老人白方礼，靠蹬三轮的收入帮助300多名贫困儿童实现上学梦。这些都是马克思主义劳动观在现实生活中的具体体现，都是劳动教育生动的教学内容。

引导学生树立正确的劳动观还要加入马克思主义认识论的内容。劳动观念具有主观因素，如果学生不能正确认识和接受，马克思主义劳动观对学生来说只能是一种存在于书本中的知识。要帮助学生理解、掌握并运用马克思辩证唯物主义认识论，去认识当下年轻人思想中存在的形形色色的观念认知。“知、情、意、行”是思想政治教育的四个环节，解读马克思主义劳动观是认知环节；引导学生运用马克思主义认识论去认识追求享乐等错误想法，通过分析和思辨，澄清种种似是而非的错误认识，自觉摒弃好逸恶劳、依赖他人的不良思想，对劳动建立情感认同是第二环节；在情感认同的基础上进一步建立思想认同和价值认同，形成与马克思主义劳动观一致的劳动观，形成正确的思维模式与观念意志是第三环节；用思想指导行动是第四环节，做出与马克思主义劳动观一致的选择、行为表现，完成“知、情、意、行”的整个过程，劳动观念教育才能形成一个闭环。劳动价值观教育是新时代劳动教育的核

---

①马克思，恩格斯. 马克思恩格斯全集：第三十二卷[M]. 中共中央马克思恩格斯列宁斯大林著作编译局，编译. 北京：人民出版社，1974.

②马克思，恩格斯. 马克思恩格斯选集：第一卷[M]. 中共中央马克思恩格斯列宁斯大林著作编译局，编译. 北京：人民出版社，2009.

③马克思，恩格斯. 马克思恩格斯选集：第二十六卷：上[M]. 中共中央马克思恩格斯列宁斯大林著作编译局，编译. 北京：人民出版社，1972.

④马克思，恩格斯. 马克思恩格斯选集：第三卷[M]. 中共中央马克思恩格斯列宁斯大林著作编译局，编译. 北京：人民出版社，2012.

心，是引导学生自觉自愿参加劳动、接受劳动教育的基础，职业院校的劳动教育要对学生价值观的形成进行正面的、科学的引导，既要尊重学生学习的主体性和自主发展的权利，又要避免学生的思想误入歧途，在价值引导和学生的自主建构间找到一种有效的解决方法，帮助学生形成正确的劳动价值观。

2. 帮助学生形成积极的劳动情感

学生是否树立了正确的劳动观念，不仅要看“怎么说”，还要看“怎么做”，不仅考察学生是否建立了与马克思主义劳动观一致的语言体系，还要考察是否做出相应的行为表现，考察学生是否自觉自愿参加劳动，是否认真对待劳动，是否对劳动和基层劳动者表现出热情和尊重等，因此，劳动情感和态度教育也是劳动观念教育的重要内容。

新时代的劳动理念和认知首先表现为对“劳动最光荣、劳动最崇高、劳动最伟大、劳动最美丽”价值判断的认同。要对学生进行“劳动为什么最光荣、为什么最崇高、为什么最伟大、为什么最美丽”的思辨教育，基于马克思主义劳动观和对劳动的基本认识，从劳动创造物质财富、劳动创造幸福生活、劳动创造和谐社会、劳动创造人类历史等多个角度，让学生通过合作探究和研究性学习，对“劳动不分贵贱”“劳动光荣、懒惰可耻”“不劳动者不得食”“只有人的劳动才是神圣的”“劳动创造美这是教育的一个完整的领域”[①]等命题进行论证，建立对劳动正确的立场和看法。

人有情感，有精神需求，人有了情感才能接受，甚至对原本不能接受的事物和事情产生包容的心态。职业院校在劳动教育中要坚决摒弃“有劳动无教育、有教育无劳动”的种种不当教育方式，帮助学生建立积极的劳动情感，进而树立正确的劳动观念。一是不能把劳动作为对学生惩罚的手段，不能让学生对劳动产生厌恶甚至抵触情绪。二是要让学生认识到劳动对自身发展的价值，在情感上接受认同劳动教育，能够把劳动实践作为磨炼自己意志、提升自身素养的一种方式，能够自觉自愿参加劳动实践和劳动教育。马克思认为，劳动不仅是谋生的手段，也是人主观世界与客观世界互动的媒介，是人与他人互动、与自然互动的一种方式。劳动具有物质性和社会性，是人参与社会生活并形成社会关系的主要方式，是人实现自我价值的主要途径。要让学生认识到参加劳动是自身发展的通道，自觉通过劳动磨炼意志，增强体力，增长智慧和才干，在劳动奉献和创造中实现自身价值。三是要让学生感受到劳动创造的快乐，真正体会到劳动的价值，强化思想认同和价值认同，形成正确的劳动价值取向。可以采用OBE教育理念，以劳动成果为导向设计教学过程，让学生在出力流汗后感受到丰收的喜悦，体验到存在感、成就感，进而在主观世界中真正认同劳动的价值。四是要把新时代劳动教育放在时代和社会发展的大背景中，引导学生深刻理解“空谈误国、实干兴邦”的道理，认识到中华民族伟大复兴的中国梦只有通过劳动才能实现，从而树立为国、为民、为创造幸福生活而劳动的情怀，自觉成长为可担当“民族复兴大任”的社会主义建设者和接班人。

3. 帮助学生端正劳动态度

态度不仅是人内在的心理特征，还是做人、做事以及行为选择的外在表现。对“劳动最光荣、劳动最崇高、劳动最伟大、劳动最美丽”的价值判断的认同，在实践中表现为尊重劳动、热爱劳动、崇尚劳动的信念追求和行为趋向。要对学生进行“怎样尊重劳动、怎样热

---

① 苏霍姆林斯基. 苏霍姆林斯基选集(五卷本): 第三卷[M]. 蔡汀, 王义高, 祖晶, 译. 北京: 教育科学出版社, 2001.

爱劳动、怎样崇尚劳动”的教育，对现实生活中种种不尊重劳动、不热爱劳动、不崇尚劳动的现象和行为进行批判，使学生增强对种种似是而非思想、种种不当行为的抵制和摒弃。尊重劳动是对待劳动的基本态度，包含对劳动者的尊重、对劳动资料的节俭、对劳动过程的体贴、对劳动成果的爱惜等①。热爱劳动是从言行上对劳动的行为趋向，建立了热爱劳动的态度就会自觉抵制懒惰、好逸恶劳的行为，辩证理解劳动既是权利也是义务，牢固树立“不劳动者不得食”的意识，遵守按劳分配原则，正确看待劳动中的苦、脏、累，自觉自愿参加劳动，能够从劳动奉献和成果创造中升华自己的道德情操。崇尚劳动是在意识形态领域上升为一种社会文化，引导社会成员行为趋向，是整个社会主流意识对“劳心者治人、劳力者治于人”观念的鞭挞，对劳动价值的高度认同，对劳动者的贡献充分肯定并给予相应的社会地位。在职业教育领域表现为学生、家长对职业教育的认同，建立正确的升学、就业取向。

（二）劳动素质教育

素质在《辞海》中被定义为完成某种活动所必需的基本条件。也指一个人在社会生活中思想和行为的具体表现。素质与个体的生理解剖特点息息相关，是个体心理的外在表现。本书将劳动品质、劳动习惯、劳动精神等劳动者“具身”的个性特征纳入劳动素质教育范畴，将职业院校的劳动素质教育分为劳动品质教育、劳动习惯教育、劳动精神教育三部分内容，见表4-4。

表 4-4　劳动素质教育的教学内容

教学目标	教学内容	重点内容	学习要求
劳动素质教育	劳动品质教育	（1）辛勤劳动； （2）诚实劳动； （3）规范劳动； （4）安全劳动； （5）创造性劳动	（1）具备辛勤劳动品质，能坚持不懈地劳动； （2）具备诚实劳动品质，不敷衍，不欺诈； （3）具备规范劳动品质，保证劳动质量； （4）具备安全劳动观念，保证劳动安全； （5）具备创造性劳动品质，用劳动创造美好生活，推动生产力发展
	劳动习惯教育	（1）劳动的习惯； （2）勤俭节约的消费习惯	（1）养成辛勤劳动的习惯； （2）树立正确的消费观，珍惜劳动成果，不铺张浪费
	劳动精神教育	（1）劳动精神； （2）劳模精神； （3）工匠精神； （4）创新精神； （5）奉献精神	（1）具备劳动精神，艰苦奋斗； （2）具备劳模精神，爱岗敬业； （3）具备工匠精神，追求卓越； （4）具备创新精神，勇于创新； （5）具备奉献精神，担当奉献

1. 培养优秀的劳动品质

品质一般指人的行为和作风所显示的思想、认识、品性等本质性素养。劳动品质是指劳动者在劳动中通过言行所反映出来的观念态度、道德修养、法律约束、质量意识等。新时代的劳动品质主要包括辛勤劳动、诚实劳动、规范劳动、安全劳动、创造性劳动。

辛勤劳动是人的基本品质。劳动是人类特有的实践活动，是人区别于动物的类本质特征，依据马克思主义劳动观，劳动创造了人并发展了人，能劳动是一名“真正意义上的人”的标志，一名具备劳动能力的人，劳动既是其基本权利又是其根本义务，将伴随人的终生。

---

①顾建军. 劳动教育要抓住灵魂科学实施[N]. 中国教育报, 2018-11-28(09).

随着人们物质生活水平的提高，当劳动不再成为某些人获取生活资料的第一需要时，能够辛勤劳动成为一种难能可贵的优秀品质。勤劳是中华民族的传统美德，也是推动社会主义现代化建设的精神力量。毛泽东曾指出："社会主义制度的建立给我们开辟了一条到达理想境界的道路，而理想境界的实现还要靠我们的辛勤劳动。"①职业院校的劳动教育要引导当代青年继承和发扬中华民族优秀传统美德，摒弃安逸享乐和不劳而获，深刻认识到自己的权利和义务，认识到新时代社会主义现代化建设需要我们辛勤劳动，懂得"空谈误国、实干兴邦"的深刻道理，端正劳动观、就业观、择业观，把劳动与实现个人价值紧密联系在一起，把劳动同实现中华民族伟大复兴的中国梦联系在一起，具有到艰苦地区和各行各业一线工作的理想和志向，用辛勤劳动实现自身发展。

诚实守信是中华民族的传统美德，是新时代倡导的优秀劳动品质。与诚实守信相反的是投机取巧、弄虚作假、敷衍欺诈，职业院校的劳动教育要引导学生认识到，与大自然的诚实互动才能获得实实在在的物质回报，与他人的诚实互动才能获得信任和尊重。习近平指出："人世间的美好梦想，只有通过诚实劳动才能实现；发展中的各种难题，只有通过诚实劳动才能破解；生命里的一切辉煌，只有通过诚实劳动才能铸就。"诚实劳动是实现中华民族伟大复兴中国梦的基石，真正出力流汗、遵章守纪、表里合一，不虚伪欺诈，不投机取巧，才是真正意义的劳动，才是有效的、积极的劳动。

规范劳动、安全劳动是劳动质量的保障。现今，我国社会主要矛盾已经转化为人民日益增长的美好生活需要和不平衡不充分的发展之间的矛盾，解决这一矛盾就要促进产业升级和供给侧改革，生产出高质量的产品。质量是产品或工作过程、体系的优劣标准，既可以指某种物质产品、计算机软件或服务产品的质量，也可以是某项活动的工作质量或某个过程的工作质量，还可以指企业的信誉、体系的有效性。衡量产品质量的优劣有一系列评价指标，衡量工作过程的质量有一系列的操作规范。确保产品的高质量或工作过程的高质量，需要劳动者具有高度的质量意识，在产品生产或工作过程之始即按照技术标准开展劳动。规范劳动还关乎生产安全问题，保证劳动者的身心健康。对职业院校的学生而言，规范劳动、安全劳动的品质必须重点培养，让学生牢固树立生产安全意识，严格按照操作规范操作，杜绝安全事故的发生。技术标准和操作规范是确保高质量生产和安全生产的两个关键要素，只有严把规范劳动、质量监控、质量评价等关键环节，才能从源头上解决不规范操作产生的系列安全问题，严格落实技术标准生产出合格产品或提供标准化服务，用规范劳动、安全劳动推动我国社会主义事业高质量发展。

创造性劳动是规避劳动异化的唯一方法，创造性劳动也是推动人类发展、社会进步的唯一手段。劳动异化是马克思主义哲学的重要观点。马克思认为，生产劳动是直接使资本增值的劳动或生产剩余价值的劳动，当剩余价值被剥削阶级占有，劳动者被生产过程或生产工具所制约，劳动者会被动劳动甚至厌恶劳动，劳动者的智慧不能得到发挥，劳动即陷于低水平、重复的劳动。规避劳动异化现象的有效方法是让劳动者具有选择劳动的权利，激发劳动者的创造性。恩格斯指出："当社会成为全部生产资料的主人，……生产劳动就不再是奴役

---

① 毛泽东. 毛泽东文集: 第七卷[M]. 北京: 人民出版社, 1999.

人的手段，而成为了解放人的手段，因此，生产劳动就从一种负担变成一种快乐。”①当劳动者基于主动地劳动，将智慧用于劳动，创造性劳动就发生了。劳动本身即具有创造性，劳动得到的物质财富和精神财富就是劳动创造的结果，创造性劳动是劳动体现其本质特征的根本标志。创造性劳动是推动经济发展、科技创新、社会进步、文化繁荣的唯一路径，人类发展的历史就是一部劳动创造史，新时代中国特色社会主义现代化建设需要创造性劳动持续推进。当今时代，简单劳动日益被复杂劳动取代，单一劳动被复合型劳动取代，科技进步和产业升级急需具有创新思维和创造能力的高素质劳动者。职业院校担负着为生产、管理、建设、服务一线培养应用型专业人才的任务，新时代的劳动教育必须顺应时代发展的需求，重点提高学生的创新思维和创新能力，激发学生的创造能力。创造能力是指产生新思想、发现和创造新事物的能力，是成功地完成某种创造性活动所必需的心理品质，是知识、智力、能力及优良的个性品质等复杂多因素综合优化构成的能力，需要劳动教育、创新创业教育、专业教育同向发力，在教学内容组织上重视新知识、新技术、新工艺、新方法、新应用，引导学生不因循守旧，不墨守成规，创造性地解决实际问题。

2. 培养良好的劳动习惯和消费习惯

新时代劳动习惯教育包括劳动的习惯教育和使用劳动成果的习惯教育。劳动不仅是伴随人类发展的实践活动，也要成为伴随每一位个体成长的实践活动，成为人日常生活的常态。培养学生劳动的习惯重点在于培养学生发现劳动可能性的能力，即人们常说的“眼中有活”。例如，到了一个脏、乱、差的环境，不能无动于衷、熟视无睹，要发现环境中存在的劳动，有改善的自觉和行动。劳动习惯的背后是正确的劳动价值观对人长期作用的结果，一是自己对家庭、社会、国家承担责任和义务的认识程度，能否认识到劳动是每个人的责任和义务。例如，面对脏乱差的环境，不能因为不是自己造成的就推卸责任，不能因为这个环境与自己关联度低就可以敷衍塞责或置之不理，要认识到人人都有劳动的义务和责任，勇于担责，勇于去改变不良环境或不良现象。二是对劳动价值和意义的认识程度，能否认识到劳动对自身成长的意义，认识到劳动是对自身品行的磨炼和约束，是对真、善、美的追求，建立起高度的认同和自律自觉，无论面对任何领域的劳动可能性，能够将劳动同自身自尊、自立、自强、自信联系起来，以高标准严格要求自己。三是高质量追求对人思想、行为形成的定式，能否形成积极的思维定式和行为定式，产生自然而然的思想和行为，是习惯是否形成的衡量标准。劳动的习惯要从小培养，无论从事任何劳动，都能够安全规范地劳动、坚持不懈地劳动，在劳动中满足自己生存生活的需要，在劳动中获得成长和成就感，在劳动中实现自我价值。

劳动教育不仅要关注作为生产的劳动还要关注作为消费的劳动，要重点培养学生正确的消费习惯。随着人们物质生活水平的提高，社会中一度出现追求奢华、铺张浪费的不良风气，部分年轻人中也出现了追求高档奢侈品、随意丢弃物品、浪费粮食等不正常的消费现象。学生生活在一个物质充裕的时代，我们不可能要求当今的学生过“新三年旧三年，缝缝补补又三年”的日子，对物质的占有和消费是一种自然的状态。正如马克思所言，生产行为就其要素来说也是消费行为，生产和消费本身就是一个完整劳动链条得以有效运转的基本要

① 马克思，恩格斯. 马克思恩格斯全集：第三卷[M]. 中共中央马克思恩格斯列宁斯大林著作编译局，编译. 北京：人民出版社，1995.

素，在很大程度上，消费是人类再生产的必要条件①。我们需要做的是引导学生正确认识消费的本质及内涵，培养有节制的理性消费。要引导学生建立正确的消费观，通过劳动实践让学生体验到劳动成果得来的不易，能够珍惜劳动成果，能够正确认识人类与大自然物质交换的所遵循的能量守恒等客观规律，能认识到物质为人所用，人不能受物质羁绊，形成对物质的占有和消费以必需够用为度的消费观念，形成在劳动过程中对资料的节约、对劳动工具的爱护，传承中华民族勤俭节约的美德，杜绝奢靡享受和铺张浪费。

3. 弘扬新时代勤俭、奋斗、创新、奉献的劳动精神

劳动精神是在优秀劳动者身上所反映出来的劳动态度、劳动意志、劳动情感、劳动观念等精神品质和价值理念的整体特征，上升为一种可弘扬、可传承的文化现象。《意见》和《纲要》中重点提出了劳模精神、劳动精神、工匠精神三种精神。关于劳模精神、劳动精神和工匠精神，习近平在2020年全国劳动模范和先进工作者表彰大会上给出了精辟的阐述："劳模精神、劳动精神、工匠精神是以爱国主义为核心的民族精神和以改革创新为核心的时代精神的生动体现，是鼓舞全党全国各族人民风雨无阻、勇敢前进的强大精神动力。"劳模精神、劳动精神、工匠精神是对人类劳动中所形成的经验技术的高度概括，是对劳动者所有优秀劳动素养的高度升华，是人类追求高质量劳动的核心影响因素，对劳模精神、劳动精神、工匠精神的弘扬和继承，是推进供给侧改革和科技创新的基础路径。劳动是实现人的自由全面发展的途径，劳动模范、大国工匠是通过劳动实现自由全面发展的绝佳例证，他们的先进事迹是鲜活的劳动教育内容，他们在平凡岗位上做出不平凡业绩所坚守的理想信念、价值追求、人生境界及其展现出的整体精神风貌，是人类宝贵的财富，劳动教育中要着力引导当代青年人学习和继承。

职业教育直接面向生产、建设、管理、服务一线，学生毕业后将走上各个工作岗位，不仅要培养学生的劳模精神、劳动精神、工匠精神，还需要培养学生的创新精神、奉献精神。在创新精神培养中关注创业精神的培养，创业精神是以成果为导向的创新性劳动的具体体现，包括开阔新颖的视野、敢为人先的勇气、务实打拼的作风、创新开放的思维、执着坚守的毅力等。培养学生的创业精神并不是让学生人人去开公司，在一个工作领域中承担开创性工作，开拓新的业务、新的事业、新的领域，是一种内创业②，也是创新创业精神的体现。奉献精神是一种大爱精神，奉献是一种态度，是一种行动，也是一种信念，是社会责任感的集中表现。每个人都不可能绝对独立地生活在客观世界中，都在接受大自然和他人的馈赠，奉献精神实质是个人主观世界与客观世界的双向互动，每个个体既接受外部世界的服务，又服务于外部世界，在工作中岗爱岗敬业是奉献，参加社会公益和志愿者服务活动也是奉献。职业院校的劳动教育要培养学生正确理解"我"与"非我"的关系，要客观认识"我"在客观世界中的定位，既享受权利又承担义务，能够跳出"我"的思维局限，培育学生对国家、对社会、对集体、对他人、对大自然的大爱精神，提高公共服务意识和志愿服务意识，服务大自然、服务人民、服务社会、服务国家，在面对重大灾害、社会危机或在祖国需要的时候，能够敢于担当、主动作为。

---

①班建武. 新时期劳动教育理论体系建构研究[M]. 杭州: 浙江教育出版社, 2022.

②吴重涵, 赵观石. 我国高校创业教育六大认识误区[J]. 江西教育科研, 2006(2): 22-25.

（三）日常生活劳动教育

人是一个整体，思想观念、肢体动作、意志品质相互关联、相互制约，要充分认识到劳动观念、劳动品质、劳动习惯对劳动能力的制约作用，日常生活劳动教育中，要将日常生活所需的劳动观念、劳动素质、劳动能力同步设计、同步培养、同步提升。日常生活劳动教育的教学内容，见表4-5。

表4-5　日常生活劳动教育的教学内容

教学模块	教学内容	重点内容	学习要求
日常生活劳动教育	日常生活劳动观念教育	（1）日常生活劳动的特点和意义； （2）家庭伦理、社会伦理常识	（1）深刻认识日常生活劳动的价值； （2）建立自己的事情自己干、人人承担劳动任务的观念； （3）建立热爱生活的积极态度，树立用劳动创造美好生活的观念
	日常生活劳动能力教育	（1）家常饮食制作； （2）洗涤与收纳； （3）卫生保洁（家居保洁、宿舍保洁、教室保洁、校园保洁）； （4）垃圾分类； （5）生活环境美化（家居美化、宿舍美化、校园绿化）； （6）智能家居的应用； （7）常用家庭用品的维护	（1）掌握日常生活劳动的基本知识和技能，实现生活自理； （2）正确使用劳动工具，完成劳动任务； （3）具备劳动安全常识和操作技能； （4）具备劳动设计、劳动实施、劳动评价反思能力
	日常生活劳动素质教育	（1）日常劳动与修身的关系； （2）日常生活勤俭节约小技巧； （3）家庭理财常识	（1）培养勤俭节约、吃苦耐劳的优秀品质； （2）培养修身明礼的自律和自觉； （3）养成及时清理、整理的习惯； （4）养成科学的理财用财习惯

1. 培养正确的日常生活劳动观念

日常生活劳动是立足于人的日常生活，根据人自身生活自理的需要以及周边生活环境的需要而产生的劳动，是伴随人的日常生活而发生的，保证个体生活自理、维系家庭生活、适应社会生活的基础性劳动，是能够让自我生理和心理达到舒适状态而产生的劳动。根据职业院校学生的日常生活空间，可分为家庭和校园两个劳动场域。教学内容要包括日常生活劳动的特点和意义，让学生深刻认识日常生活劳动具有每天发生、重复、琐碎、无报酬、随生活而发生等特点，认识到日常生活劳动具有维护人的正常生活需要的重要意义。强化学生对日常生活劳动的认知还需要加入家庭伦理和社会伦理的教育内容，要让学生认识到家庭是人类生活的基本单元，家庭伦理关系和共同生活是家庭存在和维系的基础，家务劳动是基于共同生活和家庭伦理产生的，基于共同生活及尊老爱幼、赡养抚育、互帮互助等家庭伦理产生的劳动，是家务劳动的主要内容，家庭成员共同劳动和家务劳动分担是维护和谐稳定家庭生活的基本规则，每位家庭成员都要根据家庭角色而承担相应的劳动，这种观念要成为家庭成员的共识。要让学生认识人类的日常生活方式，接受家庭长辈、同辈、晚辈共同生活的传统伦理观念，认识到自己在家庭、在学校中的责任，以及与他人的相处方式。

在传统生产生活方式背景下，日常生活劳动因无报酬、不产生经济效益而被人们忽视，新时代的劳动教育拓展了劳动的外延，将日常生活劳动纳入劳动教育。因此，在教学中需要特别强调日常生活劳动的重要意义，丰富学生的家庭伦理、社会伦理常识，强化学生的家庭、社会角色和责任义务，让学生正确认识日常生活劳动对自己、对家人、对社会的重要价值，基于舒适、和谐、温馨的日常生活环境建设理念，形成维护日常生活所必备的、正确的劳动观念。要让学生认识到日常生活劳动是每个人都要面对的劳动，是维系人生存和发展的基础性劳动，形成“自己的事情自己干，家里的事情主动干，校园的事情合作干”的基本理念，以及个人和环境要干净卫生、物品要整齐有序、垃圾要分类投放、食品要卫生营养等基本认识，提高自立自强意识和责任担当意识，认识到家务劳动不是父母的义务，不要无视父母的无私付出，校园的劳动自己有义务承担，不要心安理得享受别人的劳动。要让学生认识到没有哪个人是特殊的，都要承担自己角色应该承担的劳动和责任，每个人既享有被服务的权利也承担服务他人的义务，别人的奉献和付出不是天经地义的，即使父母之于幼儿、儿女之于老人，也是如此。特别是在家庭生活中，要认识到尊老爱幼、共同承担家务是构建和谐幸福家庭的先决条件，饮食营养可口、家居环境整洁也是舒适生活的必备要件，每位家庭成员除了个人生活处理之外，要分担一定的家务劳动，家庭内可以协商分工，形成自己的劳动分工模式。

2. 形成基本的日常生活劳动能力

根据学生衣、食、住的需要，结合新时代爱国卫生运动、健康生活和生态环境保护的要求，日常生活劳动包括卫生保洁、家常饮食制作、洗涤与收纳、垃圾分类、生活环境美化等内容。根据家庭和校园两个场域，可细化为起居室保洁、厨房保洁、卫生间保洁、宿舍保洁、教室保洁、校园保洁、主食制作、家常菜制作、甜品制作、汤粥制作、衣物洗涤保养、物品收纳、垃圾分类、家居绿化、校园绿化、居室美化等若干劳动项目。日常生活劳动能力的教学内容可根据“三维三阶”教学目标分为以下三个层次：

（1）对应教学目标“参与性”的要求。日常生活劳动能力教育的基本教学内容涵盖日常生活中的基本劳动任务，培养学生的基本劳动能力，保证日常生活自理。家庭是人生活的基本单元，家务劳动是日常生活劳动最重要的组成部分，是学校实施日常生活劳动教育的重要形式。由于职业院校一般实行寄宿制，校园劳动也成为学生日常生活劳动的一部分。基本劳动能力的培养侧重于劳动资料的处理方法、劳动工具的使用技能、劳动安全保护等操作能力的培养。培养学生掌握日常生活劳动的知识和技能，能够自己管理自己的衣食住行，自己整理自己的物品，自己安排好日常生活，不能依赖父母和他人照顾，养成良好的生活习惯和卫生习惯，做到个人生活事务自理，保持周围环境整洁。

（2）对应教学目标“有效性”要求。日常生活劳动能力教育的教学内容需要加入营养学、统筹学、家政学的内容，帮助学生优化日常生活。运用营养学基本知识，教授学生如何进行营养配餐、如何进行食物搭配等；运用统筹学的原理教授学生怎样科学安排劳动顺序，怎样合理利用时间，怎样处理好日常生活劳动与学习、工作的关系，怎样高效利用时间与提高劳动效率等；运用断舍离等家庭管理方法和物品收纳理念，教授学生如何将自己的生活打理得井井有条，如何让自己的生活更舒适，实现物理环境温馨及人文环境的和谐愉悦等。

（3）对应教学目标“创新性”要求。日常生活劳动能力教育要对接当代人对高品质生活的追求，基于劳动创造幸福生活的理念，让学生发现和追求生活之美，用劳动创造生活之美。职业院校劳动教育的教学内容中要加入创意生活的内容，如家庭手工制作、家居美化、智能家居设计等内容，让学生认识到日常生活劳动中蕴含着无穷的创意和创新，看似琐碎的家务劳动中有小技巧、小妙招，劳动可以为平凡的日常生活创造乐趣和生机。帮助学生在日常生活劳动中发现和创造生活之美，形成高品质的生活靠劳动创造的意识，用劳动提升生活的品质，创意生活中的小惊喜，使生活变得多姿多彩、趣味盎然，从劳动中获得愉悦感和成就感，培养热爱生活、追求美好生活的积极态度，积极地面对世界、面对社会、面对生活。

教学内容的整合还要关注现代科学技术在日常生活中的应用。智能家居、智能厨具等智能化用品已经深入走进人们的生活。如信息技术发展的初期，许多人不会利用智能手机，为日常生活带来了诸多困扰，学习现代信息技术成为日常生活劳动教育的一部分。智能生活劳动能力的教育要适度超前于现实生活，可以教授智能生活工具的使用和智能生活的理念，一方面让学生掌握已经成为商品的智能家居用品的使用方法，另一方面让学生了解智能家居的理念，如各种智能家居设备的设计理念、新兴App的功能、智慧家庭控制系统的规划以及智慧家庭的发展趋势等，使学生为未来高智能化的生活做好思想和心理准备，能够快速接受新事物，激活创新思维。新时代的劳动教育要站在生活的前沿，推动新技术、新工艺在生活中的推广应用，对接日常生活中层出不穷的新用具、新方法以及新的生活方式，教育学生增强劳动创新意识和能力，用劳动创造更好美好、便捷、舒适的生活。

3. *形成优秀的劳动品质和习惯*

日常生活劳动随日常生活而产生，重复、琐碎、枯燥、单调，对热爱劳动的劳动观念以及坚持不懈的劳动品质具有极大的挑战性，要特别加强辛勤劳动、诚实劳动的教育。要让学生在家庭、校园日常生活中准确定位自己的角色，跳出“小我”的小圈子，置身于家庭生活、校园生活的背景下，认识到服务家人和同学、维护周边环境和生态环境也是日常生活劳动的一部分。让学生懂得“一屋不扫何以扫天下”的道理，做到不敷衍、不拖延、不推诿，懂得个人与他人、社会、环境的关系，懂得干净整洁是对自己和他人的尊重，懂得物品要摆放整齐、个人生活要有规律、集体生活要遵守秩序和纪律等社会生活规则，形成及时劳动、随手劳动、讲究个人卫生、不随便丢垃圾、分类投放垃圾的习惯。日常生活劳动中还需要适度加入理财的有关知识，加入勤俭节约等中华民族优秀传统美德的教育，让学生懂得温馨美好的家庭生活需要经营，在经济上要量入为出，在关系上要用亲情、友爱、包容去维系，能够在日常生活劳动中体验到与家人、同学共同劳动的快乐，体验到家人、同学、师长的关爱，认识到父母的辛劳，继承中华民族勤俭持家、吃苦耐劳的传统美德。

（四）职业劳动教育

职业劳动是当今社会劳动的主体，生产劳动是物质财富和精神财富的源泉，包括劳动者、劳动工具、劳动资料三要素，基于人社会生活的需要而产生的现代服务劳动是社会分工进一步精细化、专业化的体现，是以现代科学技术特别是网络信息技术为主要支撑，产生的新商业模式、新服务模式和新管理方式。劳动教育中的职业劳动教育要区别于职业教育中的专业教育，关注学生基本的、通用的劳动素养。职业劳动教育的主要内容，见表4-6。

表 4-6 职业劳动教育的教学内容

教学模块	教学内容	重点内容	学习要求
职业劳动教育	职业劳动观念教育	（1）职业和社会分工的基本知识； （2）职业劳动的意义； （3）劳动形态的演进以及各领域职业劳动的特征； （4）劳动保护和劳动权益基本知识	（1）体验劳动的艰辛，尊重劳动成果和劳动者； （2）树立创新创业、科技强国理念，增强为祖国建设而劳动的劳动观念； （3）增强劳动的自豪感和荣誉感
	职业劳动能力教育	（1）农业劳动； （2）工业劳动； （3）商业劳动； （4）工艺劳动； （5）现代服务劳动； （6）智能劳动	（1）掌握各行各业劳动的环境、工具、组织、知识、技能、方法、流程等特征； （2）能够完成真实劳动任务，产出劳动成果； （3）掌握劳动安全知识和技能； （4）了解各行各业劳动的前沿动态和发展趋势
	职业劳动品质和习惯教育	（1）辛勤劳动、诚实劳动、创造性劳动的品质； （2）及时、专注、规范、持久的劳动习惯，爱护生产资料、劳动工具、劳动成果的意识和习惯； （3）劳动精神、劳模精神、工匠精神、创业精神、奉献精神	（1）掌握做事的方法，学会创新创造，利用不同的方法解决问题，用创造性劳动使劳动更快乐、更有质量； （2）培养辛勤劳动、诚实劳动、创造性劳动的品德； （3）培养及时、专注、持久的劳动习惯； （4）培育劳动精神、劳模精神、工匠精神、创业精神、奉献精神

1. 培养正确的职业劳动观念

职业劳动观念教育要承担政治动员和劳动动员的职责，让学生进行“为什么而劳动”的深入思考，充分认识到职业劳动的价值，把自身参与劳动和创造性劳动与国家的社会主义现代化建设结合起来，树立努力成为“社会主义建设者和接班人”的价值追求。有人认为，职业教育中的专业技术教育就是培养学生的职业劳动能力，劳动教育只要依托本专业教育即可，这是对劳动教育的窄化。劳动教育是基础层面的教育，要动员学生投身社会主义现代化建设伟大事业，引导学生从劳动的本源和价值层面认识职业劳动，既要与本专业教育紧密结合，也要引导学生从国家和社会的高度和广度认识职业劳动，让学生参加和体验各种形态的劳动，深刻认识劳动的价值以及社会生产力发展所带来的生产关系变革，深刻感受马克思所说“社会生产过程既是人类生活的物质生存条件的生产过程，又是一个在历史上经济上独特的生产关系中进行的过程”①。提高政治站位和思想高度，从元认知的视角认识劳动的本质和价值，从国家和社会的高度认识劳动的必要性，对粮食安全问题、产业升级和结构调整等问题建立深刻的认识，形成“把饭碗牢牢端在自己手里”的基本认知，把自己的劳动与国家、社会、人民紧密联系在一起。还要从全国视野的角度认识劳动形态的多样性，了解生产劳动的地域多样性、产业发展的多样性以及产业结构与当地风土人情的关系。如农业生产有的地方仍然以农耕为主，有的地方已经普及机械化大规模生产，有的地方物产丰富，有的地方贫瘠，认识地域发展的不平衡性和劳动生产力发展的不平衡性，把劳动与解决发展不充分、不

① 马克思，恩格斯. 马克思恩格斯全集：第二十五卷[M]. 中共中央马克思恩格斯列宁斯大林著作编译局，编译. 北京：人民出版社，1974.

平衡的突出矛盾联系起来，增强为祖国、为社会、为人民而劳动的责任担当。

2. 提升综合职业劳动能力的水平

综合职业能力包括职业技术能力的职业关键能力，虽然专业教育的目标也是提升学生的综合职业能力，但在实践教学中职业关键能力往往处于弱化状态，劳动教育的加入不仅与专业教育共同强化职业关键能力，还将提升职业关键能力的广度和深度，把学生的职业综合能力提升到更高水平。要深刻认识劳动教育的基础属性，为学生打下坚实的劳动基础素养。教学内容并不指向某个职业或具体的岗位劳动技术的精、深、难，而是以各领域劳动的典型劳动为载体，重点培养学生对劳动环境、劳动规范、劳动流程、劳动工具、劳动组织、劳动时间、成果评价等公共属性的认知，具备完成劳动任务所需要的获取劳动知识、设计劳动成果、执行劳动规范，使用劳动工具、团队协作等通用劳动能力，掌握劳动的一般规律，能够对接现实世界中千变万化的劳动，为进一步掌握精进专业技术以及劳动适应、劳动迁移奠基。

教学内容要兼顾广度和深度，帮助学生建立对职业劳动的整体认识，具备职业规划和职业选择能力。教学内容要涵盖农业劳动、机器劳动、手工劳动、商业劳动、现代服务劳动、智能劳动等主要职业劳动形态，让学生纵向认识劳动的发展演变，认识社会生产力发展与劳动形态的关系。教学内容要特别融入劳动的新变化，如电子商务、数字经济，以及消费性劳动、创造性劳动、复合性劳动等新的劳动形态，使学生能够更客观理性地看待现实世界中千差万别的职业和岗位，建立理性的职业观和择业观。还要让学生掌握职业劳动的发展规律，增强终身学习能力，适应新岗位、新技能的要求，增强劳动迁移能力，跟上社会前进的步伐。教学内容的整合要有全国乃至全世界视野，让学生更全面客观地认识现实世界，不仅要了解自己身边的，也要了解其他地域、其他种类、其他技艺的劳动，以便学生在深刻、全面掌握职业劳动现状的基础上，能够科学规划自身职业发展。

教学内容要处理好各领域劳动的传统形态与新技术、新方法、新应用的关系，增强学生职业劳动能力的真实性、应用性。职业院校的劳动能力要经得起真实劳动任务的检验，也要适应劳动新技术、新方法、新工具、新手段，具备发展的潜力和能力。教学内容要兼顾传统与现代，如在农业和手工业劳动项目的开发上，既要让学生了解人与大自然互动的朴素生产方式，如农耕劳动中用铁锹整理土地，亲历播种、施肥、浇水、采摘等自然生产方式，让学生真正动手实践、出力流汗、接受锻炼、磨炼意志，感受在人与大自然中的朴素关系，也要让学生看到现代农业的新发展、新趋势，到大规模机械化作业的农场、无土栽培的阳光温室等现代化农业的生产现场，认识到主观世界与客观世界的互动中，人的劳动发挥了巨大的创造性，不断进行技术创新，创造发明出各种现代劳动工具和设备，推动了社会生产力的发展和社会的文明进步。让学生在传统与现代的交织中，深刻理解生产关系和人类的生产生活方式，切实提升终身学习、交流与合作、创新与发展等职业关键能力的稳定性。

3. 形成优秀的职业劳动品质和习惯

基于职业教育的性质和任务，职业院校劳动教育要特别加强学生辛勤劳动、诚实劳动、规范劳动、安全劳动、创造性劳动的品质，加强劳动精神、劳模精神、工匠精神、创新精神、奉献精神的培育，用劳动模范、大国工匠的先进事迹激励学生。要让学生在不同劳动形态的亲身实践和体验中，感悟各行各业劳动者的劳动精神，如农业生产中劳动者面对土地的真实感情，对大自然中各种动植物生命的感情投入，对大自然的尊重、敬畏与维护；工业生产中劳动者遵循规则与纪律，顺应生产规律不断进行程序化、标准化的执着追求；商业和服务业中劳动者灵活多样营销模式，如何了解顾客心理、尊重顾客个性化需求，不断进行产品研发和产品创新的思维等，让学生了解感悟不同岗位的劳动特质，对学生形成客观的认知和择业观、职业观具有重要意义。

（五）公益服务劳动教育

公益服务劳动是人在社会生活中基于自助、互助与和谐社会的建设需要而产生的劳动，是学生强化社会责任，打开和融入社会关系，营造和谐社会的保证。公益服务劳动教育的教学内容，见表4-7。

表 4-7　公益服务劳动教育的教学内容

教学模块	教学内容	重点内容	学习要求
公益服务劳动教育	公益服务劳动观念教育	（1）服务性劳动的特征； （2）服务性劳动的意义； （3）社会主义核心价值观解读	（1）了解服务性劳动的意义，建立自觉自愿参加劳动的态度和情感； （2）树立人人平等的理念，尊重他人，与他人形成和谐人际关系
	公益服务劳动能力教育	（1）服务性劳动技能； （2）社会公共服务知识技能； （3）志愿者服务知识技能	（1）掌握服务知识与技能； （2）掌握人际沟通知识与技巧； （3）掌握社会活动设计、组织实施、评价反思的基本流程
	公益服务劳动素质教育	（1）社会责任感； （2）担当奉献精神	（1）形成乐于助人的习惯； （2）增强社会责任感和奉献担当精神

1. 培育正确的公益服务劳动观念

劳动观念教育首先是认知教育，要让学生了解公益劳动、志愿者服务劳动的本质和特征。公益劳动和志愿服务劳动的共同特点都是无报酬劳动，公益劳动侧重于服务公益事业，如公共事务管理、植树造林、打扫卫生、维护交通秩序等，志愿服务是侧重于自愿、无偿向社会或者他人提供服务和救助，如帮助烈军属和残疾人、科技文化推广服务、乡村支教服务、医疗救护等，具有志愿性、无偿性、公益性、组织性四大特征，志愿者在帮助他人、服务社会的过程中传递爱心、传播文明，有效地拉近人与人之间的心灵距离，减少疏远感，对缓解社会矛盾及促进社会和谐稳定具有积极作用。

要让学生了解公益服务劳动的意义，建立“互帮互助、扶危济困、建构和谐社会是每个公民应尽的义务”的观念认知。人类选择了群居的生活方式，生产生活组织形式具有群体性，人与人组成了家庭、集体、国家，人类群体与所生活的环境构成了人类社会，产生了各种社会关系。群体性的生活方式必然产生人与人之间的关系，生产中需要人与人协作互助，社会生活中也需要人与人的团结互助，不仅需要他人的帮助，也需要他人的尊重和认可，人的价值不仅表现于自身的个人价值，还表现于社会中的地位和声誉、人对社会的贡献以及人的社会价值。要让学生认识到劳动是人有效融入社会的方式和手段，人付出时间、体力、精力帮助他人也是劳动的一种形式，这种劳动产生社会价值，生产精神财富，只有通过劳动在社会中贡献体力和脑力，才能成就自己的地位和价值。要加入习近平新时代中国特色社会主义思想关于社会主义和谐社会建设的伟大构想，让学生懂得社会主义和谐社会建设的意义，以及当代青年人在社会主义和谐社会建设中的责任和担当，能够自觉自愿地利用知识、技能等为他人和社会提供服务，树立服务意识，在公益劳动、志愿服务中强化社会责任担当。

2. 提高公益服务劳动的水平

公益服务劳动教育的教学内容应包括社会工作知识和社会服务技能，让学生认识到不是付出体力和时间就可以做好公益服务劳动，也决不能因为无偿而降低劳动质量，要掌握公共服务技能和方法，用高质量的服务体现对服务对象的尊重。教学内容中要加入一定的社会工作知识和方法、心理健康教育的内容、人际交往的知识和礼仪、志愿服务的语言技巧和体态规范等。教学内容可以选取典型的公益劳动和志愿服务项目作为劳动教育的载体，组织学生实地完成公益劳动和社会服务实践的完整劳动过程，通过亲身参加公益服务劳动，使学生了解社会、了解家庭及同学之外的他人，了解真实生活于各种生存环境中的人，学会理解、学会交流、学会合作，能够与不同文化背景的人交流与合作。

3. 形成优秀的公益服务劳动品质和习惯

公益服务劳动是培养学生社会责任感和担当精神的良好载体，教学内容可以从优秀劳动者、志愿者的案例中提取，用鲜活生动的教育素材对学生进行多感官教育，牢固学生的奉献精神和责任担当。公益服务劳动为学生走出校园，深度接触社会、融入社会提供了平台，与家人和同学、教师之外的人交流对学生是一种不一样的体验，需要站在他人的立场看待事情、看待自我，知道哪些事情可以做，哪些事情不可以做，哪些事情必须做，找到自己的定位和价值体现的方式，感受自己的责任、权利和义务，形成正确的国家观念、社会意识、集体观念，以及正确的世界观、人生观、价值观。公益服务劳动对学生客观认识“自我”与“他人”“社会”的关系具有重要作用，让学生通过亲身实践获得直接经验，在劳动中切身体验“赠人玫瑰手有余香”的成就感。弗洛姆说过：“劳动是人的自我表现，是他的个人的体力和智力的表现，在这一真实的活动过程中，人使自己得到了发展，变成为人的自身；劳动不仅是达到目的的即产品的手段，而且就是目的本身，是人的能力的一种有意义的表现；因而劳动就是享受。”[①]公益劳动和志愿服务因其无报酬的特点，对学生形成自觉自愿劳动观念和态度，形成关心公共事业、奉献和关爱他人、团结互助、友善等良好品质具有重要作用。要让学生在帮助他人中获得快乐和自我满足，建立对公益服务劳动积极的态度和情感，建立提升自我道德修养和思想品质的自觉，提升公共服务意识，增强社会责任感、担当精神、奉献精神，建立为国家、为人民服务的道德追求，形成甘于奉献、勇于担当的高尚品格。

① 刁兴美. 生产性活动的现实展开: 弗洛姆对马克思劳动观的解读[J]. 理论界, 2017(9): 9-16.

第五章

劳动教育的课程体系

课程体系是指在一定的教育价值理念指导下，将课程的各个构成要素加以排列组合，使各个课程要素在动态过程中统一指向课程体系目标实现的系统，以课程体系服务的教学目标为核心，规定了人才培养的规划和方案，是保障和提高教育质量的关键要素。课程体系建设是劳动教育教学体系建设的主体内容，是学校推动劳动教育的主阵地和主渠道。职业院校的劳动教育可综合利用学校的第一课堂、第二课堂及校内外教育资源，以专题必修课为主体，以主题选修课、岗位实践课、研学实践课为补充，以五育融合课为协同，构建“五课联动”的劳动教育课程体系。

“五课联动”的课程体系设计着力于落实“三维三阶”劳动教育教学目标，促进学生劳动素养参与性、有效性、创新性的进阶提升。不想劳动、不会劳动是新时代劳动教育必须解决的首要问题和基础性问题，必修课、选修课等课内教学要成为劳动教育的主阵地，解决学生思想认识、态度情感、行为习惯的基础性问题，使学生自觉自愿地参与劳动。参与性是劳动教育的基础性目标，职业院校劳动教育要通过课程教学保证基础性目标的达成。劳动教育要达到切实有效，不能单纯依靠课程，需要落实到日常生活，更要贯穿整个学程，在学生劳动的各个时空起到引导和扶助作用，做到生活化、常态化，实现全员、全过程、全方位，通过校内学生日常行为管理、岗位实践、日常家庭生活等，在生活中进行教育，落实劳动教育的有效性，使劳动教育成果能够优化学生的日常生活；新时代紧缺的是创新型人才和创造性劳动，与劳动教育相关的各类课程都要落实创新型人才培养要求，激发学生的创新精神，释放学生的创造力，通过劳动教育自身的创新促进创新性成果和创新型人才的产出，通过长期的、持续的引导，培养具备国际视野、整体高度、全面素养、创新精神的新型劳动者。

第一节　劳动教育专题必修课程建设

必修课是学校教学的主阵地，开设劳动教育公共必修课，对学生进行集中的、普及的公共素质教育，是职业院校推动劳动教育有效落地的直接手段。缺少独立设置的专题必修课程，无论是以选修课、网络课还是以劳动周、劳动讲座、劳动竞赛等方式，劳动教育都难以系统、完整、有效地开展，会受到人员重视程度、时间地点等条件的局限，被其他教育教学所挤占、替代，难以保证劳动教育的制度化、长期化运行。

一、课程定位与目标

关于劳动教育的课程，《意见》对各学段劳动教育提出了指导性意见。对于职业院校的指导是“以实习实训课为主要载体开展劳动教育，其中劳动精神、劳模精神、工匠精神专题教育不少于16学时”，对于普通高等学校的指导是“要明确劳动教育主要依托课程，其中本科阶段不少于32学时”。《纲要》作了进一步明确：“普通高等学校要将劳动教育纳入专业人才培育方案，明确主要依托的课程，可在已有课程中专设劳动教育模块，也可专门开设劳动专题教育必修课，本科阶段不少于32学时。”

《意见》和《纲要》给出了职业院校劳动教育课程开设的基本要求，以及劳动教育与专业教育结合的教育思路，也给各职业院校留出了极大的自由空间。本书认为，职业院校的劳动教育课程建设不能机械地理解《意见》和《纲要》的指导性意见。一方面，专业实习实训是落实劳动教育的有效载体，但劳动教育不能简单依托专业实习实训，各专业的人才培养目标指向职业和岗位群，要为生产、建设、管理、服务一线培养应用型专业人才，各职业和岗位群均有较为系统完整的专业知识和技能体系，专业实习实训的目标是强化专业技能，专业知识技能教学占主体地位，劳动素养的整体培育容易被弱化或缺失；另一方面，劳动教育的理论教学和实践教学不能割裂，否则容易在执行时再次陷入“有劳动无教育，有教育无劳动”的藩篱。开设劳动教育公共基础专题必修课，纳入各专业人才培养方案，是有效且切实可行的策略。专题必修课要全面落实劳动教育“三维三阶”教学目标的总体要求，根据各学校每学期18周的通用做法，劳动教育专题必修课可开设一个学期，按照“一周一劳动”的设计思路，每周保证2学时的集中教学，可设置32学时或36学时，2学分。面向职业院校一年级学生开设，为职业院校劳动教育的全面持续推进起到统领和打基础的作用。

二、课程教学内容设计

作为贯彻劳动教育的主要载体，劳动教育专题必修课要保证系统完整地落实新时代劳动教育的总目标，落实“三维三阶”教学目标，教学内容可采用“教学模块+学习情境+劳动项目”的组合方式，对学生进行全面系统的劳动教育，帮助学生形成基本的劳动素养。

（一）教学模块设计

对应劳动教育的“五大模块”教学内容，由于劳动观念教育、劳动素质教育均属于统领性理论教学，可将两部分合并为一个教学模块，故劳动教育专题必修课教学内容可分为认识劳动与劳动教育、日常生活劳动教育、职业劳动教育、公益服务劳动教育四个教学模块。

（二）学习情境的建构

新时代劳动教育为学生打通了一条由学校通向现实世界的通道，学生是现实世界中的人，要在家庭、校园、社会中生活，未来还要面临职业选择和职业劳动，学生的任务清单中不能只有学科知识的学习，首先要打理好自己的生活，还要在家庭中、校园中、社会中承担好成员、好学生、好公民、好员工的角色。新时代劳动教育就要服务于学生的现实生活和未来生活，考虑学生应然的现实劳动和未来劳动，基于现实世界中的劳动开发课程。

课程教学内容并不来源于某一学科或若干学科知识的拼凑，不是按照学科知识的逻辑呈现，而是来源于现实世界中的劳动，采用劳动的逻辑呈现。现实世界中的劳动往往并不是单一的技能，而是以一个相对完整、相对独立的综合劳动项目的方式存在，包括明确的工作场景，相关联的一系列任务，以及明确的成果预期。例如，即使是日常简单的包饺子，也不仅仅只有“包”的劳动，而是由买菜、制馅、和面、制皮、包、煮、清洗餐具和锅具、清洁台面、倾倒垃圾等操作技能，以及健康饮食、用火安全、维护厨具等跨学科知识组成的综合性劳动项目。从综合化程度上讲，任何其他学科、其他专业都无法比拟劳动教育的综合性，因而，劳动教育专题必修课需要打破原有的课程建设范式，基于现实世界中的劳动重构教学内容。

学习情境是“学习领域”课程开发中用到的概念，是对学生学习环境、学习任务、学习组织、学习过程的整体建构，将学生置身于某一设定的情境中，引导师生的教学活动。劳动教育专题必修课课程开发可采用“学习领域”课程开发方法，在日常生活劳动、职业劳动、公益服务劳动三大劳动分类中，可依据劳动形态、典型劳动特征、劳动存在的领域等，进一步分解为能代表劳动的类特征、具有典型性的“劳动领域”，如职业劳动可分解为农业劳动、工业劳动、商业劳动、工艺劳动、智能劳动等。选取“劳动领域”内具有共有特征的劳动及特定劳动情境，结合学生的劳动需求、学习的可行性、学校教学的操作性等，构建可供学生学习的“学习情境”。在教学实施中再根据区域劳动特点和学生的兴趣和需求，选取若干具有代表性、典型性的“典型劳动任务”，融合劳动教育元素，开发直接用于教学的劳动项目，形成劳动项目库，供教师和学生选择，见表5-1。将学生置身于具有类特征的劳动情景之中，因用索学，边做边学，让学生亲身经历劳动所存在的劳动环境、劳动制度、劳动关系、劳动时间、劳动对象、劳动工具等原有学科教学中没有涵盖的内容，引导学生的知识、技能、素质养成，帮助学生快速提升该类劳动应有的劳动素养，丰富劳动经验和劳动阅历。

表 5-1 劳动教育学习情境设计

教学模块	学习情境	劳动项目	学时建议
认识劳动与劳动教育	劳动观念教育、劳动素质教育		4
日常生活劳动教育	卫生清洁	家庭居室卫生清洁、宿舍卫生清洁、教室卫生清洁、校园卫生清洁等	2
	垃圾分类	家庭垃圾分类、校园垃圾分类等	2
	家常饮食制作	主食制作、家常菜制作、甜点制作、汤粥制作等	2
	洗涤收纳	衣物洗涤、物品收纳等	2
	居室美化	居室花艺、家居饰品制作等	2
	家居用品维护	智能家居的使用与维护、修理自行车、家用电器维修等	2
职业劳动教育	农业劳动	土地基础整理、主要农作物种植、水果种植、蔬菜种植、花卉种植等	2
	工业劳动	可结合专业设计	2
	工艺劳动	剪纸、泥塑、布艺、编织等	2
	商业劳动	可结合专业设计	2
	智能劳动	智能机器人编程、智能控制、3D打印等	2

续表

教学模块	学习情境	劳动项目	学时建议
公益服务劳动教育	公益劳动	城市引导、社区宣传等	2
	志愿服务劳动	送教下乡、文艺下乡、敬老服务、紧急救护、老年陪护等	2
	公共事务管理	校内公共事务、社区公共事务等	2
学时合计			32

（三）劳动项目的开发

《意见》对劳动的定义进行了扩充，不再局限于创造物质财富和精神财富的社会实践活动，把现实世界中能够产生经济价值、社会价值、使用价值的人类实践活动都归结为劳动，提出日常生活劳动、生产性劳动、社会服务性劳动三大类劳动划分。新时代劳动教育的基本目的在于使学生具备与当代生产生活相适应的劳动能力，能够服务自我、服务家庭、服务社会、服务人类生产。日常生活劳动教育的目的在于将学生导向现实生活，使学生成为一名具有独立生活能力的人；生产性劳动教育的目的在于为人类生产培养适用劳动者，推动生产力持续发展和社会繁荣进步；社会服务性劳动教育的目的在于适应当代人因劳动细分所带来的生活资料交换的需求以及人与人之间互助的需要，培养相应劳动者，维护社会正常运转以及和谐、稳定、安全发展。职业院校的劳动教育要区别于中小学的劳动教育，中小学的劳动教育可以是劳动体验，职业院校的学生已经成人，即将步入社会承担家庭责任和社会责任，劳动教育绝不能停留在体验层面，要培养学生“真劳动”的能力，使劳动真正产生价值。基于以上分析，教育部2022年颁布《中小学劳动教育课程标准》将教学内容划分为任务群，本书认为，职业院校的劳动教育需要以劳动项目为单元组织实施，任务群是一系列任务的集合，关注点在于执行和操作，而劳动项目则有着明确的目标或目的，是由一系列相互关联的任务或活动组成，且必须在特定的时间、预算、资源限定内，依据规范完成，关注点在于解决问题、完成任务、产生结果。

现实世界中的劳动千差万别，我们不可能让学生亲身经历每一项劳动。开展劳动教育并不是让学生直接去生产，而是让学生通过参加家务劳动、社会服务性劳动以及以生产实践为主的劳动实践活动，增强劳动素养，自觉成长为社会主义建设者和接班人，为其走上社会奠定基础，做好准备。让学生将道德教育与日常实践结合，将专业学习与社会实践结合，将创新就业与价值实现结合，将锤炼品格与艰苦奋斗结合①。因此，劳动教育需要来源于现实世界的真实劳动，但并不是把真实的劳动项目直接用于教学，因为真实劳动往往很难把所有的教育元素和教育目标包括其中，劳动教育的“真劳动”是经过改造的“真劳动”，用于教学的是经过改造的、融合了劳动教育元素的“劳动项目”。需要创设真实劳动情境和劳动任务，以真实劳动项目为基础，对应教学目标整合教学内容，使每一个教育目标都有对应的教学内容载体，融合重构为一个饱含教育元素的新的劳动项目，能够代表该领域劳动的典型特征和基本元素，让学生在有限的时间内掌握该领域劳动的精髓，能够引导教师的教和学生的学，使学生的劳动观念、劳动能力、劳动品质习惯、劳动精神得到综合提升。

---

①曾天山, 顾建军. 劳动教育论[M]. 北京: 教育科学出版社, 2020.

劳动教育中用于教学的劳动项目需要教育者基于真实劳动项目去筛选、归纳和提取，对教学内容进行重构。教学内容不再是按照学科逻辑排列的章节，而是将学科知识、专业技能碎片化为知识点、技能点，用劳动的时间顺序、空间排列、任务要求等进行教学改造，改造成为具有该领域劳动典型劳动特征、包含完整教学元素、便于教学实施的可教、可学、可测的劳动项目。教学内容整合时要特别注意挖掘劳动过程中尚未形成文本的操作行为及劳动关系的描述，如劳动环境、劳动流程、工具材料、劳动方法、劳动关系的描述等。知识并不限于学科的知识和劳动本身的知识，关于劳动的知识也是知识。工作知识作为一种具有行动功能的知识，其意义不仅存在于符号层面，更存在于情境层面和结果层面①。要注意挖掘对劳动者“具身”的、隐形的经验的描述，进行从无到有的、“劳动说明书”式的教学内容开发，使其成为显性的可教、可学、可测的教学内容，解决学生“知道”但“做不到”或者根本“不知道”的问题。

用于教学的劳动项目一般要满足以下条件：一是包括一个完整的劳动过程，要让学生经历一个完整的劳动设计、劳动实施、收获劳动成果的过程，获得真实的劳动能力；二是能将理论知识和操作技能结合在一起；三是要给学生有独立设计、自主探索解决问题的机会，让学生自主组织、自主设计、自主探索，以培养学生自主性和创造性；四是要有明确而具体的成果预期，学习结束时要师生共同进行项目成果评价；五是要有一定的知识技能梯度和难度，可适当高于或超前于真实劳动，以培养学生的创新创造能力；六是要把劳动观念、劳动能力、劳动精神、劳动品质和习惯融入其中，使项目学习能够综合提升学生的劳动素养。

劳动项目的开发可借鉴德国工作过程系统化学习领域课程开发方法，运用成果导向的OBE教育理念，坚持任务导向和成果导向，以布置劳动任务为起点，以劳动流程为主线，让学生经历完整的劳动过程，使其可教、可学、可测，使学生具备能够完成真实劳动任务的多种能力。劳动过程和教学环节设计要对应教学目标，将关于劳动环境、劳动工具、劳动资料、劳动组织的陈述性知识与反映劳动方法的程序性知识和操作技能，以及对劳动者劳动观念、劳动品质和习惯、劳动精神的要求串联起来，赋予劳动最大的教育价值，彻底解决“有劳动无教育”或“有教育无劳动”造成的教育与劳动脱节。劳动项目开发中还要特别设计分工劳动和协作劳动，让学生形成对社会分工、劳动分工的基本认知，由当前的师生、生生关系自然过渡到未来职业中的工作关系，解决学生在劳动教育中学、思、行断裂的堵点和难点，使劳动教育的成效最大化。

劳动教育的教学内容不同于各学科的教学内容，不仅包括劳动本身的知识和技能，更要注重劳动中程序性知识的开发。一个完整的劳动项目应包括以下内容：

（1）劳动任务：劳动是在什么情境下发生的，劳动的目的和成果是什么，劳动时间和劳动空间以及劳动强度如何。

（2）劳动环境：包括劳动的物质环境和地理环境。

（3）劳动工具：完成劳动任务需要哪些工具和器材，工具器材的使用方法以及安全防护的相关知识和技能。

（4）劳动对象：劳动需要什么生产资料，生产资料的特性及相关知识，通过劳动将产

①徐国庆. 职业教育课程论[M]. 上海: 华东师范大学出版社, 2015.

生什么劳动成果。劳动是否具有社会性，劳动成果是否与社会发生关系，社会成员对劳动成果有哪些要求。

（5）劳动组织和劳动方式：如何组织安排劳动，是独立操作还是团队合作，工作如何分工，人员分工中包括哪些级别，各级别、各部门的工作职责，各级别间如何进行管理和协作。

（6）劳动方法：劳动的本体性知识、技能及其应用方法，包括完成劳动需要具备哪些知识，掌握哪些操作技能和劳动技巧，这些知识和技能怎么应用，劳动遵照什么制度和规则。

（7）劳动流程：劳动任务按什么顺序实施，包括哪些关键环节和步骤。

（8）质量控制：劳动操作需要遵守哪些劳动规范，高质量劳动成果的评价标准是什么，如何控制干扰因素得到高质量劳动成果。

（9）劳动观念和劳动素质：劳动者的劳动心理、劳动价值观和劳动态度，以及劳动行为的具体模式，包括劳动职业的内容和特征以及不同的劳动习惯和风格①。

三、课程学习情境设计

学习情境设计包括学习场域、学习目标、学习任务、学习内容、教学组织等内容。

（一）劳动观念教育学习情境设计

1. 学习场域

劳动观念教育主要是思想认知的教育，需要在校内搭建多中心的研讨型多媒体教室，教师需要为学生提供充足的线上线下数字资源或纸质资源，便于学生基于问题的探究式学习和合作学习研讨。

2. 学习目标

通过学习，学生能够深刻理解劳动的价值，理解并掌握马克思主义劳动观，能够判断、分析并自觉摒弃所有与马克思主义劳动观不符的言行，基于马克思主义劳动观修正自己的劳动观。掌握习近平新时代中国特色社会主义思想关于经济、社会、人才的总体规划和要求，通过学习习近平关于劳动的重要论述，深刻认识“按劳分配”社会主义原则，形成与社会主义核心价值观相符的人生观、价值观、劳动观，形成“劳动最光荣、劳动最崇高、劳动最伟大、劳动最美丽”的价值判断，形成“尊重劳动、诚实劳动、创造性劳动”的劳动态度。理解新时代劳动教育的意义、目的、任务，建立积极的学习态度和自律行为。

3. 学习任务

基于劳动有什么价值、什么是马克思主义劳动观、新时代劳动教育的意义是什么等问题，学生查阅资料，师生、生生互动研讨，完成对马克思主义劳动观的深入剖析，完成对劳动概念与价值的整体认知和辨析，建立关于劳动观念的正确的价值判断，树立新时代所倡导的劳动观念和劳动态度。

4. 学习内容

理论内容包括劳动的概念与价值，马克思主义劳动观、认识论，习近平关于劳动的重要论述，“按劳分配”社会主义原则的背景和内涵，新时代劳动教育的意义、目的、任务，

---

①王鹏飞. 从社会主义核心价值观看绿色劳动生活方式[J]. 学理论, 2019(3): 17-18.

新时代“劳动最光荣、劳动最伟大、劳动最崇高、劳动最美丽”劳动理念，新时代“尊重劳动、热爱劳动、崇尚劳动”劳动态度；实践内容包括批判性分析当前社会中存在的各种劳动观念，劳动素养自我测评，制订个人劳动素养成长计划。

（二）劳动素质教育学习情境设计

1. 学习场域

劳动素质建立在认知基础之上，通过行为表现出来，反映劳动者品德、修养、习性等个性特征。素质的养成需要经过由知到行、再到养成的过程，劳动素质教育既要有认识教育，让学生知道应该怎样做，更要解决知易行难的问题，通过体验、行动等让学生能够做到，再通过反复强化，形成附着在受教育者思想和行为上的个性特征。建议搭建由校内多媒体研讨教室与真实劳动环境共同组成的学习环境，便于学生研讨、探究、发现。

2. 学习目标

通过学习，学生理解并掌握新时代对劳动品质、劳动习惯、劳动精神的要求及其内涵，理解新时代所要求的劳动品质、劳动习惯、劳动精神与中国特色社会主义事业“五位一体”总体布局的关系，建立与自身生活和职业发展的联系。

3. 学习任务

基于哪些是新时代所提倡的劳动品质、劳动习惯、劳动精神，以及哪些是摒弃的等问题，学生通过线上线下查阅资料，师生、生生互动研讨，去挖掘劳动模范身上的优秀品质和精神，或者到真实的劳动场所见习，发掘发现并亲身感受新时代劳动者的优秀劳动品质、劳动习惯、劳动精神，建立对新时代劳动素质的整体认知和价值趋同。

4. 学习内容

理论内容包括新时代“辛勤劳动、诚实劳动、规范劳动、安全劳动、创造性劳动”的劳动品质，新时代“勤俭节约”的劳动习惯和消费习惯，新时代“劳动精神、劳模精神、工匠精神、创新精神、奉献精神”的劳动精神。实践内容包括让学生线上线下查阅，从正反两个方面收集与新时代劳动品质、劳动习惯、劳动精神相关的案例，通过研讨挖掘劳动模范身上的优秀品质和精神，在条件允许的情况下，组织学生到专业对应的企业进行认识实习、见习，调研企业对劳动纪律、劳动规范、劳动品质、劳动习惯、劳动精神的要求，观察企业员工工作中体现出现的劳动品质和劳动精神。

（三）日常生活劳动教育学习情境设计

1. 学习场域

根据在哪里用就在哪里学的设计原则，日常生活劳动教育要在日常生活中进行教育，可直接在宿舍、教室、校园等校内场景，或者在校内搭建的模拟家庭生活场景中实施教学。

2. 学习目标

通过学习，掌握家常饮食制作、居住环境卫生清洁与美化、衣物洗涤保养、物品收纳、垃圾分类投放等日常生活劳动技能，掌握日常生活劳动中劳动工具、劳动材料的使用方法、使用安全，能够按照劳动标准，独立、完整、认真细致、有质量地完成日常生活劳动任务；

树立自己的事情自己干、人人有义务分担日常生活劳动、生活应健康整洁有序等劳动观念，形成热爱劳动、尊重劳动、尊重自然积极人生态度；培养诚实、规范、不怕脏、不怕累的劳动品质；培养勤俭节约、断舍离的理性消费理念，养成勤劳、整洁、有序、文明的日常生活饮食习惯、卫生习惯和劳动习惯；培养辛勤劳动、诚实劳动的劳动精神，培养可回收物循环使用、用劳动创造美好生活的创新意识和能力。

3. 学习任务

掌握居室、厨房、卫生间、宿舍、教室、校园清洁的标准，完成清洁任务；通过资料学习以及师生、生生互动研讨，掌握垃圾分类的意义和方法，完成家庭和校园垃圾正确分类和投放任务；掌握灶具、锅具、常用家用电器的正确使用方法，掌握常见食材清洗、加工的正确方法，掌握常见烹饪方法，能够根据营养健康常识，设计一日三餐菜谱，并完成主食、菜肴、汤粥、甜品制作；掌握不同面料衣物的洗涤保养方法，掌握物品收纳技巧，能够正确使用洗衣机、熨斗等劳动工具，以日常生活中常见衣物的洗涤保养、衣物及其他物品的收纳为劳动单元，完成衣物的洗涤、收纳整理劳动；以利用绿植美化及制作摆件、饰物美化居住环境为劳动单元，设计居室美化方案，完成一例绿植、摆件、饰物美化劳动。

4. 学习内容

围绕日常生活中衣食住行的需要，可设计日常生活劳动的劳动项目及教学内容。

（1）卫生清洁。理论内容包括“尊严的劳动、公平的劳动、自由的劳动和幸福的劳动”劳动伦理常识，人与家庭的关系、人在家庭中的权利义务等家庭伦理常识，人与家人、老师、同学、朋友等重要他人的关系等社会伦理常识，居住环境清洁的意义，认识居住环境卫生清洁劳动对自身品德修养的重要意义；常用卫生清洁工具、清洁材料的使用方法和使用安全；居室、厨房、卫生间、宿舍、教室、校园的清洁标准。实践内容包括居室、厨房、卫生间、宿舍、教室、校园的清洁劳动。

（2）饮食制作。理论内容包括营养健康常识，仁爱孝悌、勤俭节约的中华民族优秀传统美德，生活常用灶具、锅具、家用电器的使用方法，厨房用水、用电、用气安全注意事项，常见食材清洗、处理的正确方法，常见烹饪方法。实践内容包括设计一日三餐食谱，完成主食、菜肴、汤粥、甜品制作任务。

（3）垃圾分类。理论内容包括生活垃圾分类的意义和分类方法；环境保护、节能减排、能源循环利用的重要意义和基本常识。实践内容包括生活垃圾分类劳动。

（4）洗涤收纳。理论内容包括不同面料衣物的洗涤保养方法，洗衣机、熨斗等劳动工具的使用方法，物品收纳理念和技巧，勤俭节约的劳动理念和消费理念。实践内容包括完成衣物洗涤以及家庭、宿舍、教室物品的整理与收纳劳动任务。

（5）居室美化。理论内容包括居室美化理念与方法，绿植养护常识，个性化摆件、饰物制作方法。实践内容包括设计居室美化方案，完成养护绿植养护或设计制作摆件、饰物劳动。

（6）家居用品维护。理论内容包括家庭常用电器的使用、保养、维修方法，螺丝刀、扳手等常用维修工具的使用方法，智能家居理念及使用方法。实践内容包括家用电器的安装、清洗、维护及其他小故障的维修，洗手池等上下水管道的简易更换。

（四）职业劳动教育学习情境设计

1. 学习场域

农业劳动、工业劳动、商业劳动、工艺劳动、现代服务劳动、智能劳动等各有其特定的劳动场域，现场教学是理想的劳动教育方式，但职业劳动具有较强的专业性，各职业岗位均有其严格的工作规范、较深的专业知识和较强的操作技能，学生难以在较短的时间内掌握，劳动能力教育更依赖职业教育。劳动教育重在让学生体验和了解，特别是职业院校的劳动教育要让学生尽可能了解其劳动性质和特征，为学生未来的职业选择打下基础。因而，职业劳动的学习场域可以是真实的劳动场域，也可以是体现各劳动形态特征的校内外劳动实践基地。

2. 学习目标

通过学习，了解当代产业发展现状及类别，了解当代职业分类及发展趋势，掌握农业劳动、工业劳动、商业劳动、工艺劳动、现代服务业劳动、智能劳动等各劳动形态，了解劳动环境、劳动流程、劳动工具、劳动材料、劳动安全、劳动成果等生产性特征，能够在具体的生产或劳动实践中动手实践、出力流汗、接受锻炼、磨炼意志。深刻感悟劳动精神、劳模精神、工匠精神、创新精神，树立劳动不分贵贱、自觉自愿为社会主义现代化建设贡献等劳动观念，形成劳动最光荣、劳动最崇高、劳动最伟大、劳动最美丽的积极情感，尊重劳动、尊重劳动者、尊重劳动成果的劳动态度，以及辛勤劳动、诚实劳动、创造性劳动的劳动品质。

3. 学习任务

学会常用农具的使用方法，常见主要农作物、水果、蔬菜、花卉基本的种植方法，病虫害及田间管理的方法，能够完成某项具体的农耕劳动任务；以某项工商业劳动为载体，学习工商企业运营的基本流程、产品设计开发营销的基本方法，结合专业见习或实习，调研相关职业岗位性质任务、工作标准以及主要工作任务能够针对职业岗位进行创新创业策划；调研区域手工业发展状态，针对某项具体手工劳动项目，学习其文化背景及产品特点，掌握基本的手工艺技能；探究智能劳动的发展特点及发展趋势，通过体验某项具体的智能劳动，结合专业完成智能劳动创新策划。

4. 学习内容

根据农业劳动、工业劳动、商业劳动、工艺劳动、现代服务劳动、智能劳动的典型劳动特征，设计职业劳动教育的劳动项目及教学内容。

（1）农业劳动。理论内容包括当代农业发展概况及分类，农业与经济的关系，土地资源的利用常识，常见主要农作物、水果、蔬菜、花卉的基本生长特点及种植方法，传统农业与现代农业的特点，常见农具的使用方法，病虫害及田间管理的方法，粮食安全的基本知识。实践内容包括某项种植、养殖等农业劳动项目的具体劳动任务。

（2）工商业、现代服务劳动。理论内容包括当代产业和职业发展概况及分类，工商企业的基本组织和运营流程，产品设计开发及营销的基本方法，现代服务与管理的理念与创新。实践内容为本专业相关行业企业调研，面向专业相关职业岗位进行创新创业策划。

（3）工艺劳动。理论内容包括当代手工业发展概况，区域手工业发展特色，某种手工艺品设计制作流程，以及发展过程中传承与创新理念等。实践内容包括设计某种手工艺品作品方案，完成某件作品的制作任务，调研传统手工艺传承中存在的问题，基于传承弘扬中华优秀传统文化的目的，设计地方优秀传统文化挖掘、传承、创新方案等。

（4）智能劳动。理论内容包括智能劳动的发展特点及发展趋势，某项新产品、新技术、新业态的工作原理、发展趋势等。实践内容包括人工智能、智能控制、无人工厂等智能劳动体验，或者结合专业完成3D打印智能劳动创新策划。

（五）公益服务劳动教育学习情境设计

1. 学习场域

公益服务劳动是人与人互动产生的、具有情感交流的劳动，其劳动场域存在于社会生活的各个角落，现场教学切实可行，因此，建议公益服务劳动教育的学习场域采用现实世界中真实的劳动场域，对其进行一定的教学改造，便于组织学生现场教学。

2. 学习目标

掌握公益劳动的特征及社会工作常识，能够开发社会公益产品。掌握志愿服务的特征、理念、原则及志愿者素质要求，掌握志愿服务礼仪和基本技能，能够完成志愿服务工作。形成自觉自愿参加公益劳动和志愿服务的劳动观念，树立为国家、为社会、为他人而劳动的劳动价值观，以及在劳动和奉献中实现个人价值的人生追求，培养奉献精神和志愿服务精神和爱国爱民情怀，形成友爱、担当、乐于助人的优秀品质，增强社会责任感和使命感。

3. 学习任务

以社区公益劳动、公益宣传、文化帮扶等为劳动单元，设计生产出有利于保障社会公共安全、有利于增加社会福利的公共产品，组织并实施公益劳动；以城市文明交通引导、场馆引导、赛会引导、敬老服务等为劳动单元，设计志愿服务劳动方案，组织并实施志愿服务劳动。

4. 学习内容

理论内容包括公益劳动的特征，社会工作基本常识，志愿服务的理念、原则，志愿者服务礼仪与基本技能。实践内容包括设计公益服务方案，某项具体的公益劳动任务、志愿服务劳动任务。

第二节　劳动教育主题选修课程建设

职业院校各专业人才培养方案的制定中，受学生学习年限及课时所限，不可能开设多门劳动教育专题必修课，也不可能给予其大量的课时，且现实世界的劳动千差万别，劳动教育也不能囿于一门专题必修课，可围绕日常生活劳动、生产劳动、服务性劳动，结合地域特色和校本特色以及教师的专业或专长，按照“劳动+”的思路，开发多门选修课，利用信息化学习平台建设“劳动教育课堂超市”，供学生自主选择，作为与劳动教育专题必修课的补充，丰富学生的劳动认知与劳动实践。劳动教育专题性必修课程的主要任务是解决因内容不具体、形式不固定导致的劳动教育被忽视和弱化问题，劳动教育主题选修课程的任务就是通过强化内涵、拓展外延的方式，将劳动教育与现实世界更紧密地联系在一起，扩大受教育者的认知边界，构建“大劳动”教育格局。

一、以丰富劳动认知为主的理论课程建设

劳动是人类的基础实践活动，建立在生产关系基础之上的上层建筑，经过不断丰富和演变，衍生出了灿烂的人类文化，在人类文化知识宝库中，知识划分为自然科学、农业科学、医药科学、工程与技术科学、人文与社会科学等相对独立的学科知识体系。劳动与各学科知识体系均有着密切联系，采用“劳动+学科”的思路，可围绕劳动开发出多种多样的课程。

（一）劳动发展史

阐述三次社会大分工所带来的劳动形态的演变，梳理农业劳动、工业劳动、商业劳动、手工劳动、服务性劳动、智能劳动的发展过程，介绍劳动的发展趋势。阐述从第一次工业革命到第四次工业革命给人类社会所带来的革命性变革，以及大数据、人工智能、云计算、5G、区块链等未来劳动的新特征，帮助学生从世界500强变动、新技术发展中了解未来劳动世界的职业变动，掌握未来劳动者素质体系的具体内容以及获取途径。

（二）劳动与经济

将劳动与经济关联，探讨劳动与经济的关系，劳动力供给与需求之间的关系，以及就业与失业等社会劳动生产力的供给与配比，理解劳动、经济相关社会现象和国家制定的劳动相关的政策，形成正确的劳动观念。

（三）劳动与社会

将劳动与社会关联，阐述劳动的社会价值、劳动社会化的意义以及劳动者社会化的意义，劳动者社会化的内容、过程、继续社会化方式，职业与社会分工的关系，社会劳动组织与劳动制度，以及与职业有关的职业地位、社会声望、职业流动等核心概念，帮助学生进一步明确劳动与社会的关系，树立正确的劳动观念。

（四）劳动与文化

将劳动与文化关联，探讨劳动所形成的文化现象，构建劳动文化、劳动伦理的概念。课程可深层次探讨、阐释劳动文化、劳动伦理的基本内涵，探讨劳动的伦理本性、劳动的伦理意义、劳动伦理的特征以及劳动伦理的当代形态，使学生理解什么是有尊严的劳动、公平的劳动、自由的劳动和幸福的劳动，能够深层次理解劳动的意义，自觉摒弃劳动异化，追求劳动创新创造。

（五）劳动与法律

将劳动与法律关联，探讨与劳动有关的法律制度体系，掌握就业促进法、劳动基准法、劳动合同法、社会保险法等劳动相关法律，帮助学生树立依法劳动、规范劳动的思想观念，增强依法劳动、用法律保护自身劳动权益的意识和能力。

（六）劳动与安全

将劳动与安全关联，阐述安全与危险的相关概念、重要性，常用的劳动安全法，以及劳动者享有的权利与义务等，探讨劳动者可能面临的职业健康威胁，帮助学生了解劳动过

程可能发生的事故类型，掌握应急逃生和事故应急管理方法，学会分析认定劳动安全事故的直接原因、间接原因、事故责任、处罚等，帮助学生增强劳动安全意识，避免劳动安全事故。

（七）劳动与管理

将劳动与管理关联，介绍企业管理的概念和作用，科学管理理论，组织文化的概念、层次、要点，以及提高劳动工作效率的方法等，帮助学生深刻理解劳动对自身发展的意义，理解劳动与个人价值、成就感、满足感之间的关系，使学生树立正确的劳动观念，激发劳动者的劳动动机和工作热情。

（八）劳动与心理健康

将劳动与劳动者身心健康关联，介绍劳动心理学的基本概念，包括劳动的心理现象、劳动风格、基本规律等，结合人体生物节律探讨如何利用生物节律指导劳动，探讨学习气质的四种类型及相应的劳动匹配，明晰劳动效率与心理效应的关系，以及减少社会抑制的有效途径，帮助学生掌握劳动中面对压力时有效的压力管理方法，掌握心理健康的相关概念以及如何在劳动中维护心理健康，能够正确处理劳动中出现的心理问题，维护劳动者身心健康。

（九）劳动与劳动关系

将劳动与劳动组织关联，介绍劳动关系的基本概念、劳动与劳动关系之间的关系，阐述中国特色社会主义劳动关系的治理和管理，明确劳动关系治理的根本原则、基本主体、法律法规、制度机制，以及中国特色社会主义劳动关系管理的基石、整体原则、重要实践，帮助学生更好地认识劳动与自身发展的关系，认识劳动者的角色和社会定位，优化劳动者社会化进程。

（十）劳动与社会保障

将劳动与社会保障制度关联，介绍当前社会保障项目体系的结构及功能，阐述养老保险、医疗保险、失业保险、工伤保险、生育保险等保险制度的特征、体系、制度内容、计算方式等，帮助学生优化自身劳动权益规划。

（十一）劳动与就业创业

介绍就业、创业的内涵和特点，国家相关政策以及当代新型就业的分类、就业的形式；新时代产业结构升级与劳动者素质提升的内在逻辑关系，了解当前产业工人的概念、产业工人队伍现状、提升高素质产业工人对产业转型的重要性和迫切性；阐述劳动教育与劳动者素质提升之间的关系，解析高素质劳动者培养的路径和措施，帮助学生提升就业创业认知，建立正确的就业观、择业观；提高劳动教育的自律和自觉，提高积极就业、创业的积极性和主动性，科学规划日常生活和职业生活，提升自身应对技术进步、产业结构调整以及未来劳动的能力。

二、以提升劳动能力为主的实践课程建设

劳动是人类最丰富的实践活动，现实世界中的劳动包罗万象，挖掘生活、生产、服务各个领域的劳动内容，可开发丰富的劳动实践课程，包括探究式、项目式、综合性和创新

性劳动实践，动手操作和动脑思考相结合，将劳动教育目标有机融入劳动实践之中，让学生动手实践、亲身体验、出力流汗，在亲身实践、体验与感悟中，多维度丰富自身的劳动素养。

（一）日常生活劳动实践课程

日常生活劳动实践课程的开发可着眼于日常生活中的创意创新，让学生认识到日常生活劳动不是烦琐的、重复的、呆板的，而是多姿多彩的，充满了新奇、创意和惊喜。在教学目标上，主题实践选修课可以与专题必修课有所区别，侧重于劳动技能的培养，让学生学习各种生活技巧，增强生活能力。

1. 营养配餐与烹饪

丰富学生食品营养与饮食健康的知识，引导学生树立饮食健康营养的生活理念，掌握“中国居民膳食宝塔”中有关营养搭配的知识，能够合理设计自己及家人的配餐方案。掌握各种常见食材的营养价值及烹饪方法，学会煎炒煮炖等基本烹饪技能，能够亲手为自己和家人制作健康营养膳食。

2. 焙烤

焙烤是广受学生欢迎的一项生活技能，在家中制作甜点不仅可以丰富餐桌，更能够营造温馨甜蜜的家庭生活。焙烤的用具比较简单，焙烤实践课比较容易在校园内实施。让学生学会焙烧工具的使用方法，掌握若干甜点的制作配方，能够独立制作简单的甜点。

3. 收纳整理

收纳整理实践课程可以帮助学生正确认识并合理规划空间、物品、人三者之间的关系，掌握实用物品收纳技巧，能够有效利用空间，用劳动营造出整洁的生活环境。断、舍、离不仅是一种收纳管理理念，也是一种思维方式，蕴含着丰富的人生哲理，在收纳管理课程教学还可以加入运筹学的相关知识，让学生增强对时间、空间的管理，增强思维、行为的条理性、逻辑性。随着人们对高品质生活的追求，收纳管理逐步由日常生活劳动延伸至职业领域，衍生出整理师、收纳师等新行业和新群体。

4. 花艺

鲜花、绿植是日常家居美化的常用素材，花艺实践课程可以帮助学生掌握花及花语的基本知识，掌握花材搭配的技巧，掌握居室花艺的设计制作及绿植养护技巧，帮助学生用鲜花点缀生活，用劳动创造美好生活。

5. 家居饰品制作

可结合区域特点教授编织、布艺、泥塑等技艺，激发学生的创造性，用双手、智慧实现创意创新，制作各种摆件、挂件等，激发积极的生活态度，深层次感悟劳动创造美好生活。

（二）生产与服务劳动实践课程

结合农业劳动、工艺劳动、商业劳动、服务性劳动以及学生创新创业教育，可开设以体验或创新创业为目的的生产与服务劳动实践课程。

1. 种植类实践课程

校内可利用空地，校外可利用劳动教育实践基地，进行蔬菜、水果、花卉等种植体验课程，开设农学类专业的院校也可根据专业开发面向全体学生的实践选修课程。

2. 企业运营类实践课程

结合学生创新创业可开发企业模拟运营、电子商务、学生创新创业孵化等课程。有条件的学校还可以结合创新创业教育，专门为学生开设一个区域，让学生进行实体运营。

3. 工艺类实践课程

可结合区域手工业及非遗传承项目，开设剪纸、泥塑、编织、陶瓷等以基本技艺传承和创新为目的的实践性课程工艺类实践课程是五育融合的良好载体，可以集德育、体育、美育、劳动教育及专业教育元素于一体，作为劳动实践的工艺类课程开发，可侧重于弘扬中华优秀传统文化、用劳动创造美好生活劳动观念的教育，精益求精、追求卓越、勇于创新劳动品质和劳动精神的培养，以及热爱生活、热爱劳动积极心态的培育。

第三节　劳动教育岗位实践课程建设

职业院校一般为寄宿制学校，校园既是学生日常生活的场所也是一个小社会，是一个良好的劳动教育场域。运用陶行知“生活即教育”的理念，利用校园中的劳动资源开发岗位实践课程，对劳动周、勤工助学进行课程化改造，或者利用行政科室、后勤服务岗位、院系行政岗位等，安排学生担任助理、志愿者，既能发挥日常生活的劳动教育职能，又能够将课内劳动教育成果在校园日常生活中得到检验，还能提高学生主动为学校、为同学服务，积极参与公共事务管理的意识和能力劳动教育为学生打通了由学校通向社会、由小我通向大社会、由学习通向现实世界的通道，还可以把实践延伸至社会各行各业中的真实岗位，在不影响正常学习的情况下鼓励学习积极参与劳动实践，促进劳动教育课内外、校内外贯通，构建由课内教学第一课堂、课外实践第二课堂、校外实践第三课堂组成的劳动教育大课堂。

一、校园劳动岗位开发

校园中真实的劳动环境和劳动机会可以开发为学生劳动实践岗位，学校可以给学生提供创新创业、勤工俭学、公益服务的机会，拓展勤工助学及社区公益平台，通过劳动周、勤工俭学、公益服务等方式成为学生的劳动实践课堂。职业院校勤工助学多是偏体力劳动和基层工作岗位，这不仅有利于学生从事体力劳动，还有利于他们在劳动体验中塑造坚定的马克思主义劳动观。让学生看到同学的辛勤劳动，对同学的尊重引发对同学劳动成果的尊重，能够自觉参与到劳动中，或自觉维护整洁的环境，提高了自律和自觉。校园中有以体力为主的劳动，如宿舍、教室、校园环境卫生清洁与维护，以及绿化、食堂助理等；有体力和脑力劳动相结合的劳动，如多媒体设备维护检修、图书馆员以及各类助研、助教、助管、助理等；还有公益劳动，如展览讲解、校园导游、秩序礼仪维护等。

校内劳动有多种形式，学校要创造条件，灵活运用校内的人和事开发劳动项目和劳动岗位。职业院校中的校园空间按照职能划分，一般可划分为学习区、实训区、生活区、体育区、办公区、公共区、综合区等区域，依据管理服务工作人员组织架构和岗位职能，按照辅助或替代在职工作人员的思路，可开发出多个劳动岗位。

学习区包括教室、图书馆、自习室、研讨室等学生日常学习区域。根据学习区的职能，可开发出卫生保洁、桌椅维修、多媒体教学设备维护、教室管理、图书管理、阅览室值班等岗位。

实训区包括各专业实训室、公共实训基地、校内实践基地等实践教学区域。根据实训区的职能，可开发出卫生保洁、实训室管理、实训设备账户管理、仪器设备维护、实践教学助理等岗位。

生活区包括宿舍楼、超市、餐厅等。根据生活区的职能，可开发出卫生保洁、超市售卖、后厨助理、宿舍楼管理等岗位。

体育区包括田径运动场、篮球场、羽毛球场、排球场、室内体育场馆等。根据体育区的职能，可开发出卫生保洁、场地管理、器械管理、健身助理等岗位。

办公区包括各处室、会议室、报告厅等行政办公区，以及各院系教学办公区。根据行政办公区的职能，可开发出卫生保洁、场地管理、多媒体音响设备管理、办公设备维护、办公助理、文印复印等岗位；根据院系办公区可开发辅导员助理、教学秘书助理等岗位。

公共区包括校园主干道、校门、广场、校医院、绿化区域及其他公共区域。根据公共区的职能，可开发出迎宾员、讲解员、卫生保洁、绿化维护、礼仪监督、医务助理、安全检查等岗位。

综合区包括学生一站式服务大厅以及其他供学生学习、生活、活动的区域。可根据其职能开发出管理员、业务接待员、卫生保洁等多个岗位。

二、校外劳动岗位开发

校外是一个广阔的现实世界和劳动世界，是劳动教育取之不尽的教育资源。城市中的图书馆、博物馆、科技馆、少年宫、养老院、社区等也为学生提供了丰富的公益服务岗位。苏霍姆林斯基说过：“一个学生在用自己的劳动挣得第一次工资之前，应该大量经历为社会创造物质财富而无报酬劳动的精神体验。”[①]学生的校外劳动实践岗位可以是有报酬的各工商业岗位，更鼓励学生利用课余时间到学校、家庭周边的志愿服务岗位开展公益服务劳动。劳动无处不在，劳动教育也要流动起来，有劳动需求的地方就可以有劳动教育，应鼓励学生行走起来，打造课内外融通、校内外融通的劳动教育大课堂。

三、劳动岗位的课程化

所谓课程化即用课程的元素进行改造，使其有目标、有计划、有组织、有评价，增强其系统化教育职能。传统的劳动周一般是将学生分配到各个岗位，以体验式劳动为主要形式，学生以听和看为主，接收的信息零散，并没有真正深入岗位工作任务。传统的勤工助学虽然直接让学生承担岗位工作，但往往缺乏教育元素，考核评价也不能按照正规的在职工作人员考核或按照规范的课程考核进行，容易陷入有劳动无教育的误区，岗位任务完成质量也

---

①苏霍姆林斯基. 帕夫雷什中学[M]. 赵玮, 王义高, 蔡兴文, 等, 译. 北京: 教育科学出版社, 1983.

打了折扣。劳动教育岗位实践课程的开发，就是要利用校内外天然的劳动资源，通过课程化改造为劳动教育资源，使其达到检验、强化劳动教育成效的目的。劳动教育岗位实践课程不是一门或数门课程，而是由众多岗位所组成的数十门或数百门“微课程”。

课程化改造包括课程总体设计、制定教学目标、提取教学内容、设计教学组织和教学过程、制定考核评价标准五个方面。

（一）课程总体设计

课程总体设计包括课程名称、学时、学分及教学安排等。课程名称可直接用岗位的名称命名，如实训室管理员、阅览室管理员、打印室文员等。岗位的划分要具体，指向明确具体的劳动任务，劳动内容和工作职责不要过于宽泛和综合，一个岗位包括一或两个劳动项目，如果实际工作中的岗位包括多个劳动项目，可开发为多个岗位课程。

（二）制定课程教学目标

要提炼岗位劳动必备的劳动观念、劳动素质、劳动能力要求，赋予实践岗位明确、具体的教学目标。岗位劳动作为学生劳动教育课程体系的有机组成部分，以劳动实践为主要形式，与主题选修课协同，对专题必修课教学形成有力的补充和支撑，使专题必修课中形成的劳动观念、劳动能力和劳动素质，在现实生活中得到夯实。学生参加劳动实践岗位要坚持“三维三阶”教学目标要求，让学生由参加劳动到有质量的劳动，借助各岗位构建的学习情境，进一步形成热爱劳动、尊重劳动的观念和态度，在与在职人员的日常工作互动中，感悟各岗位劳动者爱岗敬业、辛勤劳动、踏实奉献、奋斗进取的劳动精神，让学生身处真实的工作环境和真实的工作任务，感受“真劳动”所带来的繁忙与付出、辛劳与奋斗、成长与收获，彻底破除“有劳无教、有教无劳、无教无劳”的劳动教育桎梏，使劳动教育真正回归现实生活。

（三）提取教学内容

在教学活动中，如果缺乏明确具体的教学内容作载体，最终都将陷入空泛、有形式无内容的误区。提取教学内容需要从三个方面入手：一是提取岗位特征构建完整的学习情境，将劳动环境、劳动对象、劳动工具、劳动组织与劳动方式、劳动方法、劳动任务、劳动流程、质量控制、劳动观念与劳动素质等体现该岗位劳动的显著特征用文字、流程固定下来，形成一个课程教学内容的结构框架；二是提炼典型劳动技能，对劳动的操作技术、方式方法进行提炼，用文字、图片、流程固定下来，形成具体的教学内容素材；三是从现有的学科划分、专业分类中提取对应的知识、技能。将以上三个方面提取的内容用工作时间和工作流程序化，可形成该岗位课程完整的教学内容。教学内容需要进行显性化，用文字、图片、视频等纸质或数字资源的方式固定下来，供学生自主学习，实现可教、可学、可测。

（四）设计教学组织和教学过程

教学组织可以学生小组的方式，最少两人一组，选拔岗位在职人员，为每组学生至少配备一名实践指导教师。教学方式可采用岗前让学生自学教学内容、实践指导教师现场演示、学生在教师的指导下操作、学生互评和教师评的方式，通过“学一遍、看一遍、做一遍、评一遍”四遍教学法，让学生具备岗位劳动能力，达到上岗的标准。岗中采用师带徒的方式实施教学，指导教师对学生进行劳动观念、劳动素质、劳动能力的沉浸式教育。岗位实践结束后，对学生进行综合性评价。

（五）制定考核评价标准

岗位实践劳动不能仅供学生体验，否则，学生可能会以好奇、敷衍或完成任务的心态进入岗位，起不到应有的教育作用，甚至会适得其反。要让学生真正进入岗位角色，在真劳动中真感悟、真提升，师生都要进行身份转换和关系重构，由师生转化为同事关系。需要用考核评价固化学生的身份认知，让学生知道自己完成的是真任务，真正产生劳动价值，学生才能形成切切实实的感悟。考核评价指标的构成不仅有真实的、评价在职员工的岗位职责标准，还要突出劳动观念、劳动品质、劳动精神、劳动习惯等劳动教育教学指标，对学生的成长进行全方位的测量，考核结果的运用也要与学生的学业或毕业条件挂钩，确保岗位实践教学的实效。

劳动教育岗位实践课程开发案例

课程名称：公共计算机实训室管理员岗位实践

学时及学分：不少于3个月，1学分

教学安排：在校期间的任何一个学期

一、教学目标

劳动观念：树立“公共事务管理人人有责”的劳动观念，增强以人为本的服务理念，增强“劳动最光荣、劳动最崇高、劳动最伟大、劳动最美丽”的劳动情感和价值判断，培养热爱劳动、尊重劳动、尊重劳动者、尊重劳动成果的劳动态度。

劳动素质：培养爱岗敬业、勤俭节约、担当奉献的劳动精神、奉献精神、志愿服务精神，增强认真、专注、负责、勤劳、诚实等劳动品质，养成规范、节俭、整洁有序的劳动习惯。

劳动能力：能够完成开门关门、维护整洁秩序的日常管理工作；完成实训设备故障的应急处理和简易故障的排除工作；完成实训设备的定期检修和维护工作。

二、教学内容

（一）劳动环境：物理环境包括桌椅、计算机、网络设备、多媒体教学设备、烟雾报警与防火等安全设备；人文环境包括师生互动、生生互动生成的教学生态；空间布局包括教学空间、实训空间、研讨空间、自主学习空间组成的空间环境。

（二）劳动对象：师生、计算机、网络设备、多媒体设备。

（三）劳动工具：教学安排表、扳手及软件等劳动工具、实训日志。

（四）劳动组织与劳动方式：与实践教学指导教师、同岗位实习学生协同劳动，接受实践教学指导教师的管理和指导。

（五）劳动方法：计算机硬件结构，计算机常用软件安装与维护技能，网络硬件结构及维护技能，多媒体设备结构及维护技能，实训室安全隐患识别常识，遵守实训室管理制度，遵守实训室安全管理规定。

（六）劳动任务：1.根据教学安排表开门，开启计算机、网络设备、多媒体设备，为教

学做好准备；2.对设备运行过程中发生的故障进行应急处理，对简单故障进行排除，对复杂故障报告实践教学指导教师进行集中维修；3.教学结束后，完成设备复位，填写实训日志；4.与实训室卫生清洁人员配合，保证实训室整洁有序；5.每月进行设备检修维护。

（七）劳动流程：每天按照开门、设备准备、日常管理、设备复位、卫生清洁、填写安全日志、关门的顺序完成劳动。

（八）质量控制：遵守计算机、网络及多媒体设备维护安全操作规范，遵守实训室安全管理规范，遵守实训室管理员工作职责，无安全与管理事故。

（九）劳动观念和劳动素质：1.公共事务管理人人有责、热心为同学服务、美好的学习环境需要用劳动维护等劳动观念，以及以人为本的服务理念；2.“劳动最光荣、劳动最崇高、劳动最伟大、劳动最美丽”的劳动情感，热爱劳动、尊重劳动、尊重劳动者、尊重劳动成果的劳动态度；3.爱岗敬业、勤俭节约、担当奉献的劳动精神、奉献精神、志愿服务精神；4.认真、专注、负责、勤劳、诚实等劳动品质，规范、节俭、整洁有序的劳动习惯。

三、教学组织和教学过程

根据实训室需求安排学生实践，至少两人一组，每组配备一名实践教学指导教师，完成岗前、岗中、岗后评价等教学实施过程。

四、教学评价

岗位实践结束后，按照学校实训室管理员绩效考核标准，由实践指导教师、学伴、学生自我共同评价，评价结束分为优秀、合格、不合格三个等次，合格及以上者获得1个实践学分，优秀者获得1.1的加权系数，纳入学校学分管理。

第四节 劳动教育研学实践课程建设

生产性劳动、现代服务业劳动分布在不同地域，且有自己的劳动规律，一项生产或服务任务周期可能跨越几个月或更长时间，仅用一次或几次集中现场教学难以让学生经历完整生产环节。研学是有计划地组织学生通过旅行、集中食宿的方式，走出校园，到各种具有教育意义的场景开展研究性学习和旅行体验相结合的校外教育活动，使学生能够亲身感受不同的环境和场景，通过现场教学、沉浸式教学、体验式教学，拓宽视野、丰富知识，与当地的自然、文化、风俗近距离接触，通过亲身经历、多感官感受增强直接经验。研学旅行具有综合实践活动课程的自主性、开放性、探究性和实践性等基本特征，能有效地实现综合实践活动课程的目标和价值[①]。职业教育是职业准备教育，职业院校的学生毕业后无论就业还是创业，均需要直接进入职业岗位承担实际劳动任务，职业院校的劳动教育要尽可能地利用各种社会资源，让学生在校期间得到广泛的职业认知，尽可能多地接触各种职业岗位，对学生开阔视野，确立自身职业取向，更理性地进行职业选择，端正择业态度具有重要作用。劳动教育研学实践课程的开发，可利用研学这一教育形式的优势，有效利用校外劳动教育资源，与校内课程教学相互补充、相互促进，形成校内、校外融通的“大劳动教育”格局。

---

① 丁运超.研学旅行：一门新的综合实践活动课程[J].中国德育，2014(9)：12-14.

一、研学项目的开发

（一）农业研学项目的开发

传统农林牧副渔各行各业的劳动千差万别，其生产有一定的时间周期，劳动环境、劳动工具、劳动组织、劳动流程等各有其显著特征，经过数千年的文化传承，劳动过程中凝结着劳动人民的智慧结晶。如农作物生产中，劳动人民根据当地的气候与农作物生长的关系，对应二十四节气组织农时家事，“清明忙种麦，谷雨种大田”“春分早、谷雨迟，清明种薯正当时”等。为提高作物产量，劳动人民在作物生长关键环节总结出了丰富的劳动技巧和劳动经验，如“浇水高低看得准，整平土地少费劲”“割麦后，快灭茬，棉铃虫蛹回老家”等。这些经验只有身处其中，才能深刻领悟其中的道理。如何有效利用土地资源，如何防风、固沙、治碱、保护水资源，如何在提高产量和保护生态中寻找最佳平衡点，中国人如何把饭碗牢牢端在自己手里等，这些都可以成为学生研学的内容，可以让学生亲身感受中国的实际，培育爱国爱民的家国情怀。随着科学技术的飞速发展，大规模机械化生产以及新兴科技已经广泛应用于当代农林牧副渔生产各个领域，观摩大规模机械化作业的劳动现象，可以让学生深刻认识科技创新的力量，把自身的学习与劳动同社会进步联系在一起，增强自立自强、创新创业的意识和学习动机。

职业院校的劳动教育要打开学校的大门，在传统农业与现代农业的文化碰撞中，开阔视野，提高站位。传统农业研学以实践研学为主，把学生引到田间地头，认识传统农具及使用方法，亲身实践，出力流汗，感受劳动人民辛勤劳动的崇高与伟大，感悟“人勤地不懒”的朴素道理，感受劳动的付出与收获的快乐。现代农业研学以探究式研学为主，让学生亲临大规模机械化作业的农场，感受农业机械化、现代化、科学化，感悟科技进步所带来的生产力发展，探讨农业作为第一产业的重要意义，探讨农业在国民经济发展中的重要地位以及粮食安全的重要意义，树立热爱劳动、尊重劳动以及为国为民而劳动的劳动观念，形成诚实劳动、珍惜劳动成果的劳动品质和习惯。

（二）工商服务业研学项目的开发

随着科技的不断进步和全球市场的开放，工业生产技术创新日新月异，特别是物联网、人工智能、大数据等新技术的应用，工业生产的自动化和数字化程度日益提高，数字经济的发展给工商业生产业态和生产方式带来了巨大变革，制造企业中智能化生产线越来越普及，劳动者的工作岗位逐步由生产线转向智能控制，商业中各种复合型、智能型、服务型岗位层出不穷，服务业面向高品质生活的需求进行了颠覆式创新，衍生了丰富的业态。当代劳动者应具备什么样的视野和劳动素养，怎样在世界竞争中立于不败之地，怎样在发展过程中做到节能、减排、治污以及开发清洁能源等，都是学生进行工商服务业研学的内容。工商服务业研学项目的开发不应局限于学生的本专业，要让学生到各行各业的头部企业去研学，亲身感受科技飞速发展的时代脚步，感受科技创新对生产力和生产方式的推动力量，理解政府提出的创新驱动、质量为先、绿色发展、供给侧结构性改革等经济发展理念和战略，提高学生的大局意识以及思考问题的高度和深度，能够站在国家、社会、时代的大背景下认识劳动的重要意义。还要挖掘各企业中劳动模范、大国工匠爱岗敬业的劳动实例，让学生去寻找和发现劳模精神、劳动精神、工匠精神、企业家精神的具体体现，通过树立正面的标杆和榜样，引导学生进一步树立正确的劳动观念，树立为新时代中国特色社会主义现代化事业而劳动的职业理想，提升对职业教育的情感认同，增强学好、学精职业技术的内在动力，立志成为社会主义建设者和接班人。

（三）工艺研学项目的开发

当代社会，手工业已经成为经济发展不可或缺的重要组成部分。随着人民生活水平的提高，对高品质生活的追求越来越迫切，手工业也迎来了广阔的发展前景，朝着个性化、专业化、特色化方向发展，满足不同人的个性化、差异化需求。特别是手工业与中华优秀传统文化的结合，为手工业注入了活力和生机。各地均有自己丰富的传统手工艺品，有各级非遗传承项目。工艺研学项目开发可以利用本土化资源，让学生走进陶瓷、剪纸、刺绣、泥塑等手工艺作坊，与非遗传承人进行面对面交流探讨，探讨手工艺品的发展史，了解其挖掘、传承和创新的足迹，感受中华传统文化的博大精深，采用沉浸式、体验式教学，让学生到陶瓷工作坊揉陶、拉坯，到刺绣工作坊一针一线刺绣等，能够静下心来，感受中华优秀传统文化的熏陶，体会中国精神、工匠精神、创新精神，牢固树立用劳动创造美好生活的信念和追求。

二、研学实践课程开发方法

研学实践课程的开发要做好顶层设计，开发由研学线路串联的菜单式课程。受时间和条件所限，学生研学一般不能长时间、多次组织，需要将学校周边以及区域内的劳动教育资源进行梳理，根据劳动教育的需要，精心选择研学地点。劳动研学的场所要满足三方面的要求：一是突出劳动教育主题，能够反映劳动领域中典型劳动的特征，能够覆盖劳动领域中的主要劳动内容；二是场所中要有一定的教学场景和设备，如多媒体教室、研讨型教室等，能够用于师生研讨和线上线下混合式教学；三是要有一定的“双师”素质教师配备，在职人员能够与校内教师共同组织实施教学。研学地点选择后，基于研学地点特色开发出多门研学“微课程”，形成基于某一主题的研学线路，或供研学对象自主选择的“菜单式”研学课程。

研学实践课程的开发要科学设计研学内容和研学模式，避免陷入“走马观花”“行而不研”的误区。研学要区别于旅行，精心设计“研”和“学”的元素，要有明确的教学目标、研学主题和引导问题，引导学生自己去探究、发现大自然及各种场馆中各自然现象、各陈列物背后的劳动知识，自己去寻求问题的答案，并在寻求答案的过程中进一步延伸探究视野，生成新的问题，激发学生的自主意识和探究能力。研学模式要突出学生的主体地位，教师是引导者、组织者、支持者，把学生的“听和看”与“研和做”有机结合起来，让学生多感官联动，多角度观察事物，多角度探讨问题，在探讨和发现中实现知、情、意、行的统一，进一步夯实劳动素养。本书基于区域“全球重要农业文化遗产——宣化城市传统葡萄园”资源，进行了劳动教育研学实践课程的开发尝试。

劳动教育研学实践课程开发案例

教学设计表

<table>
<tr><td>研学项目</td><td>守护千年古藤葡萄</td><td>学时建议：2学时</td></tr>
<tr><td>研学主题</td><td colspan="2">传统农业的传承与创新</td></tr>
<tr><td rowspan="3">学习目标</td><td>劳动观念</td><td>（1）形成劳动“四最”劳动观念；
（2）形成不怕脏、不怕累、积极参加劳动以及尊重劳动、尊重劳动者、尊重劳动成果的劳动态度</td></tr>
<tr><td>劳动能力</td><td>（1）以葡萄种植为例了解水果种植的常识，了解古藤葡萄的种植方式、种植流程及养护方式；
（2）理解古藤葡萄种植的劳动工具、肥料使用及安全操作方法；
（3）能够使用正确的方法参与葡萄种植养护或采摘工作，解决劳动中出现的问题</td></tr>
<tr><td>劳动素质</td><td>（1）感受果农辛勤劳动、追求卓越的劳动精神及创新创造的劳动智慧，培养辛勤劳动、诚实劳动、创造性劳动的劳动品质；
（2）感受果农对土地、对家乡、对劳动对象的热爱之情，形成积极的劳动情感，增强民族自信和文化自信；
（3）了解传统农业的传承与创新历史，增强对劳动精神、劳动创新的具体认知，培养劳动精神、工匠精神和创新精神</td></tr>
<tr><td>学习内容</td><td colspan="2">（1）传统农业的传承、保护、创新历史。
（2）古藤葡萄的种植方式、种植流程及养护方式。
（3）种植工具和材料的使用方法。葡萄种植养护、采摘的具体操作技能。
（4）志愿宣讲的技巧</td></tr>
<tr><td>学习环境</td><td colspan="2">（1）学习场域：张家口市宣化区莲花小镇古藤葡萄园。
（2）工具及材料准备：铁锹、锄头、铲子、收纳筐、肥料、葡萄园浏览图</td></tr>
<tr><td>方式方法组织形式</td><td colspan="2">（1）教学方法：演示教学法、体验式教学法、任务驱动法、小组教学法。
（2）组织形式：集体教学、分组教学相结合的形式</td></tr>
<tr><td>学习要求</td><td colspan="2">（1）注意劳动工具的使用安全。
（2）认真学习种植技术，在果农的指导下操作，不能擅自操作或违规操作。
（3）严格遵守劳动纪律，不在果园内嬉笑打闹，爱护古藤和劳动工具，小组内团结协作，维护果园的干净整洁</td></tr>
<tr><td>学习过程</td><td colspan="2">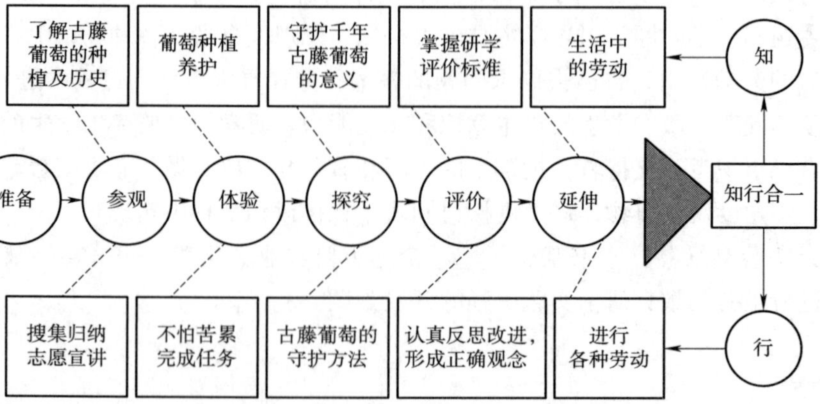
</td></tr>
</table>

课前学习 课前学习任务

1. 阅读学习材料《宣化葡萄的故事》《莲花葡萄种植技术》。

2. 班级学生分为五个小组，各组根据提供的材料以及其他资料查询结果，在莲花葡萄种植特点、葡萄生长流程、葡萄藤养护方法、葡萄种植历史、全球农业文化遗产五个主题中，分别承担一个主题的讲解任务，完成讲解词（不超过5 min）的撰写任务。

研学参观 任务一：千年古藤我来讲

教师组织学生参观葡萄园，在参观走廊、葡萄藤架、文化园三个核心景点，由每个小组推选的讲解员引领，完成五个主题的引导宣讲任务。学生通过参观和小组研讨，完成下列问题的探究。

引导问题1：宣化葡萄具有哪些特点？这些特点的形成与哪些因素有关？

引导问题2：宣化葡萄的种植方式具有什么特点？为什么果农选择这种独具特色的种植方式？

引导问题3：古藤葡萄每年种植养护的关键环节有哪些？分别在什么季节完成？

研学劳动 任务二：千年古藤我养护

宣化葡萄是深根性果树，其根系具有千年的历史，每年种植养护和采摘的劳动时间为3月至11月，每一个关键劳动环节都与时令和劳动技术息息相关，一旦出现差错就会影响一年的收成。学生研学劳动可依据季节从以下宣化葡萄种植养护环节中选择任一劳动任务，组织学生分成劳动小组，在果农指导下完成劳动任务。在劳动中请注意观察，完成下列问题的探究。

引导问题1：对照文字记载的劳动技术，果农在劳动时的操作有哪些变化？

引导问题2：果农对待劳动工具和劳动对象的态度如何？从哪些细节体现了该态度？

引导问题3：本次劳动高质量劳动的标准是什么？请从同学的劳动中找出一例高标准的劳动成果。

1. 起藤。起藤又叫起架或者下土，是把冬天埋藏在地下的葡萄藤蔓从土里取出，搭到葡萄架上的劳动。宣化葡萄是百年老藤，每年春天种植的第一步是起藤，在清明后完成。起藤时，先将葡萄沟表面覆盖的土层去掉，然后掀开防雨布，就会看到冬眠了一个寒冬的葡萄藤蔓，将这些藤蔓小心地搭到提前支好的葡萄架上，用细绳或干枯的马莲固定，等待发芽。起藤需要几个人配合，要顺着藤蔓的生长方向，小心地一根根地搭上去。

2. 施肥。宣化葡萄架别具特色，根系集中，方便施肥，藤蔓由中心向四周伸展，便于采光，葡萄架像一个漏斗形状，因而得名莲花葡萄。施肥主要集中在葡萄根部集中的漏斗中心，肥料主要采用传统农家肥。用铁锹挖掘施肥沟，宽40 cm，深50 cm，距离葡萄根部300~500 cm处开沟，均匀往沟中施加肥料。

3. 套袋。葡萄套袋技术可以明显提高葡萄外观品质，减少农药污染，防病防虫，减少日烧，防止鸟害，提高果品质量和安全。对果实的成熟期和色泽也有一定的调节作用。套袋时手尽量不要触碰到葡萄果粒，首先用手把纸袋撑开，让纸袋鼓起，再由下往上，将果穗全部套进袋内，把袋口收缩到穗柄上，用另外一侧的封口丝将其紧紧扎严实，不准用手揉搓，以防烂果。

4. 除草。葡萄园的杂草会抢夺养分，还是病虫害的孳生地，所以及时除草能保证葡萄的生长和整个葡萄园的生态，铲除杂草的方法主要有化学除草、人工除草、机械除草三种方式，宣化葡萄沿用人工除草方式。将杂草从根部连根拔起，可使用小铁铲或锄头进行铲除。有些杂草已经长出种子且已成熟，尽可能不要让这些种子掉落在地上。

5. 采摘。每年9月中下旬是葡萄成熟的季节，采摘时要选择颗粒饱满、色泽微黄的葡萄，看上去翠绿的葡萄通常还需要一两周的日晒增加糖分，才会有好的口感。葡萄表面的白霜是保护葡萄的果粉，可减少葡萄表面水分的蒸发、减少细菌入侵，采摘时尽量不要触碰葡萄珠，以免蹭掉果粉。用剪刀将每串葡萄从主枝上剪下，轻放入纸箱或竹筐中，保持通风。

6. 冬藏。冬藏就是葡萄在秋天采摘完成后将藤蔓埋藏入地下的越冬方法，宣化葡萄使用的是空心埋土防寒法，既环保又防冻。入冬前，农户会对葡萄藤蔓进行修剪，只保留必要的主枝粗条。然后在葡萄架周围挖出一个深约80 cm、宽约70 cm的防寒沟，要顺着葡萄藤的生长方向挖沟，长度要能够放得下所有藤蔓，一般为几十米长。将葡萄枝蔓放在沟内，覆上秸秆、树枝、防水布，再覆一层土，形成一个蛇形中空的“地下温室”，葡萄藤蔓在里面就可以抵御-30~-20 ℃的严寒，这种方法巧妙地将空气用作了防寒材料，比实心埋土防寒效果好，用土量少，春天出土时也不易伤枝蔓和芽子，非常科学。

研学探究 任务三：千年古藤我发现

宣化葡萄历经千年，因其独特的种植方式，被收入全球重要农业文化遗产名录，成为当地文化旅游的标志。葡萄的种植工作从每年的3月开始，直到年底冬藏持续近十个月，每一步劳动操作都需要极大的耐心和长期积累的精湛技术，劳动中也凝结着大量的聪明才智，蕴含着丰富的科学道理。通过参观和劳动体验，请思考下列问题，并帮助果农制定葡萄保护和传承计划。

引导问题1：宣化葡萄传统种植方式有哪些优势和劣势？如何进行种植工艺优化？

引导问题2：宣化葡萄当今面临哪些竞争和发展问题？如何突破制约因素创新发展？

引导问题3：从果农身上你学到了哪些优秀劳动品质和精神？果农素质还需要进行哪些培训和提升？

引导问题4：宣化葡萄在文化内涵、种植技巧、历史作用等方面具有哪些传承价值？我们如何进一步将其传承和发扬光大？

我的传承保护计划：>>>>>>

研学评价

反思改进是个体成长的有效手段，研学过程中获得哪些经验？有什么不足？今后如何改进？对这些问题的思考可以帮助我们成长。请同学们通过自评、互评、教师或家长评相结合的方式，帮助自己反思改进。

研学评价表

<table>
<tr><th colspan="2" rowspan="2">评价项目</th><th rowspan="2">评价标准</th><th colspan="3">评价等级</th></tr>
<tr><th>优秀</th><th>合格</th><th>需要改进</th></tr>
<tr><td rowspan="3">规则意识</td><td>守时</td><td>按时集合、乘车</td><td></td><td></td><td></td></tr>
<tr><td>出勤</td><td>按时出勤</td><td></td><td></td><td></td></tr>
<tr><td>自律</td><td>遵守纪律</td><td></td><td></td><td></td></tr>
<tr><td rowspan="4">研学过程</td><td>研学准备</td><td>按照要求准备充分</td><td></td><td></td><td></td></tr>
<tr><td>研学态度</td><td>态度端正，积极实践</td><td></td><td></td><td></td></tr>
<tr><td>研学任务</td><td>完成任务，质量较高</td><td></td><td></td><td></td></tr>
<tr><td>研学成果</td><td>学有所获，知行合一</td><td></td><td></td><td></td></tr>
<tr><td rowspan="3">文明研学</td><td>乘车</td><td>文明乘车</td><td></td><td></td><td></td></tr>
<tr><td>参观</td><td>文明参观学习</td><td></td><td></td><td></td></tr>
<tr><td>礼仪</td><td>言行举止得体</td><td></td><td></td><td></td></tr>
<tr><td rowspan="3">团队意识</td><td>组织</td><td>合理组织完成团队任务</td><td></td><td></td><td></td></tr>
<tr><td>互动</td><td>在小组内进行交流互动</td><td></td><td></td><td></td></tr>
<tr><td>协作</td><td>与同学积极协作互助</td><td></td><td></td><td></td></tr>
<tr><td colspan="6">总体评价：□优秀　□合格　□需要改进
评价人：
日期：</td></tr>
</table>

研学拓展　任务四：千年古藤我传承

种植业是农业的主要组成部分，以土壤和营养液为基本生产资料，利用农作物的生物机能将太阳能转化为化学潜能和农产品的劳动形态，是人类生命活动的物质基础。请同学们日常生活中尝试以盆栽或田野种植的方式（如以盆栽葡萄为例），完成一次种植劳动。

第五节　劳动教育五育融合课程建设

部分职业院校在落实“五育并举”的人才培养体系建设中，在人才培养方案及培养模式中仅仅将美育和劳育加入相关内容中，表面上丰富了人才培养内涵，但实质是狭义地理解“五育并举”的时代内涵①。从整体主义的视角出发，“五育融合”并不是“五育”的简单组合，而是通过“五育”的联结、渗透、超越，实现“五育”的育内、育间、跨育深度融合，使“五育”同向同行、协同发力，最终目标指向人的全面发展。社会主义事业进入新时代，“五育并举”是中国共产党教育方针的表述，从德、智、体、美、劳五个方面界定了

①浦爱华.“五育并举”视域下高校应用型人才培养问题与对策研究[D]. 大庆: 东北石油大学, 2021.

我国社会主义建设者和接班人的基本规格，进一步明确了新时代教育的逻辑起点是对“人”的全面培养。教育者需要牢固树立全面发展的教育观和学生观，摒弃德智体美劳简单拼凑叠加的行动误区，推动“五育”由分立走向相互渗透、相互支撑，最终从“五育失衡”“五育分立”走向“五育融合”，共同完成培养全面发展的社会主义建设者和接班人的时代使命。

在推进劳动教育的进程中，也有部分职业院校在专业实习实训、顶岗实习中注重劳动精神和专业技能的培育，但是从加强专业教育的视角而非劳动教育的视角，在公共基础课、第二课堂、学习生活等方面对劳动素养的关注和培育尚存在短板和缺项，学生接受劳动教育的目的存在着“求职”“就职”的短期视角，缺少作为社会个体自觉适配全领域劳动的长期视野。因而，在劳动教育的探索和完善时期，提升全体教师、管理服务人员的劳动教育意识、责任、能力，构建全员育人合力和协同育人机制，拓宽教师设计劳动教育的思路以及学生接受劳动教育的视域，探索五育融合视域下的劳动教育等，显得尤为重要。

劳动教育课程不是孤立的，五育课程之间相互融合、嵌入、渗透，2019年，教育部、财政部印发《关于实施中国特色高水平高职学校和专业建设计划的意见》提出，加强劳动教育“以劳树德、以劳增智、以劳强体、以劳育美”的功能，《关于加强新时代大中小学劳动教育的意见》也明确要求除劳动教育必修课之外，其他课程都要根据自身特点融入劳动教育内容。职业院校劳动教育课程体系建设中，要充分发挥“五育”的协同作用，构建劳动教育课程与其他“四育”课程同向同行、协同育人的实施机制，使“五育”方向一致、目标相同、步调一致，共同完成立德树人根本任务。还要着力加强“五育”之间的相互支撑，既要在劳动教育中挖掘德育、智育、体育、美育元素，还要促进德育、智育、体育、美育课程承担劳动教育任务，挖掘、创生劳动教育元素，与劳动教育同向同行，通过德育创新、智育创新、体育创新、美育创新构建“大劳动教育”格局。

一、德育与劳动教育的融合

新时代劳动教育的核心是“正确的劳动观念教育”，劳动观念教育、劳动精神教育、劳动品质和习惯教育从本质上属于德育的范畴，在劳动教育发展的过程中，劳动曾被视为德育实践的一种方式，劳动教育被视为德育的一部分。劳动教育与德育融合共生有其深厚的内在逻辑和实践逻辑，在教学目标和教学内容上，二者的同质比例较高。劳动教育是以正确的劳动价值观教育为核心，集价值认同、知识传授、能力培养于一体的教育，其中的马克思主义劳动观、习近平新时代中国特色社会主义思想教育，劳动精神、劳模精神、工匠精神、创新精神、奉献精神培育以及诚实守信、勤俭节约等劳动品质等，是劳动教育和德育的共有教育内容；在课程性质上，二者同属于职业院校各专业的公共基础教育，对学生的综合素养具有奠基作用。

（一）强化德育对劳动教育的支撑作用

职业院校德育承担着立德树人根本任务，在承担劳动教育任务并与劳动教育同向同行中，德育起着至关重要的作用。德育课程是系统进行习近平新时代中国特色社会主义思想教育的主阵地，马克思主义理论、社会主义核心价值观是德育课程的重要内容，对学生世界观、人生观、价值观形成起着重要作用。德育课程要在劳动观念塑造、劳动精神和劳动品质习惯的培育中对劳动教育形成重要支撑，把马克思主义理论深入到马克思主义劳动观，把中国特色社会主义理论深入到习近平总书记关于劳动的重要论述，帮助学生深刻理解马克思主义劳动观，深刻理解新时代劳动教育的重要意义，深刻理解新时代劳动对于社会主义现代化建设、对和谐社会建设、对人的全面自由发展具有的重要意义，帮助学生运用马克思主义劳动观辨析不当的劳动认知误区，树立坚定的马克思主义信仰，用社会主义核心价值观构建自己的价值观，形成与新时代社会主义现代化建设同步的正确的劳动观念。

劳动教育的融入也将引发德育创新，强化了德育的实践载体和行动指导功能，丰富了德育理论教学与实践教学内涵。劳动具有树德功能，培养劳动者的共同目标使德育的指向性和针对性更强。劳动也是德育的实践载体，劳动过程促进人知、情、意、行的深度融合，对人的思想建构具有重要作用。教育者需要在思想认识层面树立劳育与德育“融合共生”的教学设计理念，促进劳动教育与德育的双向互动和同向同行，紧紧围绕“培养德智体美劳全面发展的社会主义建设者和接班人”的总目标，在理论课教学与课程实践中融入劳动精神、劳模精神、工匠精神、创新精神、志愿服务五大精神教育，用精神引领认知，认知引发劳动。让学生认识到劳动素养是人的第一素养，从马克思主义理论的“认知”实践中深刻领悟习近平新时代中国特色社会主义思想的“真知”，坚定“为中国人民谋幸福，为中华民族谋复兴”而劳动的理想信念，把为国为民的报国热情转化为辛勤劳动、诚实劳动、创造性劳动的实际行动，做到知、信、行统一，自觉成长为劳动者、建设者、创造者。

（二）夯实劳动教育的“课程思政”建设

2017年教育部印发《高校思想政治工作质量提升工程实施纲要》，提出以课程育人为首位的十大思政育人体系建设，要求各级各类课程均需挖掘课程中的思政元素，承担思政育人职责。加强“课程思政”建设，不仅是落实教育部“课程思政”建设任务，也是劳动教育的自身教育需求。思想和品质教育历来是教育中的难点，“正确的劳动观念”教育是新时代劳动教育的核心，如何使学生对新时代所倡导的劳动建立情感认同、思想认同、价值认同是劳动教育需要破解的难题，也是实现职业院校劳动教育从参与性到有效性、创新性“三阶”教学目标的关键。

落实“课程思政”建设要求，劳动教育课程可对教学目标、教学内容进行二次开发，密切劳动教育与德育教学目标、教学内容中的联系。重点加强正确的劳动观念教育，把“为什么而劳动”与实现中华民族伟大复兴、成就中国人民和中华民族伟大梦想，坚持和发展中国特色社会主义的目标任务联系起来，从劳动的视角深刻理解经济建设、政治建设、文化建设、社会建设、生态文明建设“五位一体”总体布局和全面建设社会主义现代化国家、全面深化改革、全面依法治国、全面从严治党“四个全面”战略布局。把“怎样高质量地劳动”与劳模精神、劳动精神、工匠精神、创新精神、奉献精神的培育联系起来，深刻理解新质生产力的概念和特征，深刻理解推进社会主义现代化事业高质量发展必须以发展新质生产力为核心推动社会经济进行结构性变革，以在劳动中弘扬五种精神为抓手打造新型劳动者队伍，培养能够创造新质生产力的战略人才和能够熟练掌握新质生产资料的应用型人才。

利用“课程思政”建设理念和思路，还可以对劳动教育教学模式进行二次开发。劳动教育可借鉴德育“知、情、意、行”四环节培育路径，设计适应劳动观念和劳动精神教育的“概念认知、观点辨析、价值判断、行为固化”四环节教学模式，引导学生深刻认识和理解马克思主义劳动观、习近平新时代中国特色社会主义思想，认识五大精神的本质和外在表现，师生、生生充分研讨、辨析，澄清错误认识和模糊概念，进行对与错、是与非的价值判断，运用主观体验、外部表现、生理唤醒等方法，帮助学生建立科学的思维模式，积极思考、客观理性、正确判断，形成坚定的政治立场、稳定而积极的劳动情感、良好的意志品质，通过积极参加日常生活劳动、职业劳动、志愿服务劳动，在行动中践行社会主义核心价值观，将正确的劳动观念转化为热爱劳动、尊重劳动、辛勤劳动、诚实劳动、创新性劳动的行为和表现。四环节教学模式是从内到外、从思想到行动的一体化、全流程教学设计，帮助学生从了解到触动，引发思考与判断，形成积极行动和良好表现，夯实思想教育主阵地，实现思想对行动的引领和指南作用。

在劳动项目的设计中，把德育有机融入，使每个劳动项目承载至少一个德育点，增强劳动的教育价值，让“劳动”真正成为“劳动教育”。如本书利用地方特色葡萄小镇资源设计的劳动项目中，把创新、协调、绿色、开放、共享的新发展理念设计其中，设计“葡萄日常管理”“葡萄科技管理”“葡萄智能管理”三个递进的劳动任务，让学生体验从传统劳动向技术革新、科技创新的转变，认识到科技创新提升劳动效率，劳动创新带来美好生活，激发学生创新发展的理念和科技报国的志向；电子商务专业学生在张家口农特产品的直播助农活动中，结合德育的中国精神与文化自信、劳动教育中的诚信经营与劳动精神、职业素养中的精益求精、团结协作，重构素质目标，培育“知农初心—爱农信念—富农行动”的“新三农”意识，以“育匠人、制匠品、铸匠魂”为目标，优化任务设计和课程教学内容，落实课程思政建设任务。

劳动教育中的“思政”元素挖掘还可以借鉴全国高校教师网络培训中心的培训课程—清华大学数学科学系党委副书记杨晶的《“挖点、引线、扩面、立场”四维课程思政的探索——以数学课程中融入课程思政为例》，采用“挖点”“引线”“扩面”的方式：挖劳动任务中的思政点，引劳动任务与现实世界劳动的连接线，扩劳动本身之外与国家经济、社会发展的覆盖面。本书根据劳动教育的特点和思想政治教育的教学规律，在护理专业的劳动教育中，将思政目标分解成“知理、笃信、践行”三个递进式成长阶梯，将“知、信、行”三阶目标化盐入水融入“感、论、示、展、评、优”六步教学环节中。在劳动教育实施过程中，学生通过“感”和“论”环节的劳动分析建立劳动认知，实现“知理”；在“示”和“展”环节，用亲身劳动、亲身体验、亲身感悟、亲身收获培育真实的劳动情感，激发情感认同和思想认同，达到“笃信”；在“评”和“优”环节，通过劳动体认和交流研讨促进价值认同和精神内化，传承劳动精神，落实到“践行”，达成知、信、行的和谐统一。以“育劳动精神、塑医者仁心、筑中国梦想”构建起的课程思政主线，把劳动精神和职业发展相结合，培养护理专业学生的医者仁心，使学生自觉将个体劳动融入服务健康中国、实现中华民族伟大复兴的中国梦之中，达到了潜移默化、润物无声的教育效果。护理专业劳动教育课程思政教学设计如图5-1所示。

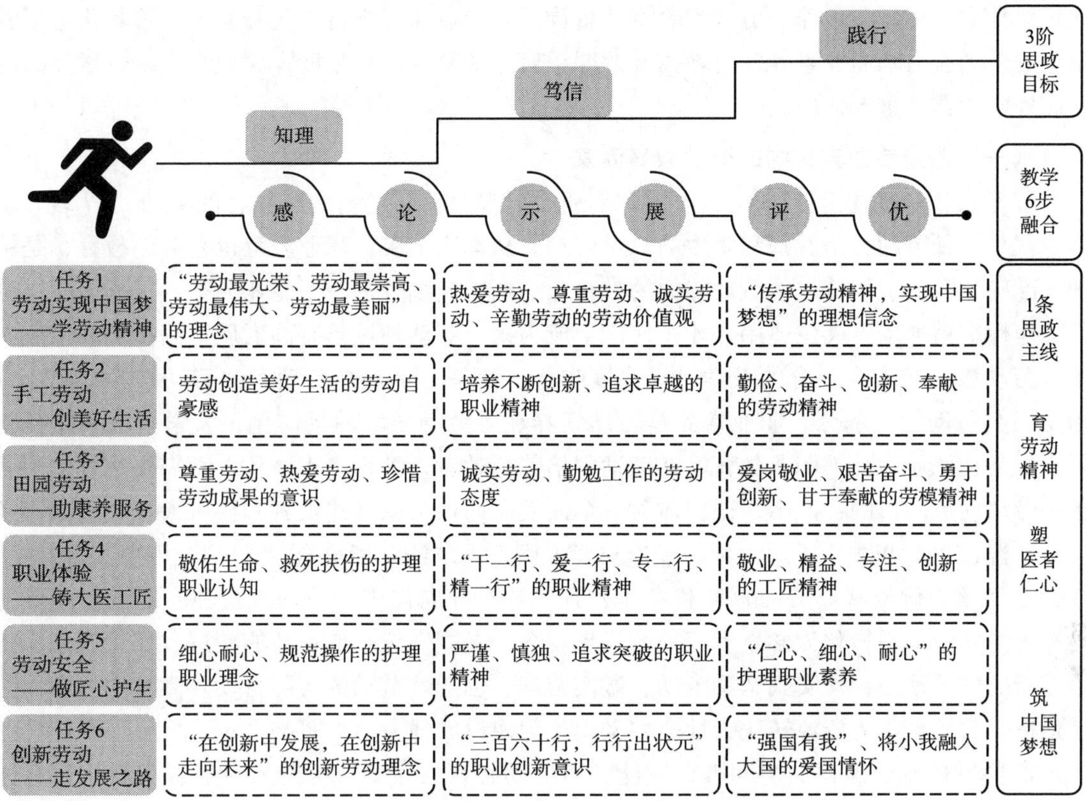

图 5-1　护理专业劳动教育课程思政教学设计

苏霍姆林斯基认为：“劳动素养不仅是在经验丰富的师傅运用合理的方式方法指导训练出来的精湛技艺，也包含在劳动过程中人类活动在精神层面的作用，以及在劳动成果产生的过程中相关联的智力内容和良好的道德。”①在劳动中实施思想政治教育，落实课程思政建设要求，是劳动教育课程建设的基本任务，在课程教学设计和实施中要深入发掘劳动的教育属性，建设好“课程思政”“劳育思政”，把思想引领和价值认同贯穿教育教学全过程。

二、专业教育与劳动教育的融合

教育部印发的《纲要》中明确指出，大中小学要通过独立开设劳动教育必修课、在学科专业中有机渗透劳动教育、在课外校外活动中安排劳动实践和在校园文化建设中强化劳动文化等多种课程形态或形式，将劳动教育纳入人才培养全过程，丰富、拓展劳动教育实施途径。《纲要》为“课程劳育”建设提出了明确思路，特别明确了中小学的学科教学与职业院校的专业教育对劳动教育的支撑作用。劳动教育必修课受到课时局限，如果单纯依靠劳动教育课程，或者将劳动教育停留在“正确的劳动观念教育”，则劳动教育势必陷入苍白说教的误区。职业院校的专业教育是职业教育的主阵地，发挥专业课程对劳动教育的支撑作用，动员全体专业课程全面融入劳动教育元素，把劳动教育所倡导的劳动文化和价值范式融入专业

---

①高峰. 苏霍姆林斯基教育思想与幸福教育[J]. 比较教育研究, 2010(3): 12-15.

课程教学中，将职业素养与劳动素养融合重构，对专业课程进行二次开发，潜移默化地培养学生的劳动能力和职业素养，对增强专业课程对劳动教育的贡献度，深化学生综合素养的内涵和外延，具有重要作用。

（一）挖掘专业教育中的劳动教育元素

苏霍姆林斯基指出："学习应当是一种促使智慧和双手的努力相结合的劳动。"①教与学本身就是一种劳动，是教师和学生的双重劳动。从本质上讲，职业教育也是劳动教育，是精细、准确、深入地培养学生劳动能力的教育，根据职业细分进行了专业分类，根据职业岗位的工作标准精准培养岗位适用人才，使学生成为某一劳动领域具有高素质、高技能的专业人才。劳动教育与专业教育的教学目标高度吻合，都是为了提高劳动者的劳动素养，职业劳动是人类劳动的一部分，职业素养是劳动素养在各劳动领域的具体化；教学手段和路径相同，都是在职业中开展职业教育、在劳动中培养劳动者；教育产出一致，都需要达到政治动员和劳动动员的目的，产出"德智体美劳全面发展的社会主义建设者和接班人"。"理论一经群众掌握，也会变成物质的力量。理论只要说服人，就能掌握群众。"②马克思主义劳动观、社会主义核心价值观对劳动教育和专业教育均具有导向作用，劳动教育和专业教育均要把马克思主义劳动观转化为学生爱劳动的思想观念，提高知识获取、技能精进、实践探索、技术创新的学习动力，落实到辛勤劳动、诚实劳动、创造性劳动的实际行动。激发全社会的劳动热情，将社会人力资源转化为社会主义现代化建设的强大生力军。

需要发挥专业课程的协同教育职能，将劳动教育的教学目标融入专业课程教学目标进行二次建构，全面优化专业课程的教学目标和教学内容，构建"大劳动教育"格局。课程建设者和课程实施者都要深刻认识到，职业岗位工作中不是掌握了知识和技术就能产生高质量的劳动，任何一项工作任务的完成既需要专业知识和技术，更需要劳动者有严谨的工作态度、精益求精的工匠精神以及专注诚实等优秀的劳动品质。专业课教师要基于新时代劳动教育的理念对专业课程进行二次开发，挖掘专业教学中的劳动教育元素，采用教学内容互融、教学手段互通、教学资源共用等方法，促进专业技术教育与劳动教育的叠加和相互强化，将知识传授、技能培养、价值塑造、素质锤炼融于一体。教学目标和教学内容中要进一步强化劳动观念、劳动精神、劳动品质与习惯教育的内容，将劳动素养的养成教育融入专业教学的各个环节，让学生在专业知识技能的元认知状态，即在专业素养形成的伊始就把知识技能与劳动观念、劳动精神、劳动品质和习惯教育联系在一起，同步学习，同步提升。在路径和方法上，专业课程可通过实习实训、科学实验、社会实践、毕业设计等强化劳动品质培养，从行动中观察学生劳动素养的养成情况，对于学生所表现出来的怕苦怕累、敷衍塞责等行为及时引导，对于实习实训中的规范操作、安全生产等严格把关，培养学生规范专注及精益求精的精神和品质，还要关注细节，如实训结束后要求学生把设备工具恢复原位、进行反思等，通过长期的要求和坚持，使学生养成规范劳动、诚实劳动的优秀劳动品质和习惯。

---

①苏霍姆林斯基. 论劳动教育[M]. 萧勇, 杜殿坤, 译. 北京: 教育科学出版社, 2019.

②马克思, 恩格斯. 马克思恩格斯选集: 第一卷[M]. 中共中央马克思恩格斯列宁斯大林著作编译局, 编译. 北京: 人民出版社, 1995.

劳动教育的融入必将引发专业教育的改革创新，对专业教育具有完善和深化作用。在教学中促进学生动手实践、深度探究，提升学生的思考、判断、解决问题的能力和信息处理能力，在实践中激发人的创造性，增强专业教育的综合育人职能，促进应用型、创新型人才产出。正确的观念和态度与积极的学习动机能够有效激发人的主观能动性，在专业课程中挖掘、创生劳动教育，可以引导学生由关注技能学习扩展为关注劳动成果的产出，关注产品的价值和应用性，从社会价值和个人价值角度关注自身的劳动，思考为什么而劳动，怎样使自己的劳动有价值，怎样提高自己劳动的价值等，把为生存而劳动提高到为国、为民、为实现个人价值而劳动的高度，增强职业教育的社会主义教育属性，解决学生思想认知层面的问题，让学生基于知识技能所形成的劳动能力具有社会主义属性，成为新时代社会主义现代化建设高质量发展所需求的，符合新发展理念且具有高科技、高效能、高质量特征的“新质生产力”。

（二）用专业教育优化劳动教育的教学标准

区别于中小学的劳动教育，职业院校的劳动教育所面对的劳动是生活中需要直接面对的真实劳动，学生毕业后会进入现实世界的各个劳动领域，对劳动的认识与自身的职业兴趣、职业选择息息相关，学生劳动素养的养成情况会直接作用于学生的一生，反映到日常生活中。因此，职业院校的劳动教育要以“正确的劳动观念教育”为核心，但不能停留于劳动观念教育，需要将正确的劳动观念、良好的劳动品质和习惯、卓越的劳动精神，落实到高水平的劳动能力上，催生高质量的劳动成果产出。劳动教育的教学也不能停留在体验的层面，要强化实用性、职业性，其中的生产劳动教育、创造性劳动教育、服务性劳动教育等绝不能成为“走马观花”式、浅尝辄止式的教育，要成为具有专业背景的劳动教育，帮助学生在现实和未来的劳动中转化为高质量的劳动和劳动成果。

劳动教育与专业教育的融合是一种隐性的而非显性的劳动教育形态。美国心理学家戴维·麦克利兰的素质冰山模型理论认为，人的素质就像漂浮在洋面上的一座冰山，水面上容易被观察、测量的部分是显性素质，主要包括知识和技能等；水面下不容易被发现和测量的部分是隐性素质，主要包括价值判断、动机、自我认知和个性特质等①。教学标准是指教师在教学过程中应遵循的一系列行为准则，是对教师教学理念、教学设计、教学实施、教学评价做出的系列规范性要求，以保证教师的教学能够到最佳教学效果。在劳动教育教学标准的开发上，首先需要更新教师的教学理念，建立劳动观念、劳动知识、劳动能力、劳动品质与习惯、劳动精神同步提升的教学理念，不能顾此失彼，不能把劳动教育停留于劳动体验而忽视真实劳动能力的培养，也不能重劳动本体性知识技能培养忽视劳动观念、劳动精神、劳动品质与习惯的养成。需要利用OBE产出导向教育理念，明确劳动教育在专业人才培养体系中的定位，在专业人才培养目标的统领下，明确劳动教育对学生毕业要求的支撑作用，对劳动教育的课程标准进行二次开发，在公共素质教育的基础上，融入专业的具体要求，体现职业教育的类型特色，体现本专业的专业特色，整合形成劳动教育与专业教育融合的课程标准，体现公共素质教育对专业人才培养目标的服务与支撑作用。课程标准是规定课程性质、课程目标、课程内容、实施建议的教学指导性文件。劳动教育课程标准的开发要特别体现劳

---

① MCCLELLAND D C. Testing for competence rather than for intelligence[J]. American Psychologist, 1973(28): 18.

动教育与专业的结合，对接专业领域的工作标准，课程目标要对接专业人才培养目标和毕业要求，体现专业领域劳动对劳动者劳动素养的要求，课程内容要与专业劳动实践相结合，使劳动教育中的“劳动”具有专业性，体现现实世界中本专业领域真实劳动的特征。课程内容的整合还要体现劳动教育的创新性要求，基于现实劳动并适度超前使劳动教育具有前瞻性和引领性，保证劳动教育培养出来的劳动能力要是实用的、管用的、专业化的“真能力”。促进劳动教育的专业化、学科化，使劳动教育的体系更完整、内容更科学，培养专业化的劳动素养。

（三）探索具有专业特点的劳动教育教学设计

劳动教育还可以借鉴专业教育严谨的职业规范提高自身教学目标和教学内容的规范性、科学性，把学科知识资源、课程文化技术资源转化为劳动教育资源，在教学中加强专业劳动伦理、专业劳动技能、专业劳动素养和职业劳动安全教育内容，强化与职业适配的劳动价值观、劳动精神、劳动品质和习惯教育，使学生的职业知识、技能、素质走向精深、追求卓越。如通过安全操作、整理生产工具、机器保养、工作场所打扫等安全文明生产的劳动细节，培养学生严谨细致的工作态度和团结协作的团队精神；利用专业教育“产学研训创”一体化教学改革，提升学生劳动能力与岗位需求、职业标准、行业发展的匹配度，提升劳动教育课程对学生的教育价值和实用功能；利用劳动模范、企业技术能手的先进事迹开发鲜活的教学资源，增强学生勤学苦练的学习动力和追求创新发展的劳动动机，在追求高水平劳动能力的同时，自觉培育崇尚劳动、尊重劳动、勤俭奋斗、创新奉献的劳动精神。

经过多年的理论研究和实践探索，职业教育已经形成丰富多样的教育教学模式，借鉴专业教育成熟的经验可以优化劳动教育课程的教学任务和教学环节设计。可面向专业服务的职业岗位，依据岗前准备、岗位行动、岗后整理分段制订劳动规范，规范劳动教育中的劳动项目和劳动任务设计，使劳动项目对应劳动岗位进行劳动素养建构，提高劳动教育的实用性、针对性和可操作性。如在岗位实践课程开发中，计算机专业学生可对应行政区域计算机维修劳动岗位，电力系统自动化技术专业学生可对应宿舍用电安全的日常维护，护理专业学生可在校医室轮值，承担测量体温、量血压、输液、取药等日常护理工作。

（四）开发“劳专融合”课程

马克思主义认为：“劳动是实践的基本内容、主体内容，其他一切实践形式都是以劳动作为基础的。”①劳动是一种实践活动，反之，不是一切实践活动都是劳动。劳动与一般实践活动的区别在于能否创造经济价值和社会价值。马克思认为：“一切劳动，从一方面看，都是人类劳动力生理学意味上的支付。当作同一的或抽象的人类劳动，它形成商品价值。一切劳动，从别的方面看，都是人类劳动力在特殊的目的形态上的支出。当作具体的有用的劳动，它生产使用价值。”②职业院校劳动教育的推进，为专业教育进一步明确了就业导向和服务导向，特别是为专业教育的实践教学改革明确了方向。实践教学不是为了实践而实践，而是为了提高学生完成实际工作的能力，最终要落实到现实世界的真实劳动，产生真正的社会价值、经济价值和使用价值。专业教学中要利用劳动教育改造实践教学活动，使实践教学对

① 常卫国. 劳动论:《马克思恩格斯全集》探义[M]. 沈阳: 辽宁人民出版社, 2005.

② 马克思. 资本论: 第一卷[M]. 郭大力, 王亚南, 译. 北京: 人民出版社, 1953.

学生的专业技能起到切实的支撑作用。基于职业教育的任务和特点，实践教学需要重点培育学生五种具体能力：专业知识能力、方法与过程能力、判断与决定力、社会交往能力、行动操作能力，最终汇聚为学生综合解决实际问题的能力和完成实际工作的能力。劳动教育的融入还将提高专业教育的实践性和社会性，促进专业教育与现实世界的劳动紧密结合，对职业岗位的变迁快速反映并进行调整，面向真实劳动和真实情景，提高学生完成实际工作的能力，使专业教育更契合利益相关者的需求。

“劳专融合”课程的开发可基于职业教育产教融合的理念，与专业教育实践教学体系建设同步进行，结合专业发展的新业态、新形态、新模式，强化敬业、诚信、创新、奋斗、合作奉献的新时代劳动精神，全面提高学生的专业劳动能力和创新能力。本研究尝试采用劳动教育研究中心—专业群主任—专业课教师三级“课程劳育”开发、实施、监测机制，在“劳专融合”课程开发上进行了有益尝试。在劳动研究中心指导下，由专业群主任在教学目标、教学内容、教学评价等维度对专业教育和劳动教育进行对比分析，剖析专业所面向的职业岗位对从业者劳动素养的具体要求，由专业课教师在充分论证、集体备课的基础上进行转化和实践。如在汽车检测与维修专业课程中，将“专注于细节、为客户提供用心服务”等职业理念转化为劳动观念，挖掘岗位工作中隐性的劳动安全意识、规范意识和敬业、精益、专注、创新等工匠精神转化为劳动精神和劳动品质，坚持专业教育与劳动教育同步推进，构建浸润式“劳专融合”课程。本书基于汽车检测与维修专业的“汽车网络系统检修”课程，论述“劳专融合”课程的开发。

“劳专融合”课程开发案例①

一、课程名称：汽车网络系统检修

二、教学任务：CAN网络通信系统故障检修（纯电动车型）

三、教学设计：课程利用学校“前校后厂”的实践教学条件建设优势，采用“学场+工场”的双教学场域，将“规范操作、一丝不苟、举一反三、工程思维、大国工匠”的职业素养与“辛勤劳动、诚实劳动、团结协作、精益求精、勇于创新”的劳动素养结合，使学生的素养养成经过外部输入、判断内化、整合重组、指导实践、反思提升的知、情、意、行成长过程，同步实现专业教育和劳动教育目标，实现立德树人。教学任务实施过程中，通过视频案例、小组实操、竞赛游戏等学生喜闻乐见的方式融入劳动观念、劳动精神、劳动品质和习惯教育，通过专业知识和技能的勤学苦练强化劳动能力，引导学生规范操作，自觉培育劳动精神、工匠精神、创新精神，增强责任意识、质量意识和工程思维，在教学评价环节，遵循7S管理规范，强化学生综合劳动素养和职业综合能力的形成。

四、教学过程：教学分为课前、课中、课后三个阶段，设计初识任务、案例导入、分组探究、解决问题、演示练习、评价反思、拓展提升七个教学环节。

（一）初识任务。课前，教师通过智慧职教学习平台推送微课“低速CAN总线系统的检修”，学生完成微课学习、课前测评、课前讨论，在汽车维修师模拟器中根据提示完成新能源汽车的故障排除游戏任务，教师根据反馈的测评数据和讨论内容调整教学策略。

---

①选自宣化科技职业学院课例。

（二）案例导入。课中，师生共同分析“何为电车”“油电差别”，初识纯电动车；教师导入生产实践过程中的具体故障案例，提出任务的排故目标，并引导学生进行实车的故障验证，培育学生进行接待和故障问诊的沟通表达能力。

（三）分组探究。师生共同分析故障分析需要的知识点，引导学生搜集、分析纯电动汽车的结构特征，完成工单-1“基础准备”任务。引导学生进行故障分析，开展小组讨论，确定故障检修方案，完成工单-2“检修准备”部分。在完成故障分组探究和制订检修计划的同时，培养学生的团结协作意识和着眼细节的工匠精神，促进学生掌握精准定位CAN线故障的能力。

（四）解决问题。学生由“学场”场域转入“工场”场域，各小组派出分组中选定的“工长”和“组长”，依照确定的故障检修方案进行操作，在学校教师和企业师傅的指导下完成故障检测和故障排除，并由企业师傅进行评价。在此过程中，学生要掌握维修保养手册的使用，同时培育学生对检测结果的实事求是精神，检修过程中的安全意识和细致专注的工匠精神。

（五）任务进阶。各组学生在“工长”的带领下完成分组实训，教师对各组进行巡视指导，并针对问题进行集中讲评；各组在完成基础操作的基础上，认识故障的不同形式表现和变化，探讨在未知情况下的故障诊断，完成工单-3检修执行和工单-4故障排除，在UMU平台上提交工单。培养学生提前适应岗位，养成坚守岗位、拼搏争先的职业素养，养成“安全责任重于天”的安全意识和追求极致的工匠精神。

（六）评价反思。对学生的故障排除操作进行一对一验收，教师、小组内、小组间、企业师傅及平台从知识、技能和素养三个方面多个指标进行评价，评选“汽修小专家”“汽修小能手”“汽修小工匠”荣誉称号，兑换增值激励评价分值，推荐优秀学生参与技能大赛、进入合作企业实习岗位等。通过以上方式，促进学生养成精益求精的工匠精神。

（七）拓展提升。课后，学生进一步检索其他典型故障并在智慧职教平台进行分享、讨论；学生进行单人实操练习，保证人人能掌握；利用新能源汽车仿真软件进行虚拟练习，解决实训车型较少，难以覆盖较多车型的教学难点；以汽车社团为依托，开展社会公益活动，服务社会，培养学生的创新意识，促进学生养成追求卓越、不断创新的工匠精神。

五、劳动教育融入策略

劳动观念的融入：整个教学过程中向学生传导“客户至上”“第一时间为客户解决问题”的劳动观念。在解决问题和任务进阶环节强化“劳动安全重于天”的劳动观念。在评价反思环节，设计是否热情接待客户、是否规范操作的评价指标，进一步夯实劳动观念。

劳动能力的培养：坚持问题导向和成果导向，把实践教学与现实世界的劳动联系在一起，通过合作探究、解决问题、任务进阶环节，培养学生面对实际问题或真实任务时发现问题、分析问题、解决问题的工程思维模式。在评价反思环节，对学生故障排除操作进行一对一验收，以排除故障为目的培养学生综合解决问题的真实劳动能力。

劳动精神的融入：在解决问题环节，通过企业导师的言传身教，使学生感悟一丝不苟、敬业专注、精益求精的劳动精神、工匠精神。在合作探究环节，培养学生的自主学习能力和探究能力，在任务进阶环节，进一步整合感悟创新精神。

劳动品质和习惯的融入：引入实训课整理、整顿、清扫、清洁、素养、安全、节约的7S管理要素，在实践中巩固诚实劳动、规范劳动、安全劳动的劳动品质，培养节约资料、随时整理等良好的劳动习惯。

三、增强体育对劳动教育的支持作用

身体健康是优秀劳动力供给的必要保障。劳动教育的融入也丰富了体育的内涵，让学生深刻理解“每天锻炼一小时，健康工作五十年，幸福生活一辈子”的内涵，在为保证个人身体健康而锻炼的学习动机之上，丰富了家国情怀。

在体育中体现劳动教育可以从多个层面入手，从目标上融入新时代劳动者的培养要求，丰富为国、为民的价值追求，让学生认识到体育锻炼不仅是个人的事情，提高自觉锻炼的主动性，能够主动在行为上建立与国家和社会需要和人才标准一致的行为趋向性；在内容上融入地方劳动特色，如冰雪体育、水上竞技等，挖掘劳动教育元素，加入追求卓越以及不怕苦、不怕累的拼搏精神，体育健儿为国争光的劳模精神，实现中华民族伟大复兴中国梦的奋斗精神，将劳动价值塑造内生为体育课程教学的鲜活内容；在教学模式和手段上，用劳动研学、劳动实践等丰富体育教学的载体和途径，使体育与劳动教育达到相得益彰的效果。还可以结合运动会、校园体育赛事等，组织学生做义务裁判或志愿服务，为学生提供多种劳动实践机会。

四、在美育中展现劳动教育的创造性

马克思认为，劳动产生了美。美与劳动密切相关，美育与劳动教育相互融合有其存在的理论逻辑和实践逻辑。美育是一种情感教育，是让人感受美、欣赏美、创造美、表现美的教育，感受和欣赏都源于人的实践体验，创造美和表现美都需要集中人的智慧，用脑力劳动和体力劳动去呈现。2019年教育部《关于切实加强新时代高等学校美育工作的意见》提出高校美育以艺术教育为重点的指导意见，人文艺术源于人类的劳动创造，又以劳动不断创造出新的人文艺术形式，劳动有育美的创造性功能，人类对美的追求又激励着劳动的不懈创造。“台上一分钟，台下十年功”的勤学苦练，老艺术家为艺术创作一丝不苟、精雕细琢的严谨态度，以及艺术扎根群众、服务群众的忘我精神，与劳动教育的要求均有着高度的契合度。

文化艺术是激发人创造力的源泉，每个人身上都有着创造的种子，艺术和教育的任务是唤起它，激发它，让它生根发芽①。美育对培养学生创造性劳动品质具有重要意义，可基于“用劳动创造美，美呼唤创造性劳动”的理念对美育课程进行二次开发。在教学目标的重构中，将用劳动创造美好生活的劳动观念、精益求精的工匠精神、追求卓越的创新精神以及诚实劳动、创造性劳动的品质教育纳入素质教育目标；在教学内容的整合中，注重挖掘艺术作品背后的故事，让学生认识到每一件美的事物都是辛勤劳动、创造性劳动的成果。对如何培育劳动情感，苏霍姆林斯基谈到了三种方法，即采用生动的语言讲述劳动的故事、让学生与优秀的劳动者见面、用劳动艺术形象进行艺术教育②。用这三种方法重构美育的教学内容和教学手段，将推动美育的创新。中华优秀传统文化、非遗传承项目数千年的传承创造历

---

①高世名. 艺术的使命就是唤醒创造的力量[N]. 光明日报, 2021-03-14(10).

②张元奎. 苏霍姆林斯基劳动教育思想的价值向度与时代启示[J]. 教育理论与实践, 2024, 44(5): 11-14.

史，老艺术家身上执着于艺术追求的劳模精神、劳动精神、创新精神，以及专注、严谨的高尚品德和优秀品质，都是对学生进行劳动教育的生动素材，让学生在艺术熏陶中感受劳动的魅力，牢固树立“劳动最光荣、劳动最崇高、劳动最伟大、劳动最美丽”的劳动观念，增强积极的、稳定的劳动情感；在教学标准的制定中，要着重培养学生的创新创造能力，让学生具备发现美的眼睛、创造美的双手，并把这种审美能力和创造能力迁移到专业学习、日常生活劳动以及未来的职业劳动中，及时把头脑中的新创意、新想法通过劳动之手转化为劳动成果。

美育的融入也能激发劳动教育的活力和吸引力，使劳动教育更鲜活多样，易于激发青年学生的兴趣和热情。如劳动教育中需要有美育视角，当代社会人们对高质量生活的要求对劳动成果提出了较高要求，不仅有使用价值还要有观赏价值，甚至还会为品牌溢价买单，促进新时代的劳动提高自身的创新性，不仅在技术层面创新还要在外观设计层面、使用的舒适度及与自然的和谐程度等层面创新，劳动教育在对传统文化、科技产品的传播交流中需要发掘出“劳动创造美”的美学特质，激发新发现、新思想、新创造的产生，融入发现美、展示美、创造美的要求，成果的产出注重实用性、欣赏性并重，这个过程既是脑力劳动与体力劳动的结合，也让学生体验到了劳动的艰辛和创造的快乐，还让学生切身领悟了“劳动最美丽”的审美价值观，真正实现了“五育融合”，形成了育人合力。

五、促进创新创业教育与劳动教育融合共生

《意见》提出，高校劳动教育要注重围绕创新创业，重视新知识、新技术、新工艺、新方法应用，提升就业创业能力。依据教育部文件要求，职业院校普遍开设职业生涯规划与就业指导、创新创业指导两门公共必修课以及各校自主开发的创新选修课，课程的任务是培养学生正确的职业观、择业观、就业观以及就业、创业能力，培养学生的创新思维和创新能力，能够自主规划职业发展，是将学生导向职业劳动的教育。创新创业教育与劳动教育同根同源，二者的融合共生对建设高质量的劳动教育具有重要意义。

（一）创新创业教育与劳动教育融合的内在逻辑

从本质上讲，创新创业教育与劳动教育同属于一个教育范畴，具有相同的育人逻辑和育人价值。二者教育目标同源互通、教育内容双向融通、教育过程朴素渗透、教育方式相辅互促①。教育目标和教育内容的互通互融为二者融合奠定了基础。首先，二者教育目标具有同质性，劳动教育和创新创业教育都以培养“德智体美劳全面发展的社会主义建设者和接班人”作为根本诉求，艰苦奋斗和创新能力是二者的共同价值取向，创新创业教育能够帮助学生认识劳动教育目标的多样性，促进劳动理念的更新；其次，二者教育内容具备一致性和重叠性，劳动教育和创新创业教育都是培养劳动者知识、技能、价值观的活动，都必须以马克思主义理论为指导，不断提高学生创造性解决问题的能力；最后，二者教育方法共通共用，劳动教育与创新创业教育均重视发挥社会化育人的作用，均以实践为导向，都突出在“做中学”。“创新创业教育和劳动教育都是为了解决高等教育人才培养与社会需求脱节问题而进行的理念更新与模式变革，其面向未来工作世界、劳动世界培养人才的共同取向，使二者在结

①杨秋月，顾建军. 职业院校劳动教育与创新创业教育协同育人的逻辑、困境与路径[J]. 现代教育管理, 2021(6): 123-128.

构上具有很强的内在关联性。从同构共生的系统思维看，二者在教育目标上的互利性、教育内容上的关联性、方式方法上的共通性和师资队伍上的互借性，为二者的紧密结合、同构共生提供了内在可能性与必要性。”①

（二）用创新创业教育提升劳动教育的创新性

利用创新创业教育可有效提升劳动教育的活力，开发出新型“劳创融合”课程。在进行创新运营模式教学和创新创业孵化中有意识地加入新时代劳动教育的具体要求，丰富创新创业教育的理论内涵，融入将劳动教育的优秀精神、品质和习惯以及对劳动的整体认识和宽广视野，促进劳动过程的优化和创新性劳动成果的产出，均是就业指导和创新创业教育对劳动教育的有力支撑。

当前，科技创新正在重塑世界经济结构，推动社会主义现代化伟大事业高质量发展，必须以依靠创新驱动，以创新型人才培养和科技创新劳动驱动产业变革，加快形成“新质生产力”。“新质生产力”对设计型、创新型人才提出了迫切要求，技术进步使劳动方式、劳动领域、劳动形态发生了变化，支持这些变化的是人的创造性和创造性劳动，人类的智慧和辛勤劳动是技术进步的原动力。创新创业课程就是培养学生的创造能力，激发创新意识和创新能力，提高劳动素养。从本质上讲，创新创业教育是创新性劳动的具体实施，是劳动教育的一部分。创新创业教育与劳动教育的有机融合，是激活劳动的创造性和培养创新型人才的天然路径。促进劳动教育与创新创业教育的融合重构以及更高层面的活力生成，具有极其重要的现实意义。

职业院校创新创业教育的广泛深入开展为劳动教育加快培养创新人才提供了手段和载体。创新一般分为五个连续的过程：一是萌芽期，任何创新都不是无缘无故地发生的，需要有问题或任务牵引，要求我们有发现和提出问题的能力，在日常工作中或在学习借鉴前人的经验时善于发现问题，并明确解决问题的预期；二是酝酿期，面对问题和任务，基于快速、优质解决问题或完成任务的目的，需要我们有收集信息、分析信息、处理信息的能力，认真分析问题产生的背景、原因、解决问题的关键，认真分析任务的目标、内容和预期效果，专注于探寻解决问题、完成任务的策略和方法，可以分析借鉴前人的经验，可以采用发散思维、联想思维、逆向思维、批判性思维等，做出多种不同的思考；三是突破期，当信息达到一定浓度，当我们对问题的认识达到一定广度、深度和清晰度，当思维高度紧张达到饱和状态后，外界信息与大脑中原有信息碰撞出灵感，就会产生解决问题的新办法、新策略、新路径；四是验证期，新思路、新想法是否具有可行性、可操作性需要论证，需要在实践中进行检验，在实践检验中还需要不断修正和调整，要以解决问题和优质高效完成任务为目标，经过反复实践得出新产品、新方案、新成果；五是形成期，对于新成果的产出过程进行复盘、反思，寻找规律性、普遍性的经验，进行体系、路径、模式等方法论层面的总结提炼，形成可推广、可复制的具有理论和现实价值的新成果。需要让学生特别关注的是，创新的过程是脑力劳动和体力劳动的结合体，并不是停留在新创意、新点子层面，而要形成显性的、物化的、可借鉴、可推广的成果，才能真正体现劳动的创造力，才能产生物质财富、精神财富、

① 吴军. 高职劳动教育再审视：现实需要、逻辑机理及实践路向：基于马克思主义劳动观的阐述[J]. 职业技术教育，2020(10): 18-23

社会价值和使用价值。

本书在劳动教育实践中注重劳动教育与创新创业教育的深度融合，用科技创新元素改造传统劳动项目，有目的地为学生设计研学项目、创业孵化项目、成果转化项目。在劳动教育专题课程和实践活动中，专门增加劳动任务设计、劳动成果设计环节，培育学生“无劳动不创新、无创新不劳动”的意识和情感，创新“培育—融合—实战”递进式劳创融合的教学模式。“培育阶段”通过劳动教育、创新创业教育通识课，学习劳动知识，形成劳动观念；“融合阶段”以专业双创为基础，以各类竞赛为平台，导师护航，开展创新劳动教育，在学校创业大赛中将劳动素养设为考核指标，以训促劳、劳训融合，培育学生精益求精、追求卓越的劳动精神和创新精神，引导学生在创新中劳动，在劳动中创新，培养高素质创新型劳动者；“实战阶段”以学校众创空间为实践平台，以项目促发展，为学生创造性劳动提供实战平台。

第六章

劳动教育的模式与方法

教学模式是教学体系的执行系统，是依据一定的教育思想和教学理念而形成的相对稳定的、系统的、理论化的师生开展教学活动的范式，包括教育者的教学理念以及围绕教学目标所进行的教学环节和教学过程设计、教学策略选择与运用、教学评价设计等。构建具有职业教育特色的劳动教育教学模式是职业院校劳动教育研究和教育教学改革的重要内容。

第一节　劳动教育教学模式的设计原则

劳动教育中的“劳动”具有三重属性，是教育的目的，也是教育的内容和手段，教学模式的建设既要围绕作为教育目的的劳动而设计，保证劳动教育教学目标的达成，又要为作为教育内容的劳动服务，使劳动教育的教学内容以新颖的方式呈现，利于学生掌握，还要以作为教育手段的劳动为主线科学设计师生互动、生生互动，科学设计教学过程、教学环节，使用一定的教学方法和教学手段，使教与学形成某种固定的范式，便于复制和推广。劳动教育为学生打通了课内学习与课外实践、校内学习与现实世界连通的通道，师生的教学活动可以突破课堂的界限，在一定的教学原则指导下，探索具有劳动教育特色的教学模式。

一、服务于学生劳动素养的实质性提升

学生的劳动素养不是通过“看”和“听”就能形成的，必须通过“做”和“悟”。“从做中学”是杜威的核心教育思想，杜威认为，经验的获得需要经历在真实情境中获得直接经验、在直接经验的基础上增加纵深意义、将直接经验拓展为科学系统的知识三个阶段，直接经验的获得是起点，间接经验的获得一定是建立在直接经验的基础之上，间接经验经过理解、内化、意义化以后便转化为自身的直接经验[①]。教学过程应该是“做”的过程，既利于知识的内化，又是调动学生学习兴趣的有效方法，因为儿童生来就有要做事的欲望，“在仅有教科书和教师才有发言权的时候，那发展智慧和性格的学习便不会发生；不管学生的经验背景在某一时期是如何贫乏和微薄的，只有当他有机会从其经验中做出一点贡献的时候，他

①陈佑清. 不同素质发展中的直接经验与间接经验的关系[J]. 上海教育科研, 2002(11):26-29.

才真正受到教育”①。陶行知在杜威教育思想的基础上提出了“教学做合一”的教育思想，将“做”置于“教学做合一”的核心，强调教师要在做中教，学生要在做中学。

作为教育的手段，劳动教育中的“劳动”不仅是德智体美教育的实践教学环节，也是劳动教育必不可少的教学载体。劳动教育不能局限在课堂上“讲劳动”和“听劳动”，摒弃讲、听、读、记、练等传统的重视知识技能积累的教学模式，依据社会互动理论设计社会交往型教学模式，强调师生、生生的互动、协作以及相互影响，强调学习与社会的联系，着眼于学生积极情感和社会品格的养成，用亲身体验和直接经验激发情感、态度、价值观的养成，用劳动任务的完成情况和现实表现检验学生的劳动素养水平。用劳动任务的完成情况和现实表现检验学生的劳动素养水平。蒙台梭利在《童年的秘密》一书中说：“我听到了，我忘记了；我看到了，我记住了；我做过了，我理解了。”充分说明了感官体验和直接经验对学习的重要作用。学生在亲身劳动实践中通过听、看、做、悟等，实现听觉、视觉、嗅觉、味觉、触觉全感官联动，所形成的劳动观念、劳动品质与习惯才是真实的、长久的，对劳动精神的感悟才是深刻的，所获得的劳动能力才是有效的，能够解决实际劳动问题并能够迁移到其他劳动中。

二、为学生建构有意义的学习过程

奥苏伯尔的有意义接受学习理念认为，学习是认知结构的组织过程，是把经过提炼的有逻辑结构的知识与学生已有认知结构联系起来，新旧知识发生相互作用，让新知识在学生头脑中获得实际意义的过程，教学方法中要考虑学生原有知识、尊重学生原有知识，把新旧知识联系起来，让学生在原有经验基础上扩充、修正、重组，让学生的知识结构“由小树成长为大树”。布鲁纳也认为，知识的传递是一个过程，学生理解前人的知识，重新组织形成自己对知识的理解和认知，获得新的领悟知识并应用于自己的行动实践。劳动教育中的“劳动”源于现实生活，劳动教育的结果又必然服务于学生现在及未来生活，与原有劳动经验和认知衔接有利于增强学生的认知和理解，符合“实践—经验—实践”的人类实践活动规律和人的认知规律。

新时代的劳动教育已经超越了让学生直接生产的阶段。劳动教育需要对接学生的现实生活、原有劳动经验和真实劳动，但不能完全用真实劳动代替，因为真实劳动往往很难把所有的教育元素及教育目标包括其中，劳动教育的“真劳动”是经过改造的真实的劳动项目，创设真实的劳动情境、劳动任务，围绕教学目标融合相应教学内容，使每一个教育目标都有对应的教学内容载体，将教学内容整合为劳动项目，完成劳动项目的过程既是劳动的过程也是学习的过程。改造后的“劳动”要是一个饱含教育意义的劳动，使学生劳动观念、劳动能力、劳动品质习惯、劳动精神得到综合提升。苏霍姆林斯基认为，学生只有经历具有教育意义的劳动，才有可能接受真正的劳动教育，有计划、有目的精心设计的“情境”能够架起一座从直观到抽象、从感性到理性、从教材到生活的桥梁，具有教育意义的劳动才能促进新认识的生成和发展②。

---

① 杜威. 人的问题[M]. 傅统先, 邱椿, 译. 上海: 上海人民出版社, 1965.

② 曾天山, 顾建军. 劳动教育论[M]. 北京: 教育科学出版社, 2020.

三、创新能力培养贯穿整个教学过程

新时代，科学技术革命性突破、生产要素创新性配置、产业深度转型升级催生了新质生产力，目标追求是高科技、高效能、高质量，核心特征是创新，打造先进生产力。发展新质生产力需要高素质、创新型劳动者，新时代的劳动教育要成为畅通教育、科技、人才良性循环的突破口，体现创新、创造的鲜明特征。劳动本身具有创造性，劳动教育要把劳动的创造性贯穿始终，培养学生的创意意识和创新创造能力。劳动教育中要设置发现问题和解决问题的环节，创设问题情境，让学生组建学习共同体合作探究、自主建构、基于收集证据进行探讨和分析，引发团队合作、沟通交流和协同创新。人天然具有好奇心，面对未知的世界具有探索、挑战、战胜的欲望，劳动教育中劳动成果的变化、劳动流程的优化、劳动工具的改进，都会激发学生的学习热情和创新意识，解决问题过程中的探索学习、探究实践，遇到问题不畏惧、遇到困难不退缩、遇到挫折不灰心的意志和情感体验，以及通过不断反思改进、多次迭代的行动研究最终解决问题的探究过程，都会激发学生创新创造的成就感和劳动欲望，使学生形成探索精神和创新精神，这些都是发展新质生产力的必备基础。

劳动教育的教学过程还要设置劳动设计环节，运用OBE理念，以劳动成果为导向引发学生形成批判性思维和创新思维。要让学生敢于大胆质疑，敢于求异和创新，引发发散性思维，从不同角度思考，从多方面寻求多样性答案，主动把创意变成现实。人类的劳动形态从原始社会的刀耕火种发展到现代的智能劳动，其中经历了无数的创造，劳动工具、劳动材料、劳动工艺推陈出新，推进了人类社会的发展，创造性劳动是劳动教育的精髓，要把创新意识、创新能力、创新素养培养贯穿到教学的全过程、全方位。创造性劳动强调劳动过程的创造性和劳动成果的创造性，体现了劳动的转化度、整合度、超越度、发现度[①]，劳动设计环节将劳动过程的创造和劳动成果的创造有效地联结在一起，目的在于鼓励学生增强求新求变的勇气和能力，小到日常生活劳动中家居小饰品的设计制作，大到职业劳动中创新创业项目的培育，鼓励学生在劳动中发现问题，创造性地解决问题，产生新想法，积累劳动经验产生新产品，激发创新的自信和斗志，激励学生去探索。在探究过程中，老师是协作者、引领者、启发者，与学生共同探究、合作劳动，指导学生查阅资料，与学生共同分析材料，提取有用信息，共同形成决策。学生与同学之间是分工协作者、合作探究者、利益相关者、成果的共同拥有者。当人适应了求新求变的思维后就会不甘于重复性劳动，能够保持长久的进取心，追求技术进步和技术革新，进而形成创新精神和良好的劳动习惯。

四、体现职业教育的差异性和职业性

在教育体系中，职业院校的劳动教育与义务教育阶段、普通教育的劳动教育存在显著的差异性。这种差异性主要源于职业院校的教育目标、学生特点以及职业导向的特殊性。首先，与中小学劳动教育相比，职业院校的劳动教育更加深入和专业化。中小学劳动教育通常以基础技能和知识的传授为主，目的是培养学生的基础劳动观念和动手能力。而职业院校则更加注重专业技能的培养，为学生未来进入职业劳动做好准备。其次，与普通教育的劳动教育相比，职业院校的劳动教育更加侧重于实践和应用，使学生适应职业的要求和环境。普通

---

①顾建平. 劳动教育要抓住灵魂科学实施[N]. 中国教育报, 2018-11-28(09).

教育学校会注重理论研究和方法论的教育，而职业院校则更加注重职业技能的训练和实践，强调与实际工作岗位的对接。因此，职业院校的劳动教育需要体现职业教育的差异性，既要和中小学段的劳动教育有衔接，也要区别于普通高校的劳动教育。教育部发布的《义务教育劳动课程标准（2022年版）》为中小学劳动教育提供了明确的指导，根据不同学段制定了学段目标，于2022年秋季学期开始执行。目前，针对职业院校、普通高校等学段的劳动教育课程标准还未颁布，对于职业院校的劳动教育，还需要结合行业标准和职业要求，制定更为具体和专业的课程标准。

职业院校承担着培养应用型技术技能人才的任务，劳动教育不是单纯的公共基础教育，而是与职业技能、职业道德和职业素养紧密结合的教育。劳动教育对职业教育可起到增值赋能的叠加效应，对学生的职业道德和职业素养，如团队合作精神、质量意识、安全意识等具有强化作用，劳动教育所培养的劳动素养将提升学生的职业竞争力和适应能力，对学生应对未来职业岗位和技术的更新换代以及各种不确定性起到重要作用。劳动教育教学模式设计可借鉴职业教育行动导向的教学模式，锚准培养应用型技术技能人才的定位，注重教育教学协同、家校协同、校企合作、社会联动以及区域资源协同等多方面的合作，提高教育的针对性和有效性。如利用校企合作为学生提供真实的劳动环境和实践机会，利用家、校、社联动为学生提供丰富的社会实践和志愿服务机会，与当地政府、行业协会等建立合作关系，共同开发具有地方特色的劳动教育教学模式。

五、利用教育创新引发劳动创新

教无定法，关键在于得法。劳动教育是职业院校新增设的教育教学领域，对教学模式的探索处于起步阶段，教育模式和教学方法的改革也是劳动教育创新性的一种体现。在快速发展的科技时代，劳动教育的内涵和外延也在不断变化，要求教育者具有前瞻性和创新性，在劳动教育中主动适应科学技术的新发展、新变化，不断创新教学模式、教学方法、教学手段，促进学生掌握新技术、新技能。现代信息技术的发展以及各种教学平台和数字资源库的使用，已经使线上线下混合式教学以及课前学、课中练、课后用的教学模式在职业院校得到了普遍应用，随着人工智能（AI）、虚拟现实（VR）、增强现实（AR）等技术的成熟，特别是以ChatGPT为代表的生成式人工智能的问世和迭代升级，数字化为教育赋能、人工智能辅助教学等新一轮教学改革，必将带来深层次的课堂革命。通过VR可以模拟“真实的”工作环境，人工智能将改变教师的角色和作用，引发新型的师生关系和教学生态，也将引发教学模式和学的学习范式的巨大改变，人工智能使对学生的思维方式、个性特点、所处环境特征分析得更精准，使为每个学生提供个性化、定制化的学习内容和方法成为可能，将衍生出多样的教学模式和学习范式，激发学生深层次的学习欲望。自2018年教育启动人工智能助推教师队伍建设行动试点以来，人工智能的教学工具价值得到了越来越多教师的认可，人工智能在教学中的应用推动了新型教学模式和方法的改革。如宁夏回族自治区银川市十五中学的教师课前利用人工智能向学生推送学习资源，课中借助教学平台给出的学情分析报告组织学生合作学习，课后借助智慧作业应用，精准定位学生的弱项，点对点满足个性化答疑需求①。

① 焦以璇.智能教育来临教师当未雨绸缪:“人工智能赋能教育”系列之三[N]. 中国教育报, 2024-03-03(04).

应对教育教学的新发展和新变革，教育者需要具备跨学科的思维方式和创新能力，关注学生的个体差异和需求，学会利用大数据、人工智能等技术对学生的学习情况进行智能分析，创新教学模式和方法手段，为学生提供个性化、定制化的学习体验，提高劳动教育的智能化水平、实用性和针对性。

当今社会已经步入数智时代，职业院校的劳动教育需要把握职业教育的类型特征和时代要求，打破传统劳动教育的局限，创新劳动教育模式，探索适应新时代需求的劳动教育方法和策略。首先，重视劳动教育双重价值导向。德国的劳动教育重视学生工匠精神与劳动素养的养成，将其贯穿于学生成长的全过程，成为全面提升学生素质教育的重要组成部分。特别是受德国“工业4.0”战略的影响，确立了劳动教育要体现“育人”与“推动经济”发展的双重价值导向[①]。采用“劳动—学习—服务”的教育教学模式，将学习、劳动和社区服务活动结合在一起，为学生提供全面的体验，实现生产劳动、专业学习、职业探索和个人发展相结合[②]。借鉴德国劳动教育的成功经验，职业院校的劳动教育需要激活劳动教育的双重价值，促进学生形成高素质、高技能。其次，以劳动素养为核心价值追求，开发“跨界融合”的劳动项目。《义务教育劳动课程标准（2022年版）》提出了义务教育阶段学生应具备的劳动素养，可以借鉴义务教育劳动课程标准，研究职业院校学生的劳动素养培养标准，创建劳动情境，开发劳动项目，制订校本劳动教育规划和劳动清单，将劳动素养贯穿于课程实施的全过程，开发跨学科劳动教育课程，如“科技农业”“环保手工”“未来家居设计”等，将科学、技术、工程、艺术和数学（STEAM）融入劳动教育中。再次，发挥产教融合优势，打造劳动教育学习和实践基地。如德国应用型大学利用“双元制”的人才培育特色优势，在校外建立了大批卓有成效的理实一体化劳动教育学习基地。学生在学校学习系统的专业理论课程后，按教学计划大部分时间都在德国的相关企业、公司进行专业实践劳动，定期将学校的专业学习和真实的劳动环境融合起来，帮助学生从学校学习有计划地过渡到社会生产劳动中[③]。这种教学模式对学生更好地适应未来的职业发展和社会需求，起到了重要作用。最后，关注职普融通，促进劳动者的可持续发展。德国推出了各种普职融通的劳动课程学习项目，比如校园产品计划、生涯学校、志愿工作的一周、工业产品制作等项目。通过由简单到复杂、由综合到专项、由一般到专门的课程体系，有意识地在劳动课程中渗透与信息技术和智能生产有关知识，使中学生广泛了解未来劳动力市场的新要求，以及工业4.0背景下生产与销售的新模式，以应对数字化、信息化时代的劳动与生活，利用人工智能、虚拟现实等信息技术手段提升劳动教育的趣味性和互动性。通过模拟真实的劳动场景，让学生在模拟环境中进行实践操作，提高技能水平[④]。中国共产党第二十次全国代表大会工作报告把教育、科技、人才进行“三位一体”的统筹安排和一体化部署，目的是通过深层次改革推进教育高质量发展，职普融通、产教融合、科教融汇的深入推进，将为拔尖创新人才的有组织培养提供强大支持，各教育领域的教育教学改革势在必行。

---

①王靖.德国“工业4.0”背景下高校劳动教育的演进及启示[J] .北京教育学院学报, 2021(6): 62-64.

②詹青龙, 李银玲. 美国工作型文理学院劳动教育的模式与实施: 以伯利亚学院为例[J]. 中国职业技术教育, 2021(21): 59-64.

③王靖.德国“工业4.0”背景下高校劳动教育的演进及启示[J]. 北京教育学院学报, 2021(6): 62-64.

④任平, 贺阳. 从“劳作学校”到“普职融合”: 德国劳动教育课程建设的价值嬗变、特征与启示[J]. 全球教育展望, 2020(10): 114-128.

第二节 劳动教育的项目式教学模式

项目式学习（project based learning，PBL）源自德国行动学习理论，由杜威学生克伯屈（W. H. Kilpatrick）的“设计教学法”演变而来，强调在教学过程中学习的主体是学生，教师是传授知识、答疑解惑的引导者，以项目的设计、实施、评价过程串联知识技能并展开教学活动，是基于行动视角进行教学过程设计的一种方法。学者一般将“项目式学习”进行三种界定：一是认为项目式学习是一种学习方式；二是把项目式学习视为教学模式；三是认为项目式学习是课程设计的方式和更综合化的教育实践形态①。项目式学习是一种建构性的教与学方式，教师将学习任务项目化，指导学生基于真实情境而提出问题，并利用相关知识与信息资料开展研究、设计和实践操作，最终解决问题并展示和分享项目成果。在这个界定中，“项目”指的就是从问题提出到设计制作、最终到展示成果的完整活动，“项目”由此成为学习的载体。因此通常来说，PBL对学生而言是项目式学习，对劳动教育的设计主体——教师而言则是项目式教学。

项目式教学一般由内容、行动、情境和结果四大要素构成。在内容方面，项目是在限定的时间、限定的资源条件下制定出来的明确方向和可测量目标，来源于现实生活和真实情境中表现出来的各种问题，如校园环创设计、科普宣讲服务等；在行动方面，学生是学习的主体，在教师的指导下进行探究性活动，利用相关的资源、整合相关信息以解决项目中的问题；在情境方面，教师为学生打造真实工作场景，构建基于工作过程的任务情境，提供完成项目学习的教学资源，使学习者根据教学的要求和任务，主动探究以解决问题；在结果方面，项目教学法的根本目的在于激发学生的学习自主性，让学生在主动参与的过程中提升学习的能力，为职业发展奠定基础②。基于项目式教学的四大要素，项目式教学的实施包括教学内容的项目化、教学过程的项目化、教学环境的情境化，并且关注结果，即问题的解决、成果的产出、学生素质的综合提升等。

一、基于典型劳动开发劳动项目

项目式教学的前提是教学内容以项目的形式组织并呈现，劳动教育的项目式教学首先需要基于日常生活劳动、职业劳动、志愿服务劳动三大类劳动构建项目化、模块化教学内容，由三大类劳动细化的“劳动领域”构建学习情境，从“劳动领域”中提取典型劳动构建可教、可学、可测的劳动项目，劳动教育的课程结构由一个个体现完整劳动过程的，经过改造的“学习情境+劳动项目”组成，完成劳动所需要的知识和技能蕴含在劳动过程之中，按照工作的逻辑对学科知识技能进行了重构。用于教学的劳动项目依据劳动领域的典型劳动开发而成，由若干劳动任务组成，用有教育意义的、具有一定挑战性的劳动任务驱动劳动过程，劳动过程嵌于教学过程之一，作为教学过程的主要组成部分，保证劳动任务、劳动过

①杨明全. 核心素养时代的项目式学习: 内涵重塑与价值重建[J]. 课程 • 教材 • 教法, 2021, 41(2): 57-63.

②杜梦. 职业院校开展项目化教学的实施路径探究[J]. 职业技术教育, 2022(5): 24-28.

程、劳动成果是真实的。在劳动过程中，老师与学生是协作者，共同完成劳动任务，老师是引领者、启发者，与学生共同探究、合作劳动，指导学生查阅资料，与学生共同分析材料，提取有用信息，共同形成决策。

劳动项目中要包含充足的概念性知识、陈述性知识、程序性知识，以及劳动实践需要的操作技能、策略方法、情感态度、品质习惯等。教育部职业技术教育中心研究所副所长曾天山认为，新时代的劳动，要回到全面的、本原的劳动观上，把劳动看成包括人类创造世界、改造世界的一切实践活动，是劳动、工作、做事、干事、“奋斗”的统称，不能只把体力劳动、简单劳动或物质生产劳动看成劳动，而要把脑力劳动与体力劳动、群体劳动与个体劳动、有偿劳动与公益劳动、简单劳动与复杂劳动、创造性劳动与重复性劳动、物质生产劳动与非物质生产劳动、实体劳动与虚拟劳动、生产性劳动与科技劳动、管理劳动、艺术性劳动、服务性劳动等都看成劳动。开发劳动项目可围绕劳动领域分类设置真实情境和核心问题。例如，在“工艺劳动”领域中，可以选择剪纸、泥塑、布艺、编织、非遗手工艺品等典型劳动，了解其文化、制作的技能和方法等内容，通过某一典型劳动透视整个“工艺劳动”领域的发展。在具体的劳动项目中，可以将劳动内容、劳动成果具体化，为劳动项目制定适宜的主题。例如，本研究开发的“地方剪纸有传承”为主题的劳动项目在2021年推出冬奥元素的剪纸系列，受到学生欢迎。遵循项目教学法的内容、行动、情境和结果四大要素，学生在任务驱动下进行剪纸项目的合作劳动，项目由剪纸的任务内容引发，创建为什么要剪纸这一核心问题和剪纸艺术的由来、价值、种类、剪刀刻刀的使用等一连串子问题，引导学生了解项目的意义和目的，掌握地方传统文化蔚县剪纸的技法，并创设了冬奥的情境，用自己的劳动项目成果装扮教室，为冬奥加油。而针对“生产型劳动”实践项目，突出“专业导向”，根据实践基地、合作企业提供的专业劳动学习环境和专业劳动实践条件，制作项目菜单，避免了学生项目选择的盲目性，确保了劳动项目的质量。

项目式教学本质上是一种教与学的方式，但在学习过程中，需要教师重新整合相关的知识和其他教学内容，开发出具有特定教育功能的学习任务，形成需要学生完成的“项目”。因此，项目式教学的设计过程也是一个相对独立的课程单元或模块开发的过程。为提高项目教学的效率，劳动项目的设计要科学。基于真实情景设置，使学生自觉地将知识技能的学习与真实世界的问题解决联系起来，体会学习的乐趣；要能实现教学的既定目标，与教学内容有效衔接要与人才培养需求相匹配，有利于开展团队合作；要和职业需求对接，使学生获得面向未来职业的综合实践能力；要具有开放性、真实性、复杂性和不确定性，培养合作、奋斗、创新精神。

在劳动项目中，学生首先要明确劳动项目的任务是什么，要解决什么具体问题，达成什么效果，制作完成什么作品。这里值得注意的是，不同年级、不同专业学生在不同主题下劳动实践内容是不同的，有难度区别和梯度层级。如“工业劳动”教学中，不同专业需要有不同的项目设计，如运动训练（冰雪运动）专业学生到冰雪装备研发、制造、检测、仓储为一体的冰雪装备产业基地进行职业体验，了解最新的行业“智”造产品对职业的引领和推动，并通过生产一线的跟岗，更加了解冰雪装备的性能，增强职业素养；建筑工程技术专业的学生可直接深入建筑工地，在测量员、施工员、造价员、CAD制图员、安全员、资料员等岗位上跟岗实践，实现与职业场景的无缝对接。宣化科技职业学院开发的劳动项目主题见表6-1。

表 6-1 宣化科技职业学院劳动项目主题一览表（部分）

教学模块	学习情境	具体教学内容	劳动项目主题（举例）
日常生活劳动教育	饮食制作	饮食文化、营养搭配	一日饮食我搭配；特殊人群营养餐
	洗涤收纳	清洁保养、搭配收纳	各类衣物巧收纳；合体适宜善搭配
	居室美化	美化环境、宜居宜业	巧手装扮文明寝；校园环创我动手
职业劳动教育	农业劳动	种植养殖、现代农业	宣化牛奶葡萄甜；数字大棚数据忙
	工艺劳动	传统工艺、美化生活	地方剪纸有传承；非遗文化布老虎
	工业劳动	职业体验、岗位实习	工匠劳模面对面；跟岗实习我参与
	智能劳动	前沿技术、最新标准	人工智能进生活；更新迭代新能源
志愿服务劳动教育	公共服务	公共服务、协同劳动	节能减排纠察员；办公设备运维岗
	公益劳动	志愿服务、公益劳动	我为社区办实事；爱心互助勇献血
	志愿服务	社会服务、奉献社会	青春建功新农村；科教下乡建新功

二、基于劳动流程重构教学过程

项目式教学可有效规避理论教学与实践教学分立或机械拼接造成的弊端，是按照“在哪里用就在哪里教，就在哪里学”理念进行的教学设计，对学生形成综合职业能力具有显著效果。项目教学法是当前职业教育中通用的教学模式，一般包括资讯、计划、决策、实施、检查、评估六个步骤，是用工作的过程改造学习的过程，使学习过程与应用过程一致的教学设计。“知识和技能本是不可分割的一个行动的两个方面。当我们知道完成某个操作的方法时，它便表现为知识；当我们实际进行操作时，它便表现为技能。”①理论内容和实践内容必须以某种内在逻辑联系在一起，否则即使将知识碎片化分解到实践中，理论与实践仍然是“两张皮”。项目教学的优势在于可以知识、技能、素质教育的内容碎片化，用项目实施的过程为主线串联起来，学生做到哪学到哪，即学即用，知行合一。学习过程与应用过程的统一使学生在学习之初即建立了知识技能与应用的联系，建立了工作思维和应用逻辑，去除了理论知识到实践应用的转化环节，建立了理论与实践之间的逻辑关系，学生的认知结构由原来的学科逻辑转化为工作逻辑，彻底解决了理论与实践脱节的弊端。

需要指出的是，教学过程的设计至关重要，要综合考虑劳动和教育的全要素，切实落实劳动教育目标。劳动教育本身也是世界观和方法论的教育，劳动观念、劳动精神教育是世界观教育，劳动能力和劳动品质习惯教育是方法论教育，世界观指导方法论，方法论贯穿世界观，劳动观念、劳动精神、劳动能力、劳动品质习惯等不能独立培养，也不能脱离劳动本身而培养，劳动素养教育的内容存在于劳动场景和劳动过程，劳动素养随劳动过程而生成，经过不断的重复、强化、提升，实现知、情、意、行统一，最终固化附着于劳动者而存在，形成劳动者稳定的个性特征。

例如，日常生活劳动项目开发时，可针对职业院校学生宿舍卫生管理这一老大难问

① 徐国庆. 职业教育课程论[M]. 上海: 华东师范大学出版社, 2015.

题，基于卫生清洁劳动项目开发为一个宿舍卫生清洁教学项目。在资讯阶段，要对学生进行马克思主义劳动观教育，结合“一屋不扫何以扫天下”的道理，让学生深刻理解卫生清洁劳动的重要意义，形成正确的劳动观念和积极的劳动态度，建立自觉自愿参加劳动、用劳动创造美好生活的劳动观念；在计划阶段，要让学生自主制定宿舍文明公约和文明宿舍创建方案，提高学生劳动自主性和创新劳动观念；在实施阶段和检查阶段，学生在教师指导下学习劳动本体性知识、劳动安全和劳动标准以及劳动技能，师生共同完成劳动任务，将规范劳动、诚实劳动观念贯穿到卫生清洁知识、技能的学习和应用中，提升劳动能力的同时培养学生辛勤劳动、规范劳动、诚实劳动、精益求精的劳动品质；在评估阶段，通过劳动成果展示评价、交流研讨等，学生展示分享劳动成果和劳动体验，感受劳动带来的快乐，感悟劳动精神、工匠精神、创新精神等，形成珍惜劳动成果的态度情感；课后要设计教学延伸环节，将教学与教育管理手段结合起来，通过日常卫生检查评比等方式，督促学生将劳动知识技能生活化，形成文明卫生习惯，使劳动教育来源于生活、服务于生活。

三、基于劳动环境构建学习情境

项目式教学的实施还要将学习环境进行情境化改造，使项目存在于一个个学习情境之中。情境学习（situated learning）是由美国加利福尼亚大学伯克利分校的让·莱夫（Jean Lave）教授和独立研究者爱丁纳·温格（Etienne Wenger）于1990年前后提出的一种学习方式。情境学习理论认为，知识的学习是在学习者与学习情境的互动、学习者与学习者的互动过程中生成的。针对学生在学校的课堂上封闭式学习所带来的弊端，情境学习理论提出者倡导教师要为学习者创建具有学习背景、景象和学习活动条件的学习环境，将学习者的身份和角色意识、完整的生活经验，以及认知性任务进行融合。创建的学习情境既包括场所环境、物质条件等客观因素，也包括师生关系、生生关系等主观因素，既包括物质环境和人文环境所构成的空间要素，也包括项目所承载的工作流程、工作时间等时间要素。要尽可能再现知识、技能的应用情境，学生学习的知识、技能将实际应用到什么场景，就让学生在什么样的情境中完成学习过程，学习的过程即是应用的过程，做到“在哪里用就在哪里学”。

借鉴情境学习理论，职业院校的劳动教育可以为学生构建学用结合的学习情境，每个学习情境包含一个由典型劳动改造而来的、完整的劳动项目，项目中的劳动任务来源于该劳动领域典型劳动任务的整合提取，教学过程基于劳动流程序化，布置和接受劳动任务是教学的起点，师生共同完成劳动任务是教学的主线，完成劳动任务的过程既是教师教、学生学的过程，也是师生共同劳动的过程，有效地引导教师的教、学生的学。

学习情境的建构还要考虑教学组织和师生、生生互动，劳动教育的项目式教学是劳动实践教育形态的创新，打破了原有教师教学生学、教师讲学生听、教师演示学生观摩的组织方式，教师和学生是劳动任务的共同设计者、共同实施者、共同评价者。项目式教学是一种新型的学习组织方式，以项目为载体设计教师的教和学生的学，以师生共同完成项目为师生互动、生生互动的主要形式，主要包括自主体验式、分配任务式、指导操作式的场域教学形态，教学环境需要在校园的劳动教育基地、实践教学基地、双创基地、企业工场等具备实践教学条件的环境进行。其组织机制是分组教学与设计教学。劳动教育项目式教学建立在分组合作的教学组织基础上。分组教学涉及专业分组、能力分组、兴趣分组等形式，且以专业分组以及专业内部的能力分组、任务分组更为有效。正如前文所述，劳动教育要与专业教育相融合，专业分组目的就在于此，操作上是根据学生不同的专业背景分为若干组，选择与专业相匹配的劳动任务，如直播电商专业的学生可以设计产品电商直播的劳动项目，按照真实工作流程，设计选择产品、设计包装、挖掘产品背后的文化故事、分析受众、撰写文案、实施直播等劳动任务，学生在劳动过程中深刻理解专业劳动的特征及对劳动者综合劳动素质的具体要求，提高自身劳动素养、产品设计开发能力、资源重组能力、沟通合作能力等。能力分组是在专业分组的基础上，尊重、遵循学生能力的类型及差异，按照劳动细分的原则为学生分配具体的劳动任务，让学生接受真实的社会生产方式。兴趣分组是根据学生的特点与意愿，满足学生的兴趣与爱好的教学组织形态。设计教学体现在对劳动任务的安排上，主要由学生设计或主导具体的劳动任务，教师根据任务提出具有建设性的意见，指导学生顺利达成劳动教育目标。在组织原则上，劳动教育应改变以往人们对于“静”课堂的定义，让课堂“活”起来，注重利用学生已有经验意义建构知识，体验艰辛与喜悦，提升对社会、自然、创造的深刻认知。

项目式教学之所以在职业院校的应用型人才培养中大受欢迎，有其重要特质：因其特殊的工作型结构，每一个项目下的子任务都有明确的教学目标，为解决某一问题而设计，使学生能够通过项目实践掌握相关的知识和技能；注重学生的参与和合作，教师需要引导学生积极参与项目的讨论和实施，鼓励他们提出自己的意见和建议，并与其他同学进行合作，这样可以培养学生的团队协作精神和沟通能力，学生是主体；教师要及时反馈和指导，帮助他们解决遇到的问题和困难。同时，教师还需要关注学生的进度和表现，及时调整教学策略，确保学生能够顺利完成项目任务，教师角色从“传授者”变为“引导者、协同者、支持者”。

四、项目式教学的实施

结果是项目式教学的四大要素之一，是项目区别于任务的显著特征，现实生活中的劳动服务项目会呈现显性的劳动产出，或者获得经济效益、社会效益，或者产出物质、精神财富。劳动教育的项目式教学需要特别关注结果，项目的实施不是为了学习而学习，而是以真实的劳动成果创设真实的劳动情境，引导教师的教、学生的学，通过劳动成果的设计、劳动流程的优化着重培养学生的创新精神和创造能力，通过劳动成果的产出让学生体验劳动的艰辛与收获和快乐，最终获得预期的教学结果。劳动教育的项目式教学需要特别强调成果导向，以劳动成果的设计、生产、获得为主线串联教学过程，将劳动观念、劳动能力、劳动精神、劳动品质和习惯融入其中，通过项目教学使学生实现劳动素养的综合提升。总之，项目式教学是一种以成果为导向，以项目为载体，以典型职业工作任务为核心，以教师为引导、学生为主体的新型教学模式，重视激发学生的主观能动性，倡导团结协作，通过学生自主探究，做中学、做中想、做中悟，将理论知识内化为实践经验，提升学生解决问题能力以及创新能力，有助于实现从“讲授”（instruction）到“建构”（construction）的转变，通过解决问题、完成真实任务和动手实践等，为学生的深度学习奠定基础。

本书借鉴德国工作过程系统化学习领域课程开发方法，运用成果导向的OBE教育理念，论述“一中心、双轨道、三阶段、五课程、六环节”劳动教育项目式教学模式。

一中心：以高水平劳动素养为中心，坚持劳动素养的全面性，劳动观念、劳动能力、劳动精神、劳动品质整合到一个劳动项目中，通过项目教学同步提升；坚持劳动素养培养的前瞻性，劳动项目设计对接各劳动领域中的新方法、新技术、新应用，来源于真实劳动，但适度超前于真实劳动，使劳动教育对学生劳动素养的持续发展具有引领性。

双轨道：在劳动项目中设计知识技能显性素养培育和劳动观念、劳动精神、劳动品质和习惯等隐性素养培育的两条主线，坚持内在素养与外在能力培育双轨并行，思想品质与劳动能力同步提升。

三阶段：延伸课堂教学的时间和空间，课前、课中、课后三阶段贯通式、一体化设计，有效引导学生的自主化学习、合作式探究。

五课堂：建设“学校课堂、空中课堂、家庭课堂、社区课堂、企业课堂”五个课堂，根据劳动教育五大模块教学内容的需要，利用学校、家庭、社区、企业的真实劳动环境，以及空中课堂提供的丰富数字学习资源，进行线上线下混合式教学。

六环节：以劳动成果为导向，以一个完整的劳动项目牵引教学，设计劳动认知、劳动设计、劳动实施、劳动展示、劳动评价、劳动延伸六个教学环节。以劳动任务为起点、劳动过程为主线，用劳动流程序化知识技能，采用任务驱动、案例教学、现场教学等行动导向的教学方法，让学生在真情境、真任务中真劳动、真体验、真提升。每一个劳动项目都是一个真实、完整的劳动任务，既是教师教、学生学的过程，也是师生共同开展劳动实践的过程，有效地引导教师的教、学生的学，劳动观念、劳动能力、劳动素质三维教学目标的培养贯穿其中。

例如，食品营养与制作模块教学基于设计制作食品劳动项目分解为六个教学环节：劳动认知环节，学生课前学习教师发放的学习资料，观看教师录制的微课和示范操作视频，在认知层面完成劳动知识积累，达到明辨是非、树立正确的劳动观念的目的；劳动设计环节，学生自主设计食品的种类和样式，体现劳动的创造性，培养创新劳动劳动的品质和创新思维，形成劳动期待，在情感层面建立自觉自愿参加劳动、用劳动创造美好生活的劳动观念；劳动实施环节，学生在教师指导下完成食品制作、整洁台面、维护炊具安全等任务，从技能层面熟练操作技能，提升劳动能力，在品质层面培养诚实劳动、安全劳动、规范劳动的品质，在习惯层面培养干净整洁有序、珍惜生产资料、统筹利用时间、珍惜劳动成果等良好习惯；劳动展示和劳动评价环节，在劳动成果的展示、劳动经验的交流、劳动评价中获得劳动的快乐，感悟劳动精神，实现劳动知识、技能、情感的提升，对劳动成果提出优化方案，对劳动进行反思提升；劳动拓展环节，将劳动教育进行生活化延伸，让学生完成生活中的劳动任务，将所学知识技能生活化，实现知、情、意、行统一，进一步巩固劳动教育成果，升华劳动情感和劳动精神，使劳动教育来源于生活、服务于生活。其中，特别通过“一课一榜样”、安全操作小常识、劳动习惯小贴士等方法，加强劳动精神、劳动品质、劳动习惯等隐性素养的培养，促进学生综合劳动素养的一体化提升。本书介绍劳动教育项目式教学模式实施案例如下：

劳动教育项目式教学模式实施案例

教学设计单

劳动项目	烘焙甜品	学时建议：2学时
学习目标	劳动观念	（1）认识家务劳动的意义，树立自觉自愿做家务的积极态度。 （2）形成“家务共同分担、饮食要安全营养、用劳动创造美好生活”等正确的劳动观
	劳动能力	（1）能够安全使用家用厨房灶具、锅具及电器。 （2）能够正确清洗和处理各类食材。 （3）能够完成甜品的加工过程。 （4）能够清洁厨房并处理垃圾。 （5）形成真实的、综合的劳动能力
	劳动素质	（1）树立环保和健康意识，养成健康的饮食习惯、随手清洁的卫生习惯以及和规范操作的劳动习惯。 （2）培养诚实劳动、团结协作、安全劳动、规范劳动的劳动品质。 （3）弘扬勤俭节约的劳动精神
学习内容	（1）家常灶具、锅具、厨房小电器及使用方法。 （2）各类食材及清洗及处理方法。 （3）甜品的制作方法和流程	
学习环境	总体环境：家庭厨房或学校实训室。 工具准备：灶具、锅具、刀具等厨房必备设备。 材料准备：食材、调味品	
方式方法组织形式	（1）教学方法：案例教学法、演示教学法、任务驱动法、小组教学法。 （2）组织形式：4~6人一组，小组合作完成劳动任务	
学习要求	（1）注意厨房用火、用电、用气安全。 （2）能够鉴别各种食材卫生状况，保证食材的新鲜和健康。 （3）养成及时清洗的劳动习惯和卫生习惯，维护厨房或实训室的干净整洁	

劳动认知　更新观念、端正态度

引导问题1：为什么要学会做家务劳动？

引导问题2：当今社会为什么还要弘扬勤俭节约精神？

家务劳动是服务家庭成员日常生活产生的劳动，具有重复烦琐、随时随地产生、无报酬等特点，包括洗衣做饭、清洁卫生、照看孩子、购买日用品、照顾老人或病人、家居美化、倾倒垃圾等。很多同学日常过着“衣来伸手、饭来张口”的生活，是建立在父母及家人辛勤劳动和无私奉献的基础上，父母担负着工作和家庭双重责任，父母也会衰老、生病，自觉参与家务劳动，减轻父母的生活压力，是每个家庭成员在日常家庭生活中应尽的义务。

家务劳动是自我服务性劳动，个人生活事务自理，不推诿、依赖他人，是每个人基本的生存技能；家务劳动也是营造温馨家庭生活的一种方式，一家人一起做饭、一起打扫卫生，既保持了整洁舒适的家庭环境，又增进了家人的交流和感情，营造了其乐融融的家庭生活；家务劳动还是培养人思想品德的一种途径，“一屋不扫何以扫天下?”家务劳动可以让人变得肢体勤劳、思维敏捷，增强自立自强意识，养成良好的饮食习惯和卫生习惯，传承中华民族勤劳节俭、仁爱孝悌的优秀传统美德，成长为一名有责任、有担当的时代新人；家务劳动还蕴藏着无穷的创造功能，一餐精心烹饪的美食、一束精心设计的插花作品、一件富有创意的家庭手工作品，都会激发人美好的情感和积极的生活态度，让人感受到劳动的巨大创造力，激发人的创新创造意识和能力，建立用劳动创造美好生活的精神追求。

同学们千万不要小看家务劳动，如何将食物烹饪得美味又营养健康？如何洗涤保养各种面料的衣物？如何有效利用各种空间将物品收纳得整齐又易于管理？……家务劳动中蕴含着丰富的知识和技巧，大家做家务时既要动手动脚还要动脑，用自己的聪明才智和辛勤劳动，让家庭生活更美好。同学们更要弘扬中华民族勤俭节约的优秀传统美德，珍惜劳动成果，“一粥一饭，当思来之不易；半丝半缕，恒念物力维艰。”，每一粒粮食都是农民用辛勤的汗水换来的，每一件衣物都凝结着制作者的辛勤劳动。美好生活来之不易，要懂得珍惜他人的劳动成果，从身边的点滴做起，热爱劳动，尊重劳动、尊重劳动者！

成长从家务劳动开始，同学们，让我们行动起来吧！

一课一榜样：新中国感动中国人物——白芳礼

一位普通的职业，先后捐款35万元，资助了300多个孩子上学，但自己生活俭朴，每天的午饭总是两个馒头一碗白开水。他就是新中国感动中国人物——白芳礼。

白芳礼（1913—2005），男，汉族，河北省沧州市人。生前是天津市河北运输场退休职工。1987年，已经74岁的他决定靠自己蹬三轮车的收入帮助贫困的孩子实现上学的梦想。为了梦想，他曾在夏季烈日的炙烤下，从三轮车上昏倒过去。为了在车站前拉活方便，他搭了个3 m^2的小铁皮棚子，在里面住了5年。按每公里收0.5元计算，老人相当于蹬着三轮车绕地球赤道18圈。为了帮助更多的学生，81岁高龄的白芳礼卖掉了自己的两间老屋，又贷款成立“白芳礼支教公司”，盈利全部捐给了贫困的孩子。为了让贫困的孩子能安心上学，白芳礼老人几乎是在用超过极限的生命努力支撑着。他的默默奉献精神，感动了广大干部群众，得到社会各界的广泛认同。2005年，他被中央文明办等部门授予全国关心下一代先进工作者，被全国总工会等部门授予全国职业守法先进个人等荣誉称号。

劳动设计 成果导向、创新劳动

劳动创造美好生活！我们将以烘焙甜品为例，引导同学们掌握家务劳动技能。烹饪的过程是一个美妙的创新过程，将各种食材巧妙搭配，运用多样的制作方法和技巧，每一份成品融合了制作者的智慧、汗水和个性化经验，形状、味道各不相同。下面，就请同学们设计自己的作品吧！

劳动任务单

<table>
<tr><td>劳动项目</td><td>烘焙甜品</td><td>教学案例</td><td>曲奇饼干</td></tr>
<tr><td colspan="3">案例作品介绍：混酥类饼干是以混酥类面团为基础面团，配以各种辅料、馅料，通过成形的变化、烘烤温度的控制、不同装饰材料的选择等，制成甜、咸口味的点心，其面坯无层次，产品具有酥松脆等特点。代表性品种有麦片饼干、乳酪饼干、杏仁饼干、巧克力曲奇等</td><td></td></tr>
<tr><td>劳动工具</td><td colspan="3">烤箱、打蛋盆、打蛋器、硅胶铲、量杯、电子秤</td></tr>
<tr><td>食材准备</td><td colspan="3">面粉、白砂糖、奶油、鸡蛋、酥油</td></tr>
<tr><td colspan="4">曲奇饼干参考配方
<table>
<tr><td>原料名称</td><td>质量/g</td><td>原料名称</td><td>质量/g</td></tr>
<tr><td>低筋面粉</td><td>150</td><td>酥油</td><td>100</td></tr>
<tr><td>白砂糖</td><td>45</td><td>蛋液</td><td>30</td></tr>
<tr><td>淡奶油</td><td>20</td><td></td><td></td></tr>
</table></td></tr>
<tr><td colspan="4">除了跟随教师完成案例作品外，自己设计一款甜品吧（同学们可以上网搜索，或请教老师、家长）</td></tr>
</table>

劳动实施 提升能力、培育品质

操作步骤1：认识工具

劳动工具清单

序号	物品名称	功能及注意事项
1	打蛋盆	用来盛放蛋液的容器
2	电子打蛋器	用于将蛋打散
3	硅胶铲	用来搅拌蛋液和面糊，不容易粘且易清洁
4	量杯	盛装或称量食材
5	电子秤	称量食材，选择度量单位g，将其归零，要记得去皮
6	纸托	盛放搅拌好的面糊，八分满即可
7	烤箱	能够调节上下火温度、时间

操作步骤2：认识食材

食材清单

序号	物品名称	功能及注意事项
1	低筋面粉	低筋粉不易产生筋力，使得产品酥松。如果面团筋力太高，烘烤时会出现收缩现象，导致品质感硬、口感差。使用前面粉必须过筛，如果需要放入食品膨松剂，则一起过筛
2	细砂糖或糖粉	糖粉或细砂糖容易溶化。如果糖的晶体粒太粗，在搅拌中不易溶化，造成面团擀制困难，产品成熟后表面会呈现一些斑点，影响面团的美观和酥松性
3	鸡蛋	要提前半小时或一小时从冰箱取出，恢复室温的鸡蛋跟黄油等材料混合时会比较容易被均匀和充分吸收
4	油脂	应选用熔点较高、可塑性强的油脂，如黄油。熔点较高的油脂不易软化，操作易成形；熔点低的油脂会软化，擀制时出油、发黏，可塑性差，产品制作时易散落，成品形状不完整。油脂比例一般占面粉的50%～60%
5	牛奶、果汁	可替代或部分替代配方中的水。牛奶与果汁不可同时使用，否则牛奶和酸性果汁会发生化学反应，导致凝结
6	黄油	黄油通常放置在冰箱中存放，质地比较硬，需提前半小时或一小时将其取出，恢复室温变得比较软一点再操作
7	奶油奶酪	需要提前从冰箱取出，室温放置半小时或一小时

操作步骤3：打发蛋液

称出250 g鸡蛋（6颗左右）打入盆中，用勺子取白砂糖，倒入量杯中，用电子秤称量100 g倒入蛋液中。使用电子打蛋器将其打发，打发至蛋液发白并是原来体积的3~4倍。

 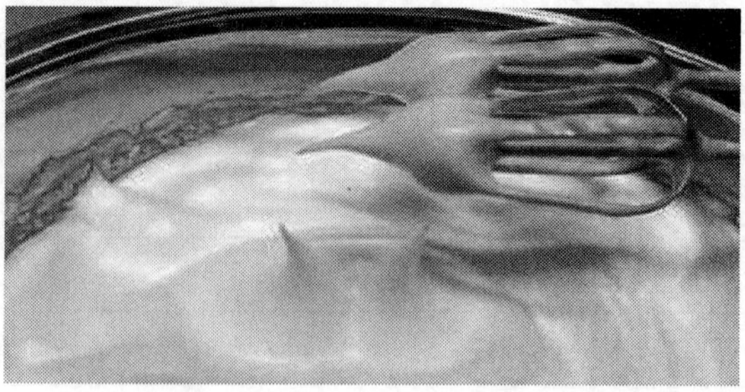

劳动安全：手不可以触碰搅拌头，注意用电安全。

课程思政：打发过程要细致耐心，诚实劳动，否则影响成品效果；小组要加强合作，可换同学轮流打发。

操作步骤4：打发黄油

把黄油用电动打蛋器低速打至顺滑状态，加入白砂糖和糖粉。继续打至发白蓬松状态，然后分两次加入全蛋液。每一次加入蛋液后，都要用打蛋器把蛋液和黄油打至融合状态，再加入下一次的蛋液。

操作步骤5：搅拌面粉

用勺子取出面粉，倒入量杯中并用电子秤称量110 g，将面粉筛入蛋液中。用铲子将蛋液搅拌均匀（像炒菜一样翻拌）。

劳动习惯：搅拌时要耐心，避免食材的浪费。

操作步骤6：调制蛋糊

将牛奶倒入量杯中，并用电子秤称量35 g倒入蛋液中继续搅拌。将玉米油倒入量杯中并用电子秤称量35 g，倒入蛋液中继续搅拌均匀。

操作步骤7：成形

把面糊装入安有八齿裱花嘴的裱花袋中，在烤盘中顺时针挤出曲奇花纹。裱挤饼干面糊时，用力要均匀，使制品大小相同、厚薄一致；动作要一气呵成，保持制品形态端正。

操作步骤8：烘烤成熟

烤箱170 ℃预热，放入中层上下火烤25 min左右，烤至曲奇表面呈金黄色即可出炉。

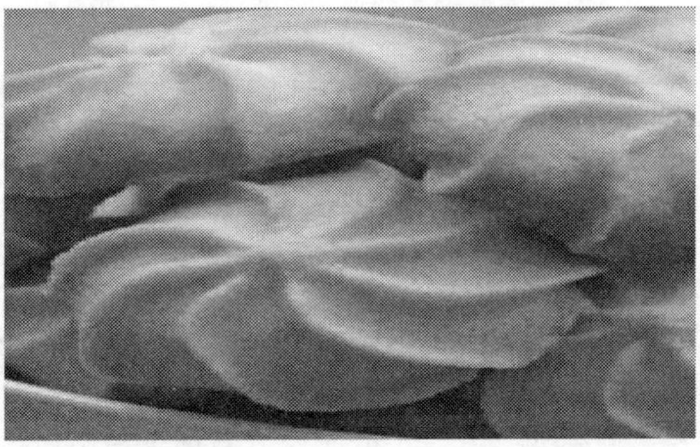

劳动安全：放入烤箱时切记佩戴隔热手套。

操作步骤9：清洗用具

要养成用具随时清洗的习惯，用过的面盆、面板、模具等清洗后收纳到固定位置。

劳动展示　夯实能力、创造价值

同学们期待已久的蛋糕终于出炉了，请家长或教师、同学品尝，告诉大家你做的甜品最想分享给谁。通过制作甜品你如何看待劳动？有什么感想？

劳动报告单

<table>
<tr><td>姓名</td><td></td><td>学校</td><td></td><td>班级</td><td></td></tr>
<tr><td>遇到的问题及解决的办法</td><td colspan="5"></td></tr>
<tr><td>劳动体验与感悟</td><td colspan="5"></td></tr>
<tr><td>最喜欢的环节</td><td colspan="5"></td></tr>
</table>

劳动评价 善于反思、领悟精神

反思是人提高的有效方法，劳动过程中获得哪些经验？有什么不足？今后如何改进？对这些问题的思考可以帮助我们追求高质量的劳动和高品质的生活。请同学们通过自评、互评、教师或家长评相结合的方式，帮助自己反思，领悟劳动的意义和价值。

劳动成绩单

学生姓名：　　　　　　　　学校：　　　　　　　　班级：

<table>
<tr><td>类别</td><td colspan="2">标准</td><td>等级（优、良、中、差）</td></tr>
<tr><td>劳动素养</td><td colspan="2">（1）劳动态度积极认真，自理能力强，主动为家人、同学服务；
（2）具有环保、卫生、健康的劳动观念；
（3）养成及时、整洁、合理安排时间的良好劳动习惯；
（4）具有安全意识，操作规范，爱护劳动用具</td><td></td></tr>
<tr><td rowspan="3">劳动成果</td><td>形色</td><td>（1）食材颜色搭配美观，食材处理形状适宜；
（2）外形完整，视觉舒适</td><td></td></tr>
<tr><td>味道</td><td>（1）烹饪加工适宜，不存在夹生、过软、过硬情况；
（2）调味料使用适度，咸度、酸度、甜度、辣度适中；
（3）注意品味调配，口味适宜</td><td></td></tr>
<tr><td>营养</td><td>（1）食材新鲜卫生，处理干净；
（2）注意食材营养搭配，符合人体健康需求</td><td></td></tr>
<tr><td colspan="3">总体评价</td><td></td></tr>
<tr><td colspan="4">存在哪些问题？哪些知识、技能、素养需要进一步夯实？

考核评价人：
年　　月　　日</td></tr>
</table>

劳动延伸 ⋮⋮⋮ 生活教育、养成习惯

我们体验到了父母精心准备一日三餐背后的艰辛，希望同学们能够怀有一颗感恩的心，日常生活中力所能及地为父母分担家务，努力学习报答父母。

生活化任务单

<table>
<tr><td>活动名称</td><td colspan="2">我为家人做美食</td></tr>
<tr><td>活动时间</td><td colspan="2">年　月　日　□早餐　□午餐　□晚餐</td></tr>
<tr><td>菜谱</td><td colspan="2">主食：
菜品：
汤粥：
甜品：</td></tr>
<tr><td rowspan="2">劳动过程</td><td colspan="2"></td></tr>
<tr><td colspan="2">贴照片处</td></tr>
<tr><td rowspan="3">劳动感悟</td><td>收获</td><td></td></tr>
<tr><td>不足</td><td></td></tr>
<tr><td>改进措施</td><td></td></tr>
<tr><td>自我评价</td><td colspan="2">A.优秀　B.良好　C.合格　D.不合格</td></tr>
</table>

五、项目式教学模式实施的保障

劳动教育项目式教学模式的实施对教学环境、实践教学条件及教师素质均提出了新的要求，需要整合校内外教学资源，为教学的顺利实施提供人员保障、资源保障和机制保障。

第一，提高教师的教学理念和教学能力。“五步教学法”由德国教育家赫尔巴特提出的“阶段教学法”演变而来，赫尔巴特提出了“明了、联想、系统、方法”四段教学法，其学生席勒在此基础上完善提出了“分析、综合、联想、系统、方法”五步教学法，后经苏联教育家凯洛夫改造，提出了“组织教学、复习旧课、讲授新课、巩固新课、布置作业”五步教学法。五步教学法是以教师讲授、课堂教学、课本知识为中心的教学模式，在基础教育和普通教育中应用多年，影响了一代又一代教师。项目式教学模式从根本上区别于“五步教学法”教学模式，是一种全新的教育理念和教学模式，虽然在职业教育中推广多年，但很多教师难以彻底摆脱“五步教学法”的影响，难以深刻理解并掌握项目式教学模式的精髓。需要我们一方面加强教师培训，从理念到应用多维度促进教师更新教学理念，以学生学习、项目实施、能力和综合素养提升为中心设计和实施教学，培养具有实际项目经验和良好教学能力的劳动教育教师，建立一支涵盖企业、学校、社会各方面专兼职结合的劳动教育师资队伍，以保障劳动教育项目式教学的顺利实施；另一方面激励教师开展理论研究和实践探索，深入研究劳动教育的理念、目标、内容和方法，以及项目式教学在劳动教育中的应用策略，借鉴国内外先进的项目式教学实践经验，推动劳动教育教学模式改革创新，探索出丰富的、可行的、有效的教学模式和方法手段，给学生提供高质量的劳动教育。

第二，完善教学资源和学习资源。项目式教学是行动导向的教学模式，师生需要在学习情境中做真项目、真任务，对实践教学条件具有较强的依赖性。项目式教学模式也是体现劳动教育跨界特征的教学模式，促使教学环境由学校单一场域向学校、企业、社区、乡村、社会等多场域延伸。保障项目式教学模式的顺利实施，需要学校主动联合校外各场域，建立协同育人机制，共建教学环境和教学资源，根据项目教学的需要提供相应的劳动场所、工具设备、材料物资、教学设备和实践设施等教学资源。教师还需要主动联合校外各劳动领域技术能手，开发教材、课件、数字化教学资源库等学习资源，为学生自主学习和实践探究提供支持。要确保资源的充足性、安全性和适宜性，使学生有科学的、充足的劳动项目能够进行实际操作和实践活动，并有选择的自由度，以保证学生始终保持浓厚的劳动兴趣。此外，学校还需要与企业合作，提供实习和实训的机会，使学生在校内外劳动实践中获得真实的、稳定的劳动能力。

第三，推动课程教学改革和评价体系改革。项目式教学的前提是学习领域课程开发和课程教学内容的项目化，不是一门课程一位教师之力就能实现，需要课程管理者、课程开发者、课程实施者统一思想、协同联动。课程管理者需要更新教育观，给教师教学改革创造宽松的环境，从制度建设和条件保障层面支持教师的教学改革探索；课程开发者需要树立以学生为中心的教学观，根据专业和行业需求，设计符合实际职业场景和劳动应用价值的劳动项目案例，为项目式教学奠定基础；课程实施者需要关注学生的实践操作和团队协作能力的培养，通过案例分析、小组讨论、角色扮演等形式，引导学生积极参与项目实践，并注重培养学生的创新能力和思维，教师可以设计具有挑战性和开放性的项目任务，引导学生探索和创新，培养学生的创新思维和实践能力。不同层面的教师提炼劳动项目的关键概念和能力，在项目实施过程中协同提供必要的学习支架、资源支持、技术引导等，拓宽课堂的时空局限，关注真实情境下的问题解决，让学生运用已有知识与学习资源开展有效探索，提升劳动实践能力、创新能力，发展核心素养。项目式教学模式的实施必然引发教学评价的改革，考核内容、考核方式、学生的学业成绩结构都要发生相应的变化，评价标准将由知识技能视角转化为劳动综合素养视角，评价主体由校内教师主体向多元主体转变，通过学生自评、小组互评、教师评价、利益相关者评价等多种形式，对学生的学习成果、劳动素养的增殖情况、与学伴团结协作情况进行全面评估，评估结果及时反馈给学生，促进学生在项目实施过程中不断反思、优化、改进，最大限度地激发学生的主观能动性，使学生对自己的劳动素养水平具有清晰的认识，能够自我诊断、自主规划、有目的实施、有梯度发展，找到适合自己的持续发展路径。

第三节　探索实践数字化劳动教育

当今时代，数字技术在各经济领域的深入应用催生了数字经济这一新的经济社会发展形态，数字经济包括数字产业化和产业数字化两个方面。一方面，数字技术正逐步发展成为经济领域的一支产业集群，如人工智能、云计算、大数据、物联网等新兴产业迅速发展；另一方面，传统产业利用数字技术进行产业升级，带来了生产效率和产品质量的提升，如传统制造企业引入人工智能技术在自动化生产线中用智能机器人替代人工操作，各种App的广泛使用极大地简化了人们购物、办公办事流程，重塑了当代人的生产生活方式。伴随数字经济的蓬勃兴起，“数字劳动”这一概念应运而生。2023年2月27日，中共中央、国务院发布《数字中国建设整体布局规划》，提出大力实施国家教育数字化战略行动，强调加强教育数字技术的创新应用。数字技术的创新应用与生产劳动相结合，不可避免地要与科学研究和新技术研发交织融合，需要充分发掘学校科学园区、高新技术企业、科研院所、数字媒体制作中心等机构的劳动教育功能，催生数字劳动、创造性劳动、复合性劳动①等新形态的劳动实践环境，推动劳动的形态创新以及劳动教育的模式创新。

《纲要》明确要求，学校在劳动教育规划时要注意处理劳动的传统形态与新形态的关系，注重结合产业新业态、劳动新形态，选择现代农业、工业、服务业项目，提升创造性劳动能力②。数字时代背景下，职业院校劳动教育作为培养学生全面发展的重要组成部分，当前面临着诸多问题与挑战：传统的教学模式和方法不足以满足学生学习的新需求，数字化工作环境和职业环境的数字化要求劳动教育必须加强与数字化技术的融合，培养劳动者使用信息化工具和数字化资源的能力。同时，数字技术赋能劳动教育发展，推动数字技术与劳动教育的深度融合创新，对于破解劳动教育实施难题、构建劳动教育新生态也带来了新的机遇。

一、数字时代下劳动教育的新要求

当今社会步入数字时代，科学技术、信息技术的新发展应用已经深入生产生活的各个领域。大数据、物联网、云计算、人工智能、生物技术、量子技术等新兴前沿科技的突飞猛进，重塑了当代人的生产劳动、社会生活观念，加速了生活新方式、劳动新形态、产业新业态的更新迭代。传统劳动岗位、劳动形态、劳动技能、劳动环境被改变，如自助柜员机的普及使大批量银行柜台业务员转岗、智能机器人取代了一部分酒店服务员，无人快递车代替了一部分快递员的工作。层出不穷的更新变化使人们产生了对劳动教育的质疑：未来越来越多

①檀传宝. 开展劳动教育必须解决好的三大理论问题[J]. 人民教育, 2019(17): 34-35.

②中华人民共和国教育部. 大中小学劳动教育指导纲要(试行)[M]. 北京: 北京师范大学出版社, 2020.

的体力劳动岗位被人工智能所取代，新时代的劳动向哪里去？新时代的劳动教育朝着哪个方向努力？

《中国青年报》和夸克App联合推出的《2022年轻人数字生活白皮书》（简称《白皮书》）显示，2022年度年轻人热门生活技能前五名为做饭、收纳、移动办公、养花、自制家具。年轻人热衷于自己动手做热红酒、手冲咖啡、围炉煮茶，既考验耐心又能享受生活，也成为一种社交载体，做饭、收纳也从家务劳动变成年轻人享受生活情趣的一种爱好，改变了人们对年轻人“衣来伸手、饭来张口”的刻板印象。数字时代自媒体的发展，赋予自制家具、废物利用这些行为环保、节俭、自强自立的意义，让“劳动最光荣”备受推崇，体现了年轻人对劳动全新的认识和态度，折射出劳动价值观的变化，对当今的学校教育、家庭教育与社会教育提出了新挑战，如何及时做出育人理念调整，重视并有效开展比知识教育更重要的生活教育、生存教育与生命教育，是职业院校劳动教育需要研究的课题。

《意见》指出，劳动教育要“适应科技发展和产业变革，针对劳动新形态，注重新技术支撑和社会服务新变化”，为职业院校的劳动教育教学改革指明了方向。大数据、人工智能、云计算、区块链、ChatGPT等新一代数字技术的发展应用促进了经济和产业数字化的快速变革，由此引发劳动力市场人才需求的变化，驱动了职业教育的数字化转型发展①。人工智能的应用，对学生数字劳动能力的要求增强，劳动教育需彻底摒弃劳动等同于体力劳动的观念，顺应教育数字化转型的趋势，强化数字化劳动对脑力劳动工作量的需求，在脑力劳动和体力劳动中寻求平衡，提高学生的数字技能和就业竞争力，使劳动教育更适应时代需求，形成良性发展。

数字化劳动对新时代学生的劳动素养提出了超出传统劳动者的更高水平的要求。首先，强调学生的方法能力和创新能力、沟通合作。数字时代，知识和技能的获取更加便捷，更需要劳动者掌握知识技能应用的方法和过程，能够跨学科整合知识、跨专业掌握技能，以解决问题、完成劳动任务为主线串联知识技能。学生需要具备自主学习能力、探究能力、终身学习能力，具备勇于探索、合作探究、善于创新的劳动品质和劳动精神，这种精神和品质恰恰是新时代劳动精神的核心特质。同时，数字时代使跨学科、跨专业、跨领域合作增多，要求学生具备良好的团队合作和沟通能力。其次，数字时代对学生的职业道德提出了更高的要求。随着信息技术的发展，数据安全、隐私保护等问题越来越受到关注。学生应具备相关的道德观念和法律意识，保护个人和集体的合法劳动权益。在劳动中应遵循诚信、公正、守法、规范等原则，维护良好的职业形象和信誉。

综上所述，数字时代对学生劳动教育提出了新的挑战，教育者需要迅速捕捉时代的新变化，顺应劳动生产力发展的新需求，善于运用信息技术和数字化技术进行教育模式和方法创新，提高学生的数字技能和数字素养，培养创新思维和良好的职业道德、职业素养以及团队合作与创新精神，使学生更好地适应未来工作和生活的挑战，成为合格的“数字”劳动者。

二、数字化劳动教育的实践探索

在教育数字化转型过程中，“劳动”与“数字”结合是劳动教育创新的必然举措，这种

---

①张慧. 教育数字化转型背景下高职劳动教育推进机制研究[J]. 教育与职业, 2023(14): 65-70.

结合意味着劳动教育的价值目标、劳动场景、实践形式与内容等都将受到数字技术的深度影响。劳动教育创新和教育数字化转型将重塑劳动教育新形态，结合职业院校特色，充分利用数字技术创新劳动教育教学模式是劳动教育适应性发展的实践取向。传统的劳动教育教学模式容易受到场地、设备、时间等限制，数字技术打破了这些壁垒，借助线上教学平台，学生拥有了随时可教的“线上老师”，可以在任何时间、任何地点学习知识或练习实践操作，在随时能学、随处可学、人人学习的泛在学习理念引导下，国家智慧教育平台以及丰富的国家级、省级专业教学资源库、精品在线开放课程的支持下，劳动教育具有旺盛的生命力和灵活性、便捷性，可以在任何时间、任何劳动存在的场域进行。数字技术也丰富了教学手段，使教师能够跨越时间、空间、劳动技能的局限，给学生呈现全方位、高水平的现代劳动。因此，数字技术与劳动教育的融合，为劳动教育模式创新提供了可能，一方面，数字技术融入经济领域使劳动形态更具复杂性、创造性和智能性，对劳动者素养提出了更高要求，劳动者需要具备相应的信息素养和数字素养，才能胜任数字劳动的要求；另一方面，数字技术打破了传统劳动教育的边界，为劳动教育提供了新方法、新手段和新载体，将逐渐构建起新的劳动教育生态。

（一）数字时代的劳动教育课程内容设计

数字时代各行业都在发生巨大变化，对劳动者的素质要求也发生了根本变化，中国制造进阶为中国“智造”，机械手臂替代生产线上的重复性劳动，要求职业院校在人才培养上由原来的机械化实训转变为面向岗位、面向实际任务、面向未知变化的综合性实践，提高学生解决实际问题的能力、应变能力和劳动设计能力，培育具备正确劳动价值观、能够应对突发性变化、能够进行创新性劳动和发展的新型数字技术劳动者。劳动教育需要回应现实劳动对劳动者素质要求的新变化，在教学目标、教学内容、教学模式和教学评价等方面做出相应调整，使人才培养适应岗位需求。如在“工业4.0”德国振兴战略中，要求劳动者具备数字能力，德国学校劳动教育在课程目标、内容和实施等方面进行了改革，加强学生的数字能力培养，为“工业4.0”振兴战略提供了智力支撑。数字时代的劳动教育需要培养适应未来社会的优秀人才，课程内容设计应注重以下几个方面：

1. 数字素养

在数字时代，数字素养已成为一项基本生存技能。劳动课程内容应包括了解、掌握数字劳动领域的专业技术知识，掌握使用数字工具和资源，收集、加工、呈现、分析与反思信息与数据，进行数据收集、整理、分析和可视化等数据分析的知识和技能，具备运用数据分析解决实际问题、使用数字技术进行创新的能力。

2. 设计思维

设计思维强调创新和解决问题的能力，强调劳动者将设计理念用于劳动成果的设计，劳动课程内容应包括批判性思维、创新思维、设计思维训练，帮助学生掌握如何运用设计思维解决问题，如何进行劳动工具的革新和开发，如何使用各种信息化工具或劳动工具进行创作和创新。

3. 虚拟现实与增强现实技术

虚拟现实和增强现实技术为劳动课程内容的多样化整合提供了新的可能。劳动课程内容可以包括如何使用这些技术进行模拟、设计和创作，以及如何利用信息化技术提高学习和工作效率，将数字媒体、数字制造、数字生活等加入课程之中。

4. 可持续发展理念与社会责任

在数字时代，我们不仅要考虑技术应用和创新问题，还需要关注职业道德、职业伦理，具备可持续性发展理念和社会责任，为社会公平、公正、有序付出努力。劳动课程内容要增加可持续发展理念、职业道德、职业伦理的内容，促进学生对人机交互状态下如何平衡技术与环境、社会的关系进行思考，培养学生合法、规范使用技术的意识和能力，使技术用于社会和谐发展和可持续发展。

5. 终身学习能力

当代社会知识和技术更新迭代加剧，适应性发展能力和终身学习能力演变为当代人的生存技能，劳动教育要引导学生具备接受新事物的开放理念，提高对社会和时代发展的敏锐性，保持终身学习的热情，学会适应新的技术和工具，能够使用新技术和新工具收集、分析、利用信息，通过自主学习和持续学习不断更新知识和观念，能够将学习成果转化为实际生产生活的能力。

（二）数字时代的劳动教育学习资源开发

当前职业院校劳动教育资源开发存在区域之间、院校之间不平衡的问题，学习平台和学习资源库建设相对滞后，总体呈现出劳动教育资源不足的状况。相比纸质学习资源，数字学习资源具有容量大、易储存、易传播、可视化强、感官体验突出等优势。可以借助大数据、区块链技术等开发与管理劳动教育数字学习资源，为学生自主学习、劳动实践提供便于获取的资源，采用图片、纪录片、音视频等多媒体技术丰富劳动教育的形式与手段。还可以借助信息技术推动劳动教育数字学习资源在区域之间、院校之间传播、推广与应用，方便学生通过计算机、手机应用软件等多种方式接入劳动教育数字学习资源库，实现劳动教育数字学习资源的互通共享，提高劳动教育数字学习资源的利用效率，让优质劳动教育数字学习资源惠及更多学生。

职业院校的劳动教育可利用数字化学习资源，对劳动教育模式进行创新和重构，开发多样化教学方法，充分调动学生的学习积极性，为学生呈现高质量的劳动教育。数字技术的发展使得劳动教育的空间、时间得以延展，劳动时间呈现“无间断”的特点，劳动空间也不再固定，呈现“弥散型”特点。如在信息技术支持下，很多职业院校将SPOC、MOOC应用于课堂教学，为学生提供多元化、个性化的教学供给，突破了传统课堂教学或实训的教师讲解、演示示范、学生练习、评价总结的教学范式，对课堂教学进行了课前、课后的时空延展，把学生的生活时间纳入“劳动教育”时间中，学生的课前学习、课后劳动任务成为劳动教育课程教学的一部分，实现了课内与课外相结合。在教学平台的支持下，课程教学突破了学校劳动教育空间的局限，将学生劳动实践的空间延展到家庭、企业、社区等真实的工作和生活场所，学生在任何场所均可以进行劳动实践，实现了校内与校外相结合。在教学方法改革上，通过线上自学、生活实践、小组合作、交流讨论、知识迁移等多样化学习方法的创新，学生的学习方式实现了“导学+自学+互学”的变革相结合。数字时代的职业院校劳动教育教学模式和方法改革还将在更高水平、更深层次推进，利用校企合作资源开发虚拟仿真劳动体验营、劳动生活实验区、数字劳动社区，利用数字技术构建不同的数字生产劳动、生活场景等教学改革实践，将进一步增加大中小学劳动教育贯通，教育空间和时间走向开放多元，最大限度地引导师生进入数字劳动的真实情境，增强受教育者对数字劳动的切身体验。

2022年7月，国家基础教育、职业教育、高等教育智慧公共服务平台上线了劳动教育资源，为师生自主学习、教师改进教学、家校协同育人提供丰富的优质数字教育资源。在劳动资源建设方面，国家智慧教育平台以促进学生劳动实践为核心进行大中小学一体化设计，强调公益性、实践性。中小学平台"劳动教育"在主页独立呈现，职教平台主页增设"劳动教育"栏目。上线了"劳动光荣""劳动导航""劳动智慧"三个栏目："劳动光荣"设"习近平谈劳动""政策文件及解读""最美劳动者""劳动教育研究"四个子栏目，旨在促进广大师生和家长感受榜样力量，加深对劳动的价值、劳动精神、劳模精神等的理解，激发劳动热情；"劳动导航"设"清单方案""资源公告"两个子栏目，围绕日常生活劳动、生产劳动和服务性劳动，提供劳动实践活动项目和场所等信息；"劳动智慧"设"案例集锦""技能示范""创新创业"三个子栏目，为师生、家长提供优秀案例、专业技能技艺展示等。结合各学段各类型教育特点，提供典型案例课例、专业技能技艺展示等资源，强化示范引领。

宣化科技职业学院在劳动教育数字学习资源建设方面进行了积极的探索和实践。一是建设了国家精品在线开放课程"学生劳动教育"，起到了积极的课程示范与引领作用。二是建设了涵盖文本、视频、动画、案例等形式的劳动教育数字学习资源库，并采用预设与生成相结合的方式，不断丰富学习资源，建设了涵盖劳模展厅、成果案例、感悟体会等板块，兼具学习、研读、展示的功能。三是利用在线课程和数字学习资源创新劳动教育教学模式，形成了课前导演、课中研学、课后拓学的教学模式。课前，教师利用学习通平台发布任务，学生利用微课、视频、文本、课件等资源自主学习，完成教师预设的基础学习任务，丰富的微课、案例等学习资源为学生自主学习提供了有力支持；课中，教师检查基础学习任务的完成情况，通过研讨、评价提高基础学习任务的完成质量，进入劳动项目高阶任务，师生研学共同完成劳动项目，劳模案例、任务示范等数字学习资源对应劳动项目，解构任务，有效突出重点，帮助学生突破学习的难点，全程为师生研学提供支持；课后，布置生活化劳动任务引导学生深度学习，学习劳模精神、借鉴劳动过程、拓展成果应用，解决劳动教学场景不能停留、不能同步、不能共享的"盲区"，使劳动教育成果生活化，服务于学生的现实生活劳动和未来的职业劳动。学生也是数字学习资源的开发者，通过课后生活化劳动，反映现实生活中千变万化的劳动生态，生成新的数字学习资源，上传平台形成新的劳动案例，丰富案例库资源，使课程资源实现持续建设和优质发展。

（三）搭建劳动教育智能应用场景

劳动教育场域是劳动教育实施的基础保障，数字化技术的应用为劳动教育搭建覆盖劳动全形态的应用和教学场景提供了可能。现实生活中的劳动分散在各个场所，且具有各自劳动的特殊性，受场地、设备、工具等硬件条件的限制或者出于安全风险等客观条件的限制，难以在学校内进行真实搭建或模拟，导致部分劳动项目的实施难以让学生亲历情境、亲手操作、亲身体验。如家务劳动中的燃气泄漏、油锅起火或志愿服务中的紧急救护等劳动任务，难以在教学中再现真实场景，难以让学生亲身体验，使得劳动项目的实施效果大打折扣。利用虚拟现实和增强现实技术，借助软件开发平台，搭建集视觉、听觉、触觉于一体的劳动教育智能应用场景，将劳动教育实施场域从传统的物理空间拓展到虚拟空间，可有效解决上述问题。在虚拟仿真系统的支持下，线下无法实现的劳动场景、劳动情境均可以得到真实还原，学生可以借助物联网设备、可穿戴设备等，通过体感交互功能，沉浸式地参与到虚拟仿真劳动实践，切身体会劳动的特殊性和复杂性。利用模拟技术和增强现实技术还可以仿真现实世界中难以在有限时间内完整再现的劳动场景，或利用人机互动增强学生的感官体验。如让学生认识汽车的制造过程，可以在虚拟仿真系统支持下，让学生体验将汽车的各部件按照图纸安装的过程。再如，可以利用软件再现古代人民劳作的场景，让学生将古代的水车、曲辕犁等劳动工具的零部件按照劳动工具的组合形态进行拼装，拼装的同时可通过人机交互让学生学习各零件的作用，通过直观、生动的感受，让学生切身体会中国古代劳动人民的智慧，感受劳动工具更新换代过程中劳动的创造力。相比传统劳动实践学习方式，虚拟仿真劳动实践的互动性、体验感更强，受物理条件的限制更小，还可以使用VR技术沉浸式体验劳动防护、劳动安全等日常劳动难以呈现的项目，学生可以在不受外界过多干扰的情况下完成劳动项目，逼近真实的劳动场景、劳动情境，更有利于调动学生参与劳动实践的积极性，并有效激发学生的学习兴趣，提高学生的学习效率。

（四）数字时代的“云劳动”平台

2022年5月，中国教育新闻网以《当劳动教育走入数字时代》为题报道了浙江省宁海县高级职业技术中心学校的数字化劳动教育案例——“劳动云社区”平台，平台包含劳动实践云场景、劳动文化云场景、劳动评价云场景等三大云场景共九个板块。劳动实践云场景提供项目自主选择、项目化学习、成果发布等服务，突破劳动教育时空限制，打破劳动教育与德育、智育、体育、美育之间的界限，真正发挥劳动育人价值；劳动文化云场景提供劳动社交、劳动历史和艺术展示等服务，突破了劳动文化的单向传播方式，借助数字化平台使劳动团队与“劳动云社区”其他圈内人士随时随地进行劳动文化交流和价值交换，“社群式”文化传播促进劳动育人价值最大化；劳动评价云场景提供劳动整体状态数字化显示、劳动积分记录、点赞式评价等服务，突破了劳动评价的单一性与时效性，利用大数据、云平台等现代信息技术手段，关注学生在劳动教育活动中的实际表现，注重从行为表现中分析把握学生劳动价值观和劳动精神的形成情况，及时开展劳动教育过程监测与纪实评价。借助“劳动云社区”平台，构建了校、企、社和家庭四级联动的劳动教育联合体①。

该案例利用数字技术对劳动教育生态进行了创新性尝试，给出了云平台的开发和使用的典型示范，云平台的深入研发将推动劳动教育教学模式的进一步创新。利用人工智能、大数据、区块链、云计算、深度神经网络等新时代的数字技术，可打造支持学生自主学习、劳动实践及劳动素养评价的云平台，开发设计学生劳动行为采集系统、分析系统及结果可视化呈现系统。在云平台使用中，教师可以在应用端发布劳动任务，或者预置劳动项目菜单供学生自主选择，通过后台数据监测学生的劳动实践过程，动态调控劳动实践进度，迭代优化教学策略。通过大数据技术，还可以动态采集、分析、反馈学生劳动过程中的行为表现，如小组合作中的贡献值、劳动行为检测数据等，对学生劳动素养的成长情况进行“精准画像”等。还可以依托数字技术进行智能化、个性化分析，帮助学生实现自我教育、自我管理、自我服务，给予学生个性化评价和有针对性的个性化指导。

---

①王建科. 当劳动教育走入数字时代[N]. 中国教育报, 2022-05-03(03).

值得注意的是，过度追求新技术手段和一味强调创新可能会产生忽视劳动教育本来目的的风险，因此，利用现代信息技术和数字技术创新劳动教育模式的过程中，教育者要始终保持劳动教育的初心和清醒，把回归育人本质始终置于劳动教育教学改革的出发点和落脚点。劳动教育必须结合马克思主义劳动教育观与当代劳动教育的实践，守正创新，构建数字时代的劳动教育新形态。传统劳动教育中体力劳动、真实劳动、生产性劳动的部分应充分保留，强化师生对数字劳动的正确理解，弘扬数字劳动时代的正面劳动价值。在数字时代，很多劳动形态发生了新变化，如视频剪辑、直播、点击浏览都进入劳动的范畴，因其与休闲娱乐的密切相关性，故称之为“玩劳动”。这些“玩劳动”往往遮蔽了劳动的艰苦性，劳动者在一些“玩劳动”中获得了虚假的自由，劳动的艰苦性被消解在感官的愉悦中①。正如克里斯蒂安·福克斯的数字劳动思想中对当代数字劳动的考察中揭示的，信息技术时代的数字劳动呈现的资本逻辑与劳动者的精神解放仍然存在根本性矛盾。因此，职业院校劳动教育需要对数字化劳动进行过滤和扬弃，保留发扬人的主体性与创造性的劳动，如视频编程、网站设计、软件开发等，将追求自我闲适的部分“玩劳动”，如社交网络上的闲聊、影视观看等活动排除，避免对“正确的劳动观念教育”造成混淆和不利影响。新时代劳动教育须在高度弘扬审美、创造、自由等价值理念的同时，重视劳动的艰苦、勤俭、奋斗等价值理念，将艰苦奋斗、勤俭节约、诚实守信等价值理念与劳动实现自由、劳动追求创造的价值理念作为劳动教育的主旋律，组成新时代劳动教育的主流价值体系。

三、数字化劳动教育的思考与启示

数字经济催生广泛的数字劳动，给职业院校数字化劳动教育带来深刻的思考，从支持保障、协同管理、数字素养等方面推动劳动教育变革，以适应新时代数字劳动对劳动者提出的要求。

（一）构建“硬件+软件+模式”的支持保障机制

教育数字化转型在职业教育领域的主要内容包括数字战略转型、数字环境升级、数字能力建设和数据资源的创新应用等。在教育数字化转型背景下，职业院校劳动教育需要采用现代教育技术，对劳动教育内容、资源、模式和方法进行数字化改造。目前，职业院校劳动教育的数字化升级改造还不充分，可以围绕数字技术手段、劳动教育数字资源、劳动教育创新模式这三个相互作用的维度，对硬件教学条件、软件教学资源、教学模式进行建设。一是在硬件教学条件建设上，加强数字技术手段建设是教育数字化转型背景下职业院校劳动教育的实践基础，需要加强数字化环境建设，推动智慧校园建设和教育信息化进程，加强数字校园环境建设，如传统专业生产线改造为智能生产线、劳动实践基地升级为智慧劳动体验中心，加强智慧劳动教育空间、虚拟仿真劳动体验馆、可穿戴设备等数字环境创设，将最新的生产技术、工艺呈现在学生面前，提升学生专业劳动技能和数字劳动能力，为数字化劳动教育提供硬件支撑。二是在软件教学资源建设方面，数字资源是教学的必备要件，包括专业操作软件的开发，以优质、前沿的数字劳动工具提升劳动效率，也包括劳动教育数字资源包的开发以及劳动教育教学服务平台的建设。2020年以来，各职业院校进行了很多劳动教育数字资源的开发实践，但由于目前缺乏国家层面统一的劳动教育课程标准，各职业院校所处地域

---

①冯孟. 数字劳动时代劳动教育模式重构的逻辑起点、重构路径及实施方案[J]. 教育与职业, 2023(3月上): 5-12.

不同，劳动教育涉及的范围、产业、职业、项目千差万别，专门针对职业院校劳动教育的数字资源还不丰富，需要结合院校和专业特色进一步开发，通过聚合劳动教育信息和优质资源平台实现共享共用，提升职业院校劳动教育的综合育人功能。三是在模式创新上，需要教育者基于数字化环境和资源建设进行多样化探索，对传统劳动教育模式进行改造和迭代。在数字劳动时代，每个人都可以通过数字或数据成为互动的、平等的、多元的劳动教育主体，既是劳动教育的受众、观众，也作为学习者、网络粉丝、阅读者、行为艺术家等角色参与劳动教育。实现从传统劳动教育到数字劳动教育的转变，需要加强以马克思主义劳动观为核心的劳动观引领，进行课程体系建设和课程教学模式改革，引入多元师资，开拓多样化劳动教育实践基地，使劳动教育的价值体系、形态体系、参与结构、时空体系落实到课程、劳动实践、师资、实践场所中，让教育者和受教育者更贴近当代生产劳动，可操作、可推广、可持续的模式创新是劳动教育取得实效的关键。

（二）建立“共建+共享+互通”的协同管理机制

教育数字化转型发展赋予职业院校劳动教育新能量，同时也将劳动教育置于更多元、更开放、更复杂的系统中。教育数字化转型背景下劳动教育的有序推进涉及政府、学校、企业、行业等多元主体，单纯依靠一所院校的力量难以完成，需要建立多方参与，协同共建共管的运行机制。政府、学校、企业、行业等多元主体就劳动教育的理念、目标与价值取向、实践路径等达成共识，汇聚多方资源协同育人，才能确保劳动教育顺利实施并取得预期效果。

劳动教育的多元主体中，政府需要在教育发展上起到主导作用，为劳动教育发展提供方向的指引和政策上的支持，在多方合作运行中起到搭建平台、促进沟通对话、加强监督管理作用；经过校企合作、产教融合，职业院校和企业已经在人才培养过程交互借力，合作领域不断深化，双方已经成为天然的战略合作伙伴，在劳动教育中能够继续协同育人；当前，行业在职业教育中存在着参与深度不够的状态，需要政府发挥桥梁作用，激励行业协会发挥对企业和学校的劳动育人目标和劳动实践的双重指导作用，职业院校也要改变距行业远、离企业近的认知，积极主动向行业靠拢，通过行业建立前沿的、前瞻的、总体的视角，及时捕捉劳动生产力发展的新动向和新需求。

多元主体在达成共识的前提下共同参与，构建“共建+共享+互通”的劳动教育协同管理机制。一要明确权责，统筹各方力量。政府是主导，起引领和监督的作用，院校是劳动教育实施的主体，要主动作为、带动发展，行业企业是劳动教育的参与者、合作者，要在劳动实践、课程开发、实习实践、劳动教育师资补充、评价指导等方面发挥作用。二是科学治理。教育数字化环境下的劳动教育更需要制定严格的数字审查、安全评估和保护制度。“共建+共享+互通”多元协同治理需要寻求多主体的共同利益，满足各主体不同的利益诉求，实现共赢发展，才能形成真正的劳动教育育人共同体、实践共同体，通过共建课程、共享资源、共用基地、共同评价、互通项目等途径，实现信息、资源共建共享，保证长效发展。

2020年5月，以河南商丘技师学院侯银海老师为牵头人、诸多全国职业院校志同道合的老师为核心成员组建的劳动教育联盟校（共同体）学术服务团队成立。“三协同”劳动教育教学联盟校作为民间自发的劳动教育实践团队，通过劳动教育实践、学术交流、科学研究、创新数字化手段，传播劳动思想、传承劳动精神、传习劳动技能，实现了协同育人、共创成果的劳动育人新突破，建设了劳动教育云平台，开设了千校万师万班线上线下公开课，开展了涵盖“家—校—企”生活类劳动、专业类劳动、服务类劳动、综合类劳动等在内的劳动活动，创新了职业院校数字劳动教育模式的构建方式①。这一实践探索为职业教育类型的劳动教育提供了典型范例，借助云平台实现了劳动教育资源的共建、共享，推动省域、区域、院校劳动教育育人实践的一体化发展。

（三）提高师生的数字素养

在数字化劳动教育中，落实教师的主导作用和学生的主体地位，离不开教师先进的劳动教育理念和师生较高的数字化素养。当前部分职业院校教师和学生存在数字素养参差不齐的情况，特别是部分年龄较大的教师存在消极和退缩心理，急需提升师生数字化资源的开发能力和普及应用。数字化的劳动环境、体验中心、实践基地、管理服务平台、劳动教育资源、评价平台的操作对部分教师和管理者而言仍不能熟练应用，需要提升管理者和教师对数字设备和技术的实践操作，提升教师以数字化环境和资源为基础的教学设计、课程开发、智能评价等能力。目前职业院校的劳动教育教师大多由辅导员兼任或其他专业教师转任，他们中的一些人既缺乏理念上的深刻理解，也缺乏丰富的实践经验。有计划、有目的地对劳动教育教学团队进行数字时代的劳动教育实施能力培训，是顺利、有效推进劳动教育的紧迫任务。

新时代的劳动教育工作者既要用马克思主义劳动观的视角辩证看待当今社会的价值多元、形态多维的数字劳动，又要帮助学生客观对待数字劳动，帮助学生甄别、筛选和摒弃，建立正确的劳动观和职业观，关注数字时代的劳动价值。新时代的学生需要正确看待从低级到高级、从简单位移到思维活动的劳动形态，坚决反对一切不劳而获、贪图享乐、沉溺于数字网络、追求感官刺激的错误思想和行为，在数字时代依然尊重体力劳动蕴含的奋斗、勤劳等劳动精神和劳动品质，理解并倡导在职业中充分体现“价值创造”或“价值实现”的数字劳动。学生对数字劳动的价值观并不是天然获得的，传统劳动项目上也无法给予更多的支持，需要师生在开发和应用数字化资源的过程中，通过师生互动、生生互动共同研讨、共同探究、共同提升，用马克思主义劳动观辨析数字劳动的形态、现象和价值并指导劳动项目的实践，师生需要正确认识数字劳动的创造、自由等正面意义，对数字劳动尚未成熟情况下所出现的数字垄断、数字异化、数字鸿沟等问题能够客观辨析，关注劳动权利和劳动安全的隐性问题。新时代劳动教育不仅在于新技术、新方法的运用，更在于是否能真正启发、唤醒学生的自我发展能力，能否适应学生的生活、职业需求，帮助学生优化日常生活、优化社会关系、提高职业适应能力，有规划、有能力通过辛勤劳动实现美好生活。

数字时代的劳动教育对教师提出了较高要求，需要具备数字思维、掌握数字技术并应用于劳动教育教学实践。在劳动项目的设计、课程资源的开发中融入物联网、人工智能等数字技术，在教学实施过程中充分利用数字化平台，虚实结合、线上线下结合进行混合式教学，利用平台及时进行过程追踪和动态方案调整，对教学中实时反馈的问题有效解决，以数字化的视角设计评价主体、指标、维度、呈现形式并执行智能平台的评价方案，在劳动教育的拓展环节，能够充分利用平台和数字资源指导学生的社会实践，提供技术、政策、方案、资源等全方位的支持。

---

①李智军, 侯银海. 以劳动教育云助力新时代劳动教育协同育人体系构建[J]. 文化参考报, 2023(2133): 15.

第四节 劳动教育的线上线下混合式教学模式

专题必修课是劳动教育的主阵地，在职业院校劳动教育“五课融合”的课程体系建设中居于核心地位，是全面实施“五大模块”教学内容，落实“三维三阶”教学目标的统领性课程。课程教学模式关系到教学实施中“怎么教”的方法论，是关于教学内容如何呈现、学生如何组织、教学流程如何展开、教学方法如何选择，教学手段如何运用、教学资源如何支持、师生和生生如何有效互动的总体设计。

一、“通用+专业”的模块化教学内容

本书依据《意见》和《纲要》精神，将学生劳动教育专题必修课正式纳入各专业人才培养方案，面向大学一年级学生开设，36学时，2学分。在教学内容设计上，由于目前职业院校劳动教育尚未形成国家统一教学标准，本书基于劳动观念教育、劳动素质教育、日常生活劳动教育、职业劳动教育、公益服务劳动教育五大模块教学内容设计，考虑到学生劳动教育专题必修课教学内容需包括劳动教育的主体内容，结合课时、教学场域、教学内容的性质以及教学组织等因素，将课程教学内容分为认识劳动与劳动教育、日常生活劳动教育、职业劳动教育、志愿服务劳动教育四个模块。

本书基于“劳育奠基、服务专业”的课程设计理念，在模块化课程教学内容的建构中提出“通用+专业”的思路，旨在使学生劳动教育专题必修课既体现劳动教育的自身完整性，达成劳动教育的预期教学目标，又体现“五育并举”全面培养的教育要求。在专业建设中，基于人才需求调研产出专业人才培养目标，基于岗位职业能力分析产出学生毕业要求，劳动教育专题必修课服务于专业人才培养目标，支撑学生毕业要求，在专业课程体系与人才培养目标对应矩阵中明确劳动教育课程对人才培养目标的支撑关系，进而明确课程定位、课程任务，基于课程定位进行课程设计。在课程内容的设计上，劳动教育专题必修课四个模块教学内容中的“职业劳动教育”模块与专业教育融合，由劳动教育任课教师和专业骨干教师、企业导师根据学生所学专业的特点进行二次开发，其他三个模块为各专业通用模块。四个模块有机结合，充分体现职业院校学生劳动教育的思想性、生活性、职业性、社会性，避免劳动教育与专业教育分立的弊端，有利于分领域建设教学与劳动实践场域，以及分工协作的模块化教学团队建设，有效解决单一配置的劳动教育任课教师难以胜任所有模块教学任务的问题。

课程标准是课程实施的纲领性文件，由于学生劳动教育是公共基础课，由多位教师担任教学实施工作，如果没有一套规范的课程标准，教学难以达成预期效果。本书提出“一专业一课标”的劳动教育课程标准建设思路，充分体现劳动素养与各专业职业素养的深度融合与重构，在对各专业特点以及岗位所需综合职业能力和职业道德、职业素养等深入剖析的基础上，由任课教师、专业骨干教师、企业导师协同研发，确保劳动教育课程标准在专业人才培养目标的统领下，构建“五育并举”的人才培养体系，服务于学生的现实生活、毕业要求和未来职业发展。“一专业一课标”的劳动教育课程标准建设也为各专业的劳动教育目标达成和教学质量评估提供了依据，有助于提高劳动教育的质量，培养高素质劳动者和高技能专业人才。本书基于护理专业开发的“通用+专业”模块化教学内容建设案例如下：

“通用＋专业”的模块化教学内容建设案例

在护理专业劳动教育教学实践中，将教学内容与护理专业特点进行有机融合。通用模块教学内容结合护理专业进行学习情境建构，如在“认识劳动与劳动教育”模块特别加入护理专业以病患优先人文关怀、南丁格尔精神等内容，在“日常生活劳动教育”模块设计为糖尿病人、高血压病人、身材管理人群的制作食谱等劳动任务，在“志愿服务劳动教育”模块设计社区老年服务劳动项目等。特别地，由劳动教育专任教师、护理专业骨干教师、医院护士长协同，将“职业劳动教育”模块与专业教育深度融合进行了二次开发（见图6-1），设计为劳动实现中国梦——学劳动精神、手工劳动——创美好生活、田园劳动——助康养服务、职业体验——铸大医工匠、劳动安全——做匠心护生、创新劳动——走发展之路六个学习情境。手工劳动学习情境设计了呼吸科病区、儿童病区环境创设劳动任务；田园劳动学习情境中针对护理专业设计了康养农业的职业情景；劳动安全学习情境中着重设计了尖锐物刺伤、职业暴露等职业劳动安全任务；创新劳动学习情境中设计了护理专业学生创新创业孵化任务，结合职业特点进行“护理小发明”任务等，激发学生创新思维和护理新设备、新技术、新方法的创新应用。

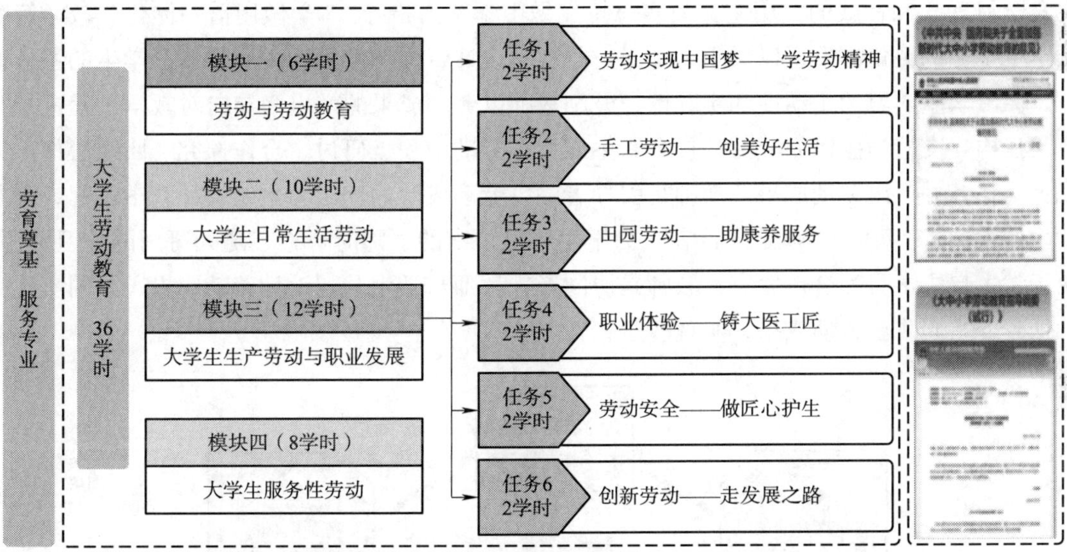

图6-1 宣化科技职业学院“大学生劳动教育”教学内容设计案例

二、“学做用悟一体化”的课程教学策略

教学策略是以一定的教学观念和教学理论为指导，为实现一定的教学目的，完成特定的教学任务，获得预期的教学效果，实现预设的教学目标而制定的，并在教学实施过程中不断调适、优化的教学总体方案，包括科学组织各种材料、媒体，合理运用各种手段方法，确定师生行为程序和组织结构等内容①。在教学策略的类型中，以任务型教学策略更为符合项目式教学的需求，既紧紧围绕教学任务，反映学生学习目标，又规定了针对不同学习目标所采取的教学方法、措施，借助一定的软件、硬件资源以创设相应的学习条件，有较强的实用

① 黄艳芳. 职业教育课程与教学论[M]. 北京: 北京师范大学出版社, 2010.

性和可操作性。

教学组织者为了达成学生学习目标所选取的特定教学策略，涵盖了教学活动的安排、教学组织形式的选用、教学资源的建设选取、教学程序的流程、教学方法的选择、教学评价的开展等一些教学具体问题。由于课程、学生、资源条件等因素的差异性，教学策略具有灵活性和多样性的特点，并不存在对所有课程、所有情况都适用的教学策略，只有针对课程、学情、条件等做出相应设计、调整、优化的教学策略才能满足不同教学的需要。

本书以OBE教学理念为指导，坚持成果导向、反向设计，以劳动成果为导向、以劳动任务为起点、以劳动过程为主线，探索“学做用悟一体化”贯通的教学策略（见图6-2）。建构主义学习理论认为，知识不是通过教师传授得到的，而是学习者在一定的社会文化背景下，借助他人的帮助，利用必要的学习资料，通过意义建构的方式获得的。学习是学习者主动建构知识的过程，而实践和运用则是巩固和深化知识的重要手段。建构主义还强调学习者之间的协作和交流，认为协作和交流是促进知识建构的重要手段。杜威认为，教育应以儿童及其活动为中心，强调“做中学”，通过实际操作培养儿童的思维能力和实践能力。以建构主义学习理念和杜威的实用主义教育思想“做中学”为指导，“学做用悟一体化”教学策略从学生学习的视角出发，以学生为中心进行教学设计，强调教师的主导作用、学生的主体地位，突出学生学习的主动性和实践性，鼓励教师以劳动成果的产出为导向对教学过程进行有意义建构，支持学生以完成劳动任务为主线，在劳动中积极研讨、合作探究、团结协作，完成劳动任务并产出劳动成果。教师是引导者，以劳动成果的产出为主线设计教学过程，引导学生的学习和劳动；教师是支持者，为学生提供丰富的、随时可查、随处可用的学习资源，便于学生自主学习和合作探究；教师是协同者，教师与学生共同设计劳动成果，共同实施劳动任务，共同收获劳动成果，实现教学相长。

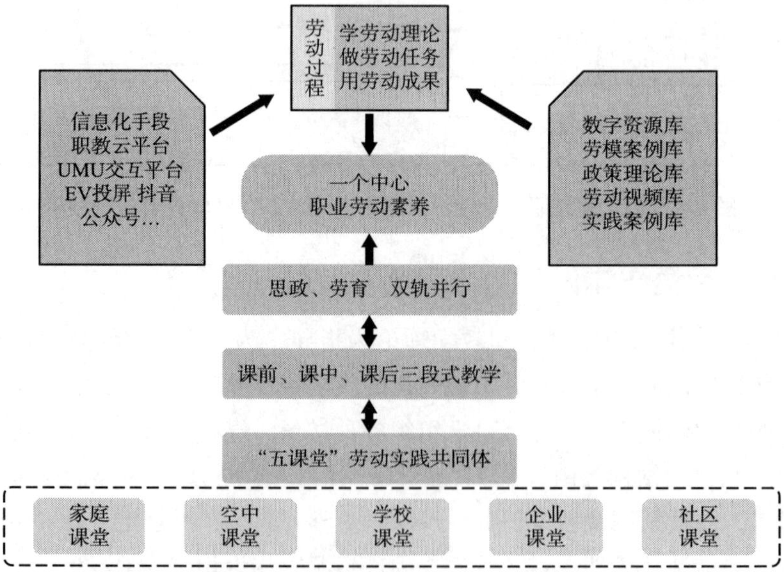

图6-2 劳动教育“教学做用悟一体化”教学策略

“学做用悟一体化”教学策略以线上信息化平台和线下劳动教育实践基地为支撑，采用任务驱动、小组教学等行动导向的教学方法，打破教学、演示、练习、应用的传统分环节教学程序，教学过程就是劳动的过程，教学环节就是劳动的环节，教师教与学生学同步，学生学劳动知识技能和方法、做劳动任务、用劳动成果、悟劳动精神一体化进行。“学做用悟一体化”教学策略的前提是对劳动知识和技能碎片化，用劳动流程重新序化，确保每个环节既有理论学习也有实践操作，并最终指向劳动成果的产出；保障是创设真实的劳动项目和劳动任务，产出真实的劳动成果，使师生的劳动产出真实的劳动价值，学生形成真实的劳动能力和劳动品质习惯；落脚点是以小组为单元的教学评价，通过劳动知识掌握度、劳动技能娴熟度、劳动成果完整度的显性指标评价，引发劳动观念、劳动品质、劳动行为习惯、劳动精神的隐性素养评价，帮助学生通过反思改进形成更高水平的综合劳动素养；核心是劳动成果的设计和产出，劳动的过程也是劳动成果设计的过程，劳动教育的成败和效果需要通过劳动成果的产出来检验，收获和展示劳动成果是整个劳动过程的高潮环节，学生能够切身感受到成就感和成功的喜悦，感悟“劳动创造美好生活”的真谛，进一步激发劳动热情，形成“爱劳动”的劳动情感、“想劳动”的劳动动机、“会劳动”的劳动能力等，彻底解决传统教学理论教学与实践教学脱节的难点，解决学生“学、思、行”断裂的痛点。

三、“一二三五六”课程教学模式

教学模式是在一定教学思想或教学理论指导下建立起来的较为稳定的教学活动结构框架和活动程序，它不仅反映教育者的教育理念与思想，也能影响和体现学习者的学习成效[①]。随着数字时代的发展和教育数字化转型，教育部持续加强国家级专业教学资源库、精品在线开放课程、国家智慧教育公共服务平台建设，带动了各省级专业教学资源库、精品在线开放课程建设，基本覆盖了当前职业教育各专业二级类，海量在线数字资源以及各类学习平台建设为职业院校学生及社会成员的泛在学习提供了支持。以建构主义和掌握学习理论为指导的线上线下混合式教学模式，因结合了网络在线自主学习与线下师生互动教学双重优势，延伸了学习时间和空间，贯通了课前、课中、课后，成为当前职业院校广泛使用的课程教学模式。

（一）线上线下混合式教学模式的特点

国内最早正式倡导线上线下混合式教学模式的是北京师范大学的何克抗教授。他认为，混合式教学模式把传统教学方式的优势和网络化教学的优势结合起来，既发挥教师引导、启发、监控教学过程的主导作用，又充分体现学生作为学习过程主体的主动性、积极性与创造性[②]。2021年12月，在第十二届新华网教育论坛上，时任教育部高等教育司司长吴岩提出“混合式教学要成为今后高等教育教学新常态”。当前，线上线下混合式教学已经在职业院校课程教学改革中逐渐常态化，混合式学习成为学生的主流学习方式。数字技术赋能的混合式教学开创了个性化的教学新生态，相较于传统单一的线下面授教学，混合式教学的优势体现在多个方面：通过线上自主学习、自我测试、人机互动等扩充了学生的信息量，提升了学生的自主学习能力和学习效率；教师通过资源筛选、整合、开发，为学生提供丰富的学习资

---

①王文静. 中国教学模式改革的实践探索：“学为导向”综合型课堂教学模式[J]. 北京师范大学学报：社会科学版, 2012(1): 18-24.

②何克抗. 从Blending Learning看教育技术理论的新发展(上)[J]. 电化教育研究, 2004(3): 1-6.

源，可满足不同学习程度的学生自主选择学习内容、自主规划学习进度，满足学生的个性化学习需求；海量的数字学习资源扩展学生的知识面，多媒体技术打破时空局限，通过时间浓缩和空间聚合，为学生提供了全景式应用场景，丰富了学生的多感官学习体验，使学生学习更具有获得感，增强了学习趣味性，激发了学习热情；线上虚拟工作场景、工作坊等能使学生获得较高水平的认知临场感，人机互动、师生互动、生生互动的学习体验扩充了学生接收信息的渠道，打破课堂时空限制的学习更利于提高学习目标的达成度；多样化的互动方式拉近师生间的心理距离，增加师生、生生间的互动，营造了良好的学习生态，使学生更乐于深度参与课程学习。

线上线下混合式教学的实施需要重点解决两个方面的认知问题：一是混合式教学的“混”是“混什么”“怎么混”；二是混合式教学的目的“为了什么而混”。Goodyear强调，真正的混合式教学是在“以学生为中心”的学习环境下教学与辅导方式的混合，不仅仅是面对面教学与在线教学的混合①。如果将混合式教学理解成了基于互联网信息技术的线上教学与基于面授的线下教学的混合，即教学载体和场域的混合，是对混合式教学的简单片面理解。线上教学和线下教学不是简单的技术混合和两部分学习场景的简单叠加，也并非单纯以信息技术部分“替代”或“补充”课堂面授教学，“混”还指不同的教学手段、教学方法、教学资源、教学场所的混合，不是各种要素的“混搭”，而是多元教学要素的融合与重构，或者说是教学空间与时间、教学方式与评价方式等全面混合和融通。广义上的“混合式教学”是线上教学与线下教学的有效混合共生，又被表述为“双线混融教学”。是提高线上线下的融合度、匹配度和契合度，最终培育和演绎“教”与“学”同频共振的共同体生态链系统②。混合式教学是围绕“学生的学”而实施的一系列教学的组合，采用“以学生为中心”的教学理念，在现代信息技术和数字资源的支持下促进学生“深度学习”，最终目的是为学生创造一种高度参与的、个性化的学习体验。“授人以鱼不如授人以渔”，混合式教学是提升学习者终身学习能力的有效路径，无论是从线上学习，还是在课堂上跟随教师学习、与同学共同学习，都需要建立在学生自主意识和主动学习基础之上。混合式教学是在教会学生学习方法，最终将把学生引入自主学习和终身学习，而不是简单地用技术辅助教学，或为技术而技术的现象，更不是教学场景的割裂或生硬嫁接。职业院校技能大赛教师教学能力比赛是当前教育部保留的最高级别的教师赛项，在职业院校“三教”改革中具有示范性、引领性的作用，鼓励产出一流课程、一流教师团队、一流学生，赛项评审标准鼓励推进线上线下混合式教学，促进学生深度学习，但在信息技术上要求“数字技术运用适当，教学资源、设施设备提高教学与管理成效”，是倡导教师守住教育教学的初心，时刻反思“为什么而混”，不能因过度追求技术的创新而忽视了教学的本来目的。线上线下混合式教学的目的并不是单纯追求新技术、新方法，而是运用新技术、新方法为学生的高质量学习服务，增强学生的学习体验和收获。要把握好技术运用与教育实用的关系，体现教育教学改革对技术先进性、实效性的双重要求。

---

① GOODYEAR V, DUDLEY D. “I'm a Facilitator of Learn-ing!” Understanding what teachers and students do within student-centered physical education models[J]. Quest, 2015(67): 274-289.

② 王伟毅，顾至欣. 混合教学模式下高职在线开放课程学习实效评价指标体系构建与应用实践[J]. 教育与职业，2020(21): 85-91.

（二）“一二三五六”劳育课程教学模式的运用

基于OBE成果导向教学理念，本书采用线上线下混合式教学的基础范式，在劳动教育专题课程教学中构建了“一中心、双轨道、三阶段、五课堂、六环节”的课程教学模式。以培育社会主义核心价值观和马克思主义劳动观指导下的，适应新时代“新质生产力”需要的“高水平职业劳动素养”为中心，采用劳动教育、思想政治教育双线并行，实施“课前、课中、课后”的三段式线上线下混合式教学，以“五课堂”真实劳动环境和丰富的线上数字教学资源为支撑，设计“感、论、示、展、评、优”六个教学环节，采用任务驱动、小组合作、案例教学等教学方法，指导学生学劳动知识、技能、方法，做劳动任务，用劳动成果，悟劳动精神，达到强技能、提素养、重实践、育德行的劳动教育教学目标，如图6-3所示。

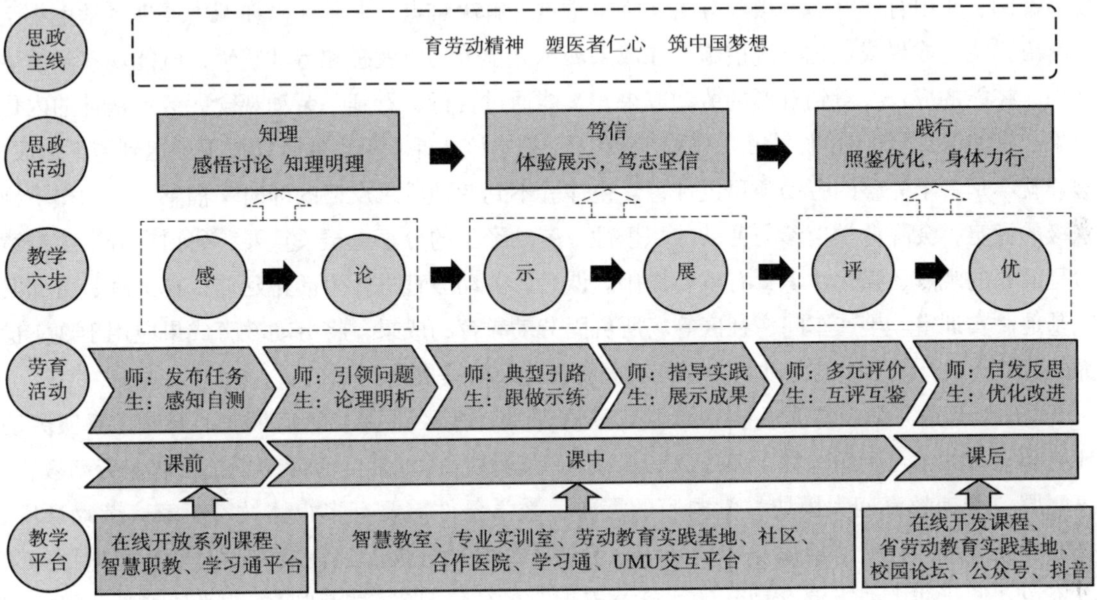

图6-3　劳动教育“一二三五六”教学模式

“一中心”即课程教学紧紧围绕“高水平职业劳动素养”这一中心开发劳动项目，以一个劳动项目设计、实施、评价的完整过程为牵引，把劳动观念、劳动能力、劳动精神、劳动品质和习惯的培育和提升设计其中。基于“一专业一课标”的建设思路，“高水平职业劳动素养”在不同的专业中有不同的表述，如工科专业的职业劳动素养里更侧重工匠精神，公共管理类专业的职业劳动素养强调沟通能力、团队精神，在护理、高速铁路乘务等专业则要体现无私奉献、人文关怀、耐心细致、关注细节等劳动精神和劳动品质。

“双轨道”即外在能力与内在素养培育双线并行，思想和行动能力同步提升，劳动知识、劳动技能是显性素养，易教、易学、易评，而劳动观念、劳动品质、劳动习惯、劳动态度、劳动情感是隐性素养，必须通过长期的、持续的、多渠道的、正向的强化才能形成稳定的心理特征。因此，劳动教育教学中要始终坚持思想教育、行为习得、习惯养成同等重要，学、思、践、悟同步，知行合一。

“三阶段”即在教学进程上分为课前、课中、课后三个阶段，采用线上线下混合式教学的基本范式，设计教学组织和教学内容的呈现方式。教育信息化和数字技术的发展延伸了课堂的内涵和外延，区别于传统的课前预习、课中学习、课后复习，三阶段混合式教学是线上线下一体化、课内课外一体化、虚拟现实一体化的智慧生态教学系统。借助学习平台的交互功能及丰富的数字学习资源，学习向课前推移，课前学生的自主学习也是教学的重要组成部分，通过教师预设的学习任务和学习资源，学生需要完成基础性学习内容，区别于之前预习环节的“了解”，而是作为正式学习的“掌握”。课前，学生通过知识学习、任务选择、自测、反馈、收集信息、小组任务等活动，掌握基本的项目和任务要素，培养自学、合作、信息处理等能力，完成基础学习任务；课中，教师放弃面面俱到，聚焦对学生实践操作的指导以及认知的补充和矫正，可以跳过基础知识的单向传授讲解，以“精讲—留白”取代传统课堂的“漫灌—满溢”。以课前测试反馈的结果分析重点、疑点和难点，借助信息化工具，采用项目教学、任务驱动、情境案例、小组合作等多种教学方法，突出重点、解决难点，尤其注重在课中展现各学生小组的解决方案、成果或优化改进措施，在成果展示分享劳动成就感和劳动感悟，既能观察到学生知识、技能的成长，看到有形的劳动成果，又能通过言行“看到”劳动观念、劳动精神的内化成果。有些课堂限于时间、场地、师资等原因，把本该在课堂呈现的劳动成果推迟到课下完成，这样就不是一个完整的劳动项目设计，学生体验不到劳动成果反馈的即时幸福感，劳动得不到积极的肯定，会降低学生参与劳动的积极性。劳动经验的分享也至关重要，研讨和分享对澄清似是而非的观点、强化认识具有重要作用。课后，劳动教育进行生活化延伸，在家庭、劳动实践基地、实训室、生产车间、社区等场所巩固劳动教育的成果，将劳动教育成果应用于现实世界的劳动实践，使学生的劳动素养得到巩固、强化及持续提升。

“五”即是“学校课堂、空中课堂、家庭课堂、社区课堂、企业课堂”五课堂真实劳动环境和丰富的学习资源支撑。基于认识劳动与劳动教育、日常生活劳动教育、职业劳动教育、志愿服务劳动教育四大模块教学内容的需要，教学条件需要有多媒体教室、家庭劳动环境、企业劳动环境、社区志愿服务劳动环境，为便于教学的开展，还需要有随时随地可取用的学习资源，便于线上线下混合教学的实施。五课堂的建设是教学顺利实施的必要保证，可实现劳动教育的全员、全过程、全方位。本书以护理专业为例，论述“五课堂”建设的实践探索。

“五课堂”建设案例

学校整合研讨型多媒体教室、校内专业实训室和省示范性劳动实践基地等资源，建成集理论教学、仿真家务劳动、真实农耕劳动、仿真职业劳动以及包括剪纸大师工作室、泥塑工坊、鲁班工坊等工艺劳动于一体的校内劳动教育综合实践基地；开发了“衣、食、住、礼、艺”五大门类40余门在线开放课程，形成了体现学校“红色·匠心·博艺”文化特色的劳动教育课程品牌“博约课程”，构建了空中课堂，为学生自主学习及教师布置任务提供支持，实现资源融通，智慧育人；采用“1+1”的组合方式，要求每名学生邀请一位家长协同进行家庭课堂建设，生活劳育的重要场域，完成生活化劳动任务，实现劳动教育日常化、生活化；以养老院、街道、社区为服务场所建设社区课堂，组织学生实施公益劳动和志愿服务性劳动；以合作企业、农场、非遗传承基地、康养中心等生产型单位或职业场所为企业课堂，主要进行职业领域的工业生产、农业生产、商业及其他服务性劳动、工艺劳动、智能劳动教育，对接现实世界的真实职业劳动。学生劳动教育“五课堂”建设框架如图6-4所示。

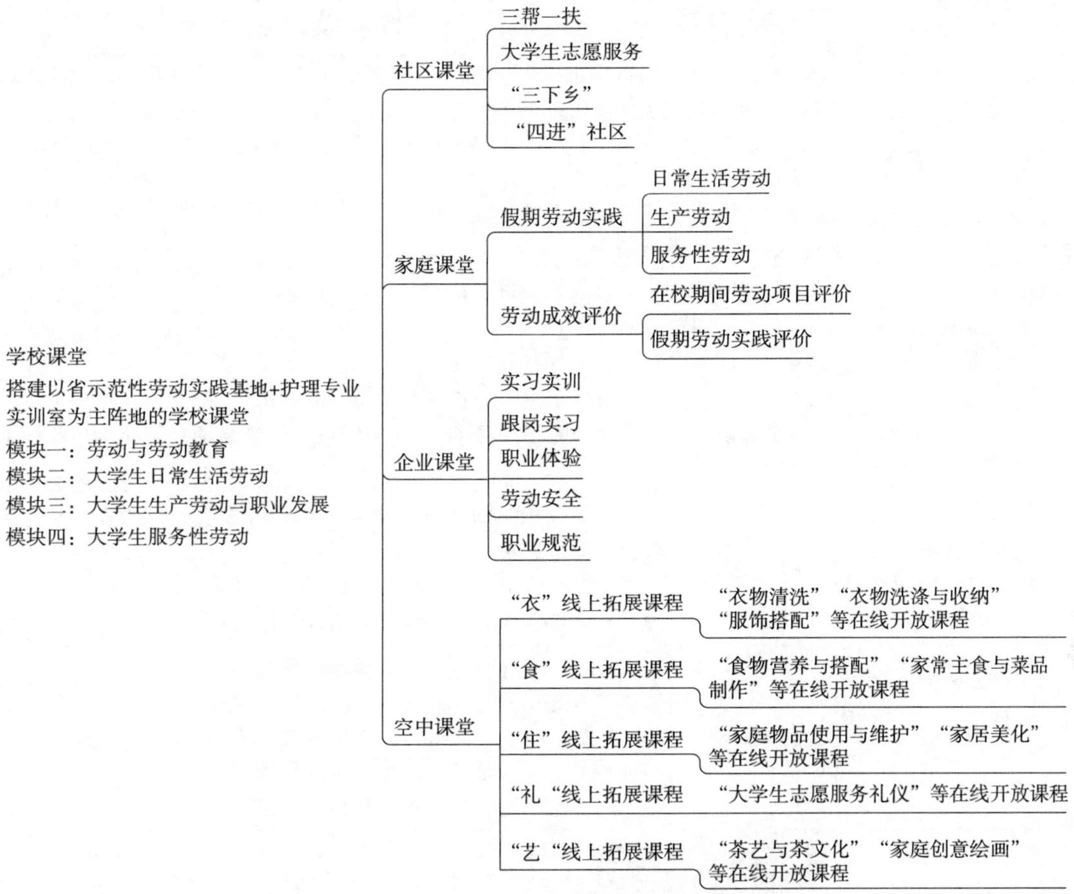

图 6-4　学生劳动教育“五课堂”建设框架

“六环节”即劳动项目实施的“感、论、示、展、评、优”六个环节。下面以护理专业的“创新劳动——走发展之路”为例说明具体实施过程。

大学生劳动教育“六环节”教学模式实施案例

学习情境：学生生产劳动与职业发展

劳动项目：创新劳动——走发展之路

一、教学内容分析

创新劳动是劳动教育的重要组成部分。将创新劳动深度融入专业教育，是培养学生创新创业意识、思维、能力的重要手段，对提高学生的就业竞争力和创新创业能力，培养新时代所需的创新型人才具有重要意义。

二、教学设计

本项目教学目标在于，通过创新劳动理论知识和创新劳动策略学习，加深学生对于创新劳动内涵与形式的理解，培育学生“在创新中求发展，用劳动创造个人价值”的劳动观念，提升学生的创新思维、创新性解决实际问题的能力以及劳动创造能力，培育学生的劳动精神、工匠精神和创新精神，培养勤于动手实践、善于将创意转化为成果的劳动品质，养成勇于创新、善于创新的思维习惯和行为习惯。

“创新劳动——走发展之路”教学设计表

<table>
<tr><td rowspan="3">教学目标</td><td>素质目标</td><td colspan="2">（1）树立“在创新中求发展，用劳动创造个人价值”的劳动观念，增强积极进取的劳动态度和热爱劳动的劳动情感；
（2）培养勤于动手实践、善于将创意转化为成果的劳动品质，养成勇于创新、善于创新的思维习惯；
（3）培育劳动精神、工匠精神和创新精神，增强“强国有我”、将“小我”融入“大国”的爱国情怀</td></tr>
<tr><td>知识目标</td><td colspan="2">（1）掌握创新劳动的内涵和特征；
（2）了解创新劳动的形式与形态；
（3）掌握常用创新劳动提升策略</td></tr>
<tr><td>能力目标</td><td colspan="2">（1）能够运用创新劳动策略，分析案例需求，制定解决方案；
（2）能够运用所学专业知识进行学生创新创业，将创新项目转化为成果，服务社会</td></tr>
<tr><td>教学重点</td><td>（1）创新劳动的内涵与形式；
（2）创新劳动策略</td><td>解决方法</td><td>（1）专业相关新闻案例导入，教师问题引导，激发学生学习兴趣，促进思考；
（2）课前访谈实践，模范面对面，感悟深刻；
（3）撰写心得体会，分享交流，内化于心</td></tr>
<tr><td>教学难点</td><td>运用创新劳动策略，分析案例需求，制定解决方案</td><td>解决方法</td><td>（1）优秀项目示范，学生学习规范；
（2）小组分工协作，集思广益；
（3）创新创业老师指导，突破难点；
（4）以“赛”促提升，优秀项目参赛；
（5）成果转化，参与社会实践，用实践促提升</td></tr>
<tr><td>教学资源</td><td colspan="3">
智慧职教MOOC平台：精品在线开放课程“学生劳动教育”
劳动案例资源库　校本劳动数字资源库　国家劳动教育平台　智慧教室</td></tr>
<tr><td>教学流程图</td><td colspan="3">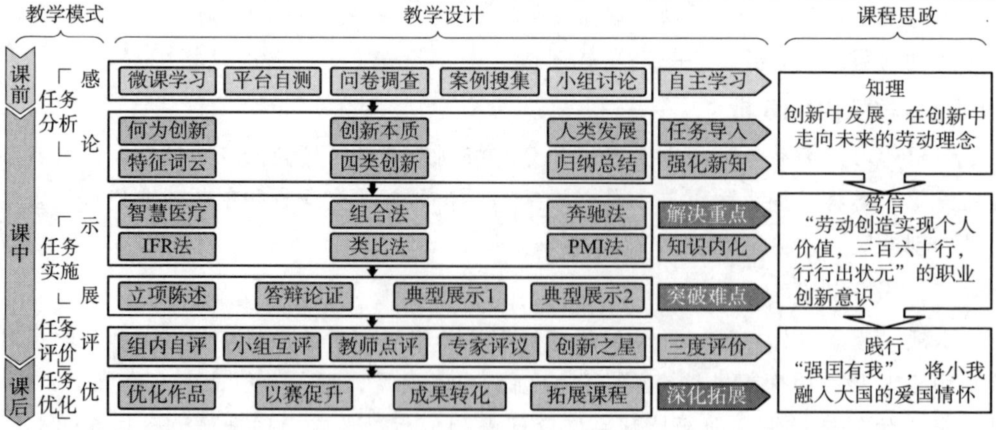</td></tr>
<tr><td>教学方法</td><td colspan="3">任务驱动法、案例教学法、示范教学法</td></tr>
</table>

（一）感知自测环节

课前，教师在学习通推送微课“创新劳动”、创新案例视频和课前测验，学生自主学习微课、完成测试和课前讨论任务：对创新劳动的认识，创新的难点是什么。

教师基于工作真实岗位和场景出发，提前设计并发布调查问卷任务：针对内科、急诊科、骨科、户外核酸检测人员四类护理工作人群做关于“护理工作中的痛点”问卷调查；学生完成问卷调查，并收集创新劳动案例，教师根据学生反馈调整教学策略。

课前感知自测环节重点培养学生的自主学习能力，要求学生提升信息检索的能力，完成对创新劳动的基础认知学习任务。教师通过知识小测和调查问卷，准确掌握学情，教师及时调整教学策略，进行针对性教学设计。

（二）讨论分析环节

课中，教师引导学生小组讨论，以第二届全国创新争先奖获奖者汪晖主任的事例进行案例分析，辨析创新劳动的内涵、本质、特征，对接工作岗位，激发学生学习兴趣，充分理解创新劳动的重要意义，学生在App上完成小组讨论任务，提高讨论效率，培育学生团队合作能力；基于视频“劳动创新与人类发展简史”分析创新劳动的特征、成果形式和创新对于实现民族复兴的重要作用，树立“在创新中发展、在发展中走向未来”的创新劳动理念。基于案例“居里夫人片段”“创新中国——墨子号”“机器创新产品”，使学生直观了解创新劳动的不同形式与形态，调动学生积极性与学习兴趣。培养“劳动创造实现个人价值，三百六十行，行行出状元”的职业创新意识。

在这一环节，学生在教师引导下对精心选取的案例进行剖析，案例的选择一部分由教师根据课程选定，一部分由课前学生借助手机检索得到，尊重学生的学习自主权，发挥学生学习的主动性、积极性。借助职业的案例分析，通过辨析帮助学生掌握创新性劳动的基本理论和方法。创新劳动理论和现实社会劳动的联系，不是采用灌输的方式，而是采用学生自主探究、深度思考的辨析、总结、归纳等方法，借助学习平台进行点赞、投票等，能够激发学生的学习热情。

在“感”和“论”的环节，在知识层面强化了创新劳动的基本内涵、特征、意义等，在思想层面树立了“在创新中发展、在发展中走向未来”的创新劳动理念，有效地解决了教师讲、学生听的传统教学模式下，学生死记硬背导致的不理解知识、不接受理念等问题，提高了理论知识学习的成效。

（三）典型示范环节

学生通过智慧医疗案例、表格分类游戏等掌握组合创新的主要形式、要点，教师案例示范类比法、奔驰法、IFR法等创新方法的原理和流程，学生在案例情境中了解国家“互联网+医疗”战略和数字时代科技创新为医疗带来的巨大变革，提升学生的职业创新意识和团结协作意识。采用小组答辩的形式让学生在“辩理”中采用小组答辩的形式让学生在“辩理”中深入理解创新劳动的内涵、特征、形式，澄清概念、厘清关系，理清思路，突出“创新劳动的提升策略及应用”这一教学重点，引导学生牢固树立“劳动创造实现个人价值，三百六十行，行行出状元”的创新意识，自觉培育劳模精神、工匠精神、创新精神。

（四）成果展示

成果展示是创新劳动成果产出的关键环节，也是课堂教学中对劳动素养培育起着核心引导作用的关键环节。课前的学习任务前置，可以将课堂时间更多地交给学生进行任务实施和成果展示。教师分析课前调查问卷的结果，梳理调查反映出的护理工作中四个需要解决的问题，即陡坡路况下轮椅行驶安全问题；输液留置针维护问题；急诊科室平车安全置物问题。指导学生以小组为单位，依托课前调查，选择合适的创新方法进行本组创新劳动项目设计，上传学习通平台，并进行立项陈述。教师和学生按照创新劳动三要素原则通过平台点赞、投票方式从各小组的项目设计中评选优秀项目，教师依据投票反馈，实时调整教学内容，选择并完善项目设计方案，师生共同劳动实施项目设计方案，解决创新应用的难点，产生物化创新劳动成果。教师组织各组展示创新劳动成果，医院导师进行指导、点评，促使学生进一步完善解决方案，以便于课后进行完善和成果转化，产生真实社会价值和经济价值。引导学生分享实践感悟，在感悟分享活动中培育将“小我”融入“大国”的爱国情怀。

在“示”和“展”的环节，通过项目引领，任务驱动，采用案例教学、小组合作等教学方法，手脑并用真操作、真劳动。从知识技能达成上，使学生在真实的劳动中深入学习创新劳动的方法，掌握劳动知识技能，提升了自身劳动技能水平。从劳动品质的塑造上，通过真调研、真劳动，引导学生感悟创新源于诚实劳动、研究性劳动，自觉培育追求卓越、严谨思考、诚实劳动、创新劳动的学术品质。在劳动精神的培育上，通过实证调研发现问题、扎根专业分析问题、创新思路解决问题，让学生体验一个完整的研究过程，形成研究性学习、研究性工作的思维模式，建立高质量、高效能、高品质的工作追求，将工作的高质量、善创新与为病患解除病痛、为祖国的医药卫生事业做贡献联系在一起，自觉培育劳模精神、劳动精神、工匠精神，达成“笃信”的思政教育目标。

（五）任务评价

从评价主体上，有任课教师、同学、创新创业指导教师、企业专家以及平台辅助评分。从评价维度上，采用“多元三度五维”学生劳动素养评价指标进行多维评价。从评价方式上，采用组内互评、组间评、教师评、专家评等多元评价主体评价的方式，组内成员针对自身项目的缺点与局限性进行自评；小组之间针对项目书规范性进行互评；教师对各组方法应用价值进行正向评价；创新创业指导教师针对创新项目解决方案的意义及可实施性进行评价；企业专家从成果的实用性、成果价值和可操作性、成果转化可行性等方面进行评价。通过组间投票互评及教师、专家点评成绩，综合评选“进步之星”“创新之星”，兑换为增值激励评价分值，推选优秀项目参加创新创业大赛。这个环节，学生自我反思，相互借鉴，优化作品，教师关注优点体现评价“温度”，提升学生学习乐趣，专家点评注重深度，提升成果质量，关注评价宽度，鼓励学生增值成长，增强学习获得感。

（六）优化成果

课后通过生活化劳动任务对劳动教育成果进行巩固优化，学生利用创新劳动成果帮助社区医院和康养中心改进护理工具和服务流程，应用于社会实践及相关公益项目，实现项目成果转化，通过劳动技能服务社会进一步加深感悟，提升综合劳动素养。进一步利用校本劳动数字资源库，学习优秀创新劳动案例，优化项目，参加创新创业大赛，助力职业发展。

在“评”和“优”的环节，从劳动教育的目标看，学生以任务所习得的劳动技能创造真实的劳动成果，体验劳动成就感和学习的获得感，培养创新劳动的能力。从思政教育目标看，采用多种形式的评价，强化学生严谨、专注、仁爱、追求卓越的护理人职业素养，达成了“践行”的思政教育目标。

（三）课程教学模式开发的启示

意大利著名幼儿教育家蒙台梭利认为，正常儿童天生具有“吸收性心理”，儿童的学习具有创造性，能够从周围环境中吸收成长所需，成人的工作在于给儿童成长搭建“有准备的环境”，并引导儿童与环境互动，通过教师、环境、儿童的有效互动促进儿童全面发展。基于蒙台梭利的教育理念，学生的主观能动性是学习的关键要素，线上线下混合式教学模式是充分激发学生学习的主观能动性，促进学生自主性学习的有效手段，在实施运用中，需要重点关注以下几个方面：

（1）建设丰富的数字化劳动教育学习资源库，支持学生自主学习和深度学习。课前、课中、课后的三阶段学习都离不开数字化学习资源库的支持，教师需要加大资源库建设力度，与学生共同通过预设和生成的方式，采用文本、视频、动画、案例等多种形式建设丰富的数字化劳动教育资源。资源库建设可以通过多种渠道，鼓励各界劳动者录制真实劳动资源，鼓励学生在劳动教育过程中生成劳动教育资源，鼓励各院校优秀劳动教育资源的共建共享。

在资源建设中注重案例资源的建设，各行各业的真实劳动案例、学生的优秀作品，都能直观呈现劳动和劳动教育的创新成果，更贴近学生劳动认知、劳动技能的发展水平，让学生在劳动中从模仿借鉴走向创新和超越。案例库可以涵盖劳模展厅、成果案例、感悟体会等板块，使之兼具学习、研读、展示的功能。课前，教师利用学习通平台发布任务，学生利用数字化学习资源自主学习；课中，引导学生研学劳模案例、任务示范等，加强劳动认知，确立劳动价值观；课后引导学生深度学习，学习劳模精神、借鉴劳动过程、拓展成果应用，解决劳动教学场景不能停留、不能同步、不能共享的“盲区”。

（2）借助现代信息技术，破解教学重点和难点。项目引领下的任务驱动、案例教学、小组合作等教学方法，离不开现代信息技术的辅助。如使用UMU交互平台、学习通、智慧职教平台实现课前导学、课中实时反馈、课后推广成果；使用了Room Planner Design Home 3D虚拟软件将学生的劳动成果进行模拟、验证；使用线上丰富的数字化劳动资源，支持导学、研学、拓学，协同解决学习重点。借助现代信息技术可模拟进不去、看不见、具有灾害性以及其他日常生活和劳动中不易出现的劳动场景，学生借助平台的虚拟仿真场景可提升应急应对能力，突破学生学习的难点、痛点、堵点，提升安全防护及应对风险的能力，提升学生劳动素养的深度和水平。

（3）生成学生成长画像，促进学生劳动素养全面发展。每个人的劳动素养成长均具有不均衡性和差异性，劳动教育的目的是提升综合劳动素养，最终促进学生实现全面发展。教育者要善于借助现代信息技术平台，通过评价帮助学生进行诊断。很多平台具有可视化分析功能，如数据可视化插件、数据可视化库、数据仪表盘、可视化报表等，将评价结果按照评价维度录入，可生成可视化学生成长画像，往往用图表、报告、雷达图等形式呈现，便于师生理解和分析画像数据，根据数据细化劳动素养的发展状况，查找短板、弱项，制定改进措施，优化个性化教育和学生个人发展方案，便于教师、家长对学生进行成长跟踪和监督，促进学生持续、全面发展。

第七章

劳动教育的考核与评价

考核评价是劳动教育教学体系建立决策系统、目标与标准系统、监控系统、评价与反馈系统、支持系统闭环的关键环节，基于教学目标又回归到教学目标，是验证教学实施成效、保证教学目标达成的方法和手段。教育评价是教育发展的指挥棒，是教育进入全面普及时期能否健康前行、科学发展的重要前提，既是思想也是方法，在新时代具有特殊意义[①]。考核评价是反思和改进劳动教育措施和师生教学行为的有效手段，指向劳动教育目标是否实现，事关劳动教育的发展方向和学生劳动素养的水平，具有定向、强化、激励、改进职能。教育者需要建立科学的学生观，正确认识学生的劳动素养，建立科学的评价标准衡量学生素养的养成程度，设计科学合理的考核内容及具有可操作性的考评方式，通过收集信息、分析解释，对学生的素养养成进行价值判断，为教育内容、教育手段等教学改革提供依据。教育评价也是学校人才培养与社会需求的衔接环节，是教学标准、考核评价标准与现实世界中的劳动标准、岗位标准的交互，科学实用的教学标准和考核评价标准必须来源于现实世界的劳动标准、岗位标准，并适度超前，体现劳动生产力的高质量和发展趋势。设计考核评价标准需要综合考虑人才培养与人才使用的对接，学习过程、学习结果与劳动成果、劳动应用的对应，以及学生整体劳动素养与时代和社会需求的契合，既关注知识技能的习得，又关注学生劳动方法、态度、情感、价值观的形成，经验的积累、原理的运用、方法的整合、设计的创新、技能的迁移、文化的感悟等，形成劳动素养与整体素养提升的评价机制，解决好“评什么”“如何评”“为什么这样评”这三个关键问题，促进学生形成与新时代发展相符的正确的劳动价值观，形成应对新时代各种复杂的、不确定的劳动所需的关键能力和必备品质。

新时代劳动教育的教学目标是从劳动价值观、情感态度、知识技能、品质习惯等全维度培养学生整体的、综合的劳动素养。劳动素养是一个总体概念，既体现思想认知又体现行动和创造，衡量学生劳动素养的养成情况也需要从全维度进行综合评价。《意见》提出要健全劳动素养评价制度，将劳动素养纳入学生综合素质评价体系，把劳动素养评价结果作为评优评先的重要参考和毕业依据。《纲要》对于劳动教育评价做出明确要求：将劳动素养纳入学生综合素质评价体系。《意见》和《纲要》对劳动教育“如何评”做出了具体

① 马陆亭. 深化新时代教育评价改革研究(笔谈)[J]. 中国高教研究, 2020(11): 1-6.

要求，为职业院校探索科学的、符合学生发展的劳动教育考核评价体系指明了方向并提供了依据。

第一节 劳动教育考核评价的困境

新中国成立以来，无论作为直接参加生产劳动的载体，还是作为增强德、智、体、美教育成效的实践活动，抑或成为一门专门研究劳动的专题必修课，劳动教育的考核评价均有着多种探索和实践，有的重在结果评价，以劳动成果的多少和质量作为评价标准，有的重在过程评价，以劳动过程中的现实表现作为评价标准，主要围绕着现实表现、劳动技能、劳动成果展开，但在考核形式和内容上没有形成相对统一的体系。2022年教育部发布《义务教育劳动课程标准（2022年版）》，对中小学的劳动教育课程评价进行了规定，但在职业教育和高等教育中尚未形成统一的标准，这也为教育者开展教育评价改革提供了广阔的空间。当前，职业教育领域虽然有一定的研究者对劳动教育的内涵、目标、课程和考核评价进行了积极探索，但始于探索时间短，与职业教育的特点和成果导向的学习特征缺乏有效结合等因素影响，职业院校劳动教育的考核评价仍然存在评价体系不健全、评价主体单一、评价工具简单、评价周期偏短、评价指标不科学等种种问题。

一、职业院校劳动教育考核评价的现状

《意见》和《纲要》发布以来，职业院校的劳动教育在政策文件的指引下得以统筹、规范地推进，但由于各地域教育资源的不均衡、各院校办学特点和办学优势各异、产教融合发展不一等条件所限，推进状况并不均衡，主要表现为：有的学校未开设劳动教育专题课程，仅以劳动周作为劳动教育的主要途径，尚未将劳动教育考核评价列入学生的学业成绩；有的学校虽然开设了劳动教育专题课程，但仅用于线上运行，没有专门的线下教学，也未能对考核评价做出系统的设计和安排，仅以线上课程的学习成绩作为学生劳动教育的最终成绩；有的学校开设了专题课程和相应实践活动，但在劳动教育评价上存在内容片面化、形式单一化的状况，或仅进行劳动理论课程考核，或仅对劳动实践活动进行简单的等级考评。

通过对河北省内10所职业院校进行了劳动教育课程评价的调研，发现这些样本学校均落实《意见》和《纲要》精神，将劳动教育列入了人才培养方案，其中在公共基础课模块专门开设劳动教育专题课程的学校有8所，其他2所学校以劳动实践活动的方式落实劳动教育。在开设劳动教育专题课程的8所学校中，6所采用线上运行的方式，2所采用线上线下混合式教学的方式。在考核评价设计与实施上，2所学校的劳动教育评价理论课考核和实践活动考核评价成绩各占50%，2所学校以理论课笔试成绩作为劳动教育课程成绩，4所学校以学生的线上课程学习记录如学习时长、测试成绩等作为劳动教育课程成绩。没有开设劳动教育专题课程2所学校，以学生劳动实践活动的等级评价作为劳动教育学业成绩。笔者对劳动教育理论笔试的内容进一步梳理发现，考核内容主要为劳动价值观内涵、劳动精神内涵、劳动安全知识、劳动权益法规等理论知识，对于学生的劳动情感、劳动态度、劳动品质等，无法从标

准化考试中获取考核数据，也没有在劳动教育考核体系中进行明确标注，至于劳动技能的进步、劳动态度的转变、职业精神的深化等增值性评价更没有体现。

二、劳动教育考核评价的问题分析

劳动教育考核评价是“指挥棒”和“风向标”，考核评价机制不健全、考核内容不全面、考核执行不到位、结果不能有效利用，均将导致劳动教育流于形式，难以达成正确的劳动价值观“走脑入心”、劳动素养有效提升的目的。分析调研中各校的劳动教育考核评价现状，不难发现，职业院校的劳动教育考核评价存在不全面、不完整、不成体系的突出问题。

（一）从理论层面看，缺乏专题系统性研究

2020年《意见》印发以来，学者们对劳动教育给予了高度关注，业界掀起了极大的劳动教育研究热情，有关职业院校劳动教育的研究成果主要集中在劳动教育的价值层面、内涵建设等，基本为宏观设计层面的研究，缺乏对劳动教育教学实施的实践研究，有关劳动教育考核评价的专门研究数量不多，尤其是评价标准和实施细则或规范考评体系建设的研究更是凤毛麟角。笔者以“职业院校、劳动教育”为关键词在知网数据库进行检索，共检索2 431篇论文，加入关键词“评价体系”进行检索，仅检索出13篇，有关职业院校劳动教育评价体系建设的研究是劳动教育研究的弱项。

当前，职业院校劳动教育考核评价体系的建设需要处理好与专业教育的考核评价体系之间的关系。一方面，劳动教育可借鉴专业教育的考核评价体系建设的有益经验。职业院校的人才培养目标是培养高素质、高技能人才，实习实训既是专业教育的实践教学环节也是劳动教育中的实践教学环节，各专业均建有较完善的、与岗位标准对接的考核评价标准，劳动教育可将职业技能和职业素养的评价指标进行二次开发，建构符合劳动教育特点的指标体系；另一方面，劳动教育的考核评价要区别于专业教育的考核评价，专业教育的评价标准是从专业的角度而非劳动教育的角度引领实践教学，指标侧重于专业技能，而劳动教育的评价标准要体现以劳动观念为核心的综合劳动素养培育。在劳动教育研究中，要摒弃专业实训课或岗位实习等同于劳动教育、专业考核评价体系代替劳动教育考核评价体系的认识误区，加强劳动教育具有自身特点的考核评价体系的研究和实践探索，体现劳动素养的进阶性和劳动教育的专业性，体现劳动教育与现实世界的连接，关注现实生活、产业和社会的发展需求以及工作岗位的要求，关注劳动者对职业岗位的责任感、对技术工具的规范使用和对技术流程的实践、对技术创新的认知等。因此，开展职业院校劳动教育考核评价理论研究和实践探索，通过系统分析和反思当前职业院校劳动素养评价的实施困境，并有针对性地提出优化策略具有重要意义。

（二）从实践层面看，缺乏科学合理的考核评价体系

综观当前职业院校德智体美劳考核评价体系的建设现状，德育一般由马克思主义学院、学生处综合实施，有较完整的、细化的评价指标和测评办法；专业教育在“岗课赛证”的职业教育理念引导下，考核评价体系更加多样、完善，且与学生的毕业条件挂钩，对学生学习起到了良好的导向作用；体育的考核评价体系建设除了有专门的体育课程，还有学生体质健

康测试作为工具；美育和劳育尚未建立起科学的、独立的、细化的考核评价体系。梳理样本学校的劳动教育考核评价体系建设，问题主要表现为六个方面：

一是缺乏专业化的劳动素养评价标准。各校尚未建立系统完善的考核评价标准，劳动教育考核孤立，未纳入学生综合素质评价体系，未与学生的毕业条件、评优评先挂钩。由于知识技能是显性的，易于考核，而劳动观念、劳动精神、劳动品质和习惯是隐性的、长期的，难以有效量化，因而各校一般借鉴专业教育的考核评价方案，或采用理论考核评价劳动教育知识的积累情况，或采用技能考核评价劳动技能的掌握情况，或采用过程考核评价学生的现实表现，虽然采用了过程评价与结果评价相结合的考核评价方式，但评价指标各异、成绩组成结构及权重不一，与劳动教育教学目标尚未实现有效对应和全面覆盖，指标点的分解也难以做到科学、合理、可评可测，体现劳动教育的专业性和科学性。此外，作为职业教育的一部分，职业院校的劳动教育应服务于高素质、高技能人才培养，但各校的考核评价标准与职业教育的职业性尚未有机结合，缺少与职业对应的定性定量考核，难以适配职业院校的专业性、职业性特征，产品意识、创新精神、质量意识、职业精神等凸显职业教育特色的要素没有纳入评价范畴，职业教育的特征没有凸显。

二是评价指标对教学目标覆盖不全。评价指标关系到教学目标的达成度，需要对应教学目标并覆盖教学目标，指标点明确具体、可评可测。评价指标的设计要避免重结果轻过程的倾向，不能只评价劳动成果不评价过程，不能只看劳动速度的快慢和劳动成果的优劣，而忽视劳动过程中学的努力程度以及身心体验和经历，一名前期基础弱但认真对待劳动教育、努力劳动的学生，不能因为劳动成果达不到预期而受到轻视，否则会降低学生对劳动教育的热情。劳动教育不能忽视塑造人的过程体验，简单地以劳动成果的多少、优劣衡量劳动教育的成效，需要关注学生劳动任务完成过程中所展现的劳动观念、劳动品质、劳动习惯的养成。教师需要建立科学、全面的学生观，不能片面厚此薄彼，既不能抱有“重在参与”的思想忽视对劳动能力、劳动品质习惯的严格要求，也不能片面强调劳动成果而忽视学生劳动过程中对劳动艰辛与创造快乐的体验；评价指标的设计还要避免重劳动本体性知识技能轻隐性劳动素养的倾向，考核指标要全面设计对劳动观念、劳动能力、劳动素质的考察和测量，不能仅以劳动本体性知识与技能的测量构建指标体系，要合理设计劳动观念、劳动能力、劳动素质的指标及权重，不能将“能劳动”等同于“爱劳动”，要科学考察学生态度与情感、劳动精神、劳动价值观、沟通与合作等素养的养成情况，体现劳动教育的价值追求。

三是考核内容与评价标准不能有效对应。限于劳动教育课程开设时间短，劳动教育尚未学科化、专业化，2020年《意见》和《纲要》印发之后，劳动教育才作为一门独立的课程纳入人才培养方案，多数院校的课程建设尚处于探索、初建阶段，劳动教育的内容不一，考核标准不一，考核内容千差万别，多以考知识、考技能为主，对劳动观念、劳动品质和习惯、劳动精神等缺乏有效的内容载体。劳动教育的教学目标包括劳动观念、劳动能力、劳动素养，考核内容需要对接教学目标，使学生能够通过语言、行为、表现等方式展示其劳动素养的养成情况，便于评价主体通过观察、测量等方法进行量化或质性评价。有的学校虽然对应教学目标覆盖劳动观念、劳动能力、劳动品质和习惯、劳动精神建立了相应的评价标准，但评价指标的落实缺乏依据，即考的内容与评的内容不一致，如有的学校采用笔试的方式用试题考核学生的劳动品质和习惯、劳动精神等达成情况，严重背离了劳动教育教学目标的基本内涵，使劳动教育出现了新型的异化现象。职业院校需要深刻理解新时代劳动教育的内涵和根本要求，精心设计劳动教育的考核内容，不仅应包括劳动本体性知识、劳动技能、劳动成果等劳动的本体性内容，更应加入对学生劳动观念、情感、态度、品质、习惯等隐性素养的考核，采用科学的考核内容使学生全方位呈现劳动素养的达成情况。此外，教学内容和考核内容还要避免重生活性劳动轻生产性劳动的倾向，由于劳动教育课程属于公共基础课程，从事劳动教育课程教学的教师为公共课教师，因而部分院校在劳动教育中侧重于日常生活劳动和志愿服务性劳动，认为职业劳动是专业教育的职责，没必要再额外强化。这其实是对劳动教育与专业教育内涵界定不清的表现，高等职业教育培养适应职业岗位的、从事专门劳动的、具有较高水平的技术技能人才，其中的劳动教育具有职业性。有研究指出："与一般的劳动教育是普通教育的普及版不同，职业教育是劳动教育的专业版。"①劳动教育根据学生身心发展特点，培养学生综合职业素质及实践应用能力，又是职业教育的加强版。职业院校的劳动教育更应与专业教育紧密结合，双向互动，劳动教育要强化劳动纪律、劳动规范、工匠精神、创新精神等有关劳动品质习惯、劳动精神的教育，使专业教育体现"高素质"人才培养，专业教育也应助力劳动教育的职业化、专业化特质，使劳动教育体现"高技能"人才培养，使"劳动能力"指标得到有效强化，使学生在劳动教育中学到"真技能"，获得劳动"真能力"，真正服务并优化现实生活。

四是评价主体单一。职业院校的劳动教育与学生的日常生活和社会生活相关，与学生未来的岗位工作紧密相连，用人单位、家庭、社区等是劳动教育的利益相关者，理应成为学生劳动素养的评价主体，而当前的劳动教育尚未建立与家庭、企业、社区的有效联结，各利益相关者缺乏进入教育教学和考核评价的渠道。各校虽然建立了由校内教师和学生自评、互评的多元评价，但教师、学生对真实劳动标准的掌握不到位，导致评价的科学性、信度不足。特别是对学生在实习实训、社会实践等项目中所展现的基础能力、劳动态度、劳动过程、劳动成果等劳动素养是否符合实际要求缺乏有效评价，使劳动素养评价不能有效支撑教学目标，无法有效验证教学目标的达成度，违背了劳动教育实践性、综合性、社会性的特点，人为加剧了劳动教育的虚化和弱化。

五是评价周期偏短。当前劳动教育的考核评价均以课程考核的方式存在，往往只针对课程开设的学期进行考评，作为课程学业成绩计入学生学业水平成绩，忽略了劳动教育的长期性，也忽略了学生劳动素养养成的阶梯性。学生高水平劳动素养的形成在于劳动教育的日常化和生活化，使劳动教育所彰显的理性价值、育人功能融入学生的日常教育管理和生活实践，应贯穿于全学段、全过程。《意见》提出劳动教育纳入学生综合素质评价的目的在于建立贯穿全过程、覆盖全方位的劳动教育考核评价体系，把劳动教育生活化、常态化，使学生的劳动素养得到持续提升，职业院校需要确定评估和改进周期，如以学期或学年为一个评价周期，确保评价的及时性、连续性，还可以参照教育部《高等职业院校内部质量保证体系诊断与改进指导方案（试行）》（教职成司函〔2015〕168号），将劳动教育

①赵伟. 试论劳动、劳动教育和职业教育的关系[J]. 中国高教研究, 2019(11): 103-108.

纳入学生层面诊断与改进促进工作，督促学生进行自我诊断和改进，促进劳动素养的持续提升。

六是评价工具单一。劳动教育评价工具的科学性直接关系到劳动教育的效率和质量，劳动教育的长期边缘化也一定程度上源于其评价工具的单一性。以终结性考试作为劳动教育主要评价工具的考核方式，势必造成任课教师只能以劳动任务完成的数量指标和劳动行为的定性记录进行评价，无法有效评价劳动过程中的劳动精神、劳动品质等劳动素养，即使在成绩组成中有平时成绩，但一般以出勤作为评价依据，对学生日常劳动行为的记录和评判或流于形式，或只能作为附加分值。建立在质性评价基础上的评价工具，如问卷、访谈、记录袋等手段不被使用，学生在劳动过程中的成长与发展就无法被观察到，也不可能形成实时反馈，评价的诊断功能丧失。此外，当前各院校劳动教育评价的信息化、数字化程度普遍落后，尚未利用“大数据”和“互联网+”技术，也就不可能收集体量庞大、类型多样、客观真实的过程记录，所开展的劳动教育评价也做不到全面、准确和可靠，评价结果远离劳动实际，评价效用大打折扣①。

综上所述，在分析目前劳动教育考评现状及原因的基础上，建立科学的劳动教育考核评价体系对促进职业院校劳动教育的积极开展，发现和修正劳动教育实施过程中存在的问题，发挥评价对提升学生劳动素养水平的激励作用，具有重要的理论与现实价值。

第二节 劳动教育考核评价的理念与工具

劳动教育考核评价的目的既是对教学目标达成度的测量，也是对学生劳动素养增值情况的检测，查找“实然”与“应然”的差距，便于补救和改进教学。考核与评价是两个概念，考核反映的是考什么、如何考的问题，即考核的内容和考核的形式，考核仅是一个载体，是让学生以适当的方式展示，教学目标是否达成、学生劳动素养的发展程度如何，最终要取决于评价体系的建设。评价体系的建构所反映的是“评什么，谁来评，如何评”等核心问题，包括评价目标、评价内容、评价标准、评价原则、评价运用等内容。职业院校的劳动教育需要在深入理解劳动教育内涵的基础上，开发科学性、时代性、层次性、可操作性的考核评价体系，构建评价、监测、反思、改进的闭环教学质量保障体系。

一、劳动教育考核评价体系的价值意蕴

劳动素养评价体系本质上是劳动教育的激励机制和育人导向机制，对推动高校劳动教育实施和塑造学生劳动教育实践规范具有决定性作用②。职业院校劳动教育考核评价体系建设是以考核评价为手段，保证劳动教育的有效落地、长效发展的必要手段，促进劳动教育构建规范的运行机制、监督机制和评价机制，形成贯穿教育教学全过程、监管全环节、覆盖全情境的系统化运行管理机制，保证劳动教育不是一阵风，不走形式不走样。

劳动教育考核评价体系建设是一个从上到下的系统性工程，需要学校层面、二级院系

①高文红. 高职劳动教育评价改革的时代要求、现实困境和实施策略[J]. 中国职业技术教育, 2022(19): 62-67.

②温晓年, 唐志风, 梁淑锰. 新时代高校学生劳动素养评价体系的建构[J]. 宿州教育学院学报, 2022, 25(1): 9-13.

层面、教师层面统筹设计。在学校层面的制度建设上要确立劳动教育的重要地位，通过教育教学和管理制度的顶层设计扭转部分学生劳动观念淡薄、轻视劳动教育的现状；在运行和监督机制建设中，教务处和二级院系需要规范各专业人才培养方案、课程标准、教学计划、教案、考核方案五大规范性文件，便于遵照执行和日常检查；在考核评价的对象上，既要考核评价学生也要考核评价教师，还要进行课程评价。在教师评价中坚持评价、培训相结合，实行集体备课，统一课程标准、统一教材、统一教案、统一课件、统一考核，用教学标准、劳动标准、评价指标规范并引领教师的教学，科学使用评价结果激励教师成长。在学生评价中可采用“专题性评价+融合性评价+综合性素质评价”相结合的评价方法，综合评价学生劳动素养的养成情况，通过自律和他律促进学生持续成长。劳动教育的课程评价需要围绕课程定位、课程内容、教学方法、教学成效等，考核课程的建设、实施情况，根据评价结果推动课程教学改革。

劳动教育面向学生的考核评价主要是劳动素养评价，测量学生的劳动素养现状，查找与“应然”劳动素养的差距，以便改进和补救教学，促进学生持续成长。可采用“专题性评价+融合性评价+综合性素质评价”相结合的方式，专题性评价在劳动教育专题课程中执行，需要细化劳动观念、劳动能力、劳动品质、劳动习惯、劳动精神、劳动态度、创造性等维度量化指标，突出对劳动教育目标的对应性和支撑性；融合性评价由五育融合性课程执行，如在各专业课程的学业评价指标中加入劳动素养的量化标准，使原有基于“一岗、一课、一身”制定的学业评价指标，加入国家、社会的视角，考察学生能否由小我走向大我；综合性素质评价能反映学生的总体变化和成长，具有激励和选拔功能，可采用主观与客观、定性与定量、过程与结果、形成性与终结性评价相结合的方式，设立个人劳动教育档案或劳动素养评价记分卡，把学生劳动素养的横切面与习惯养成的渐进性记录下来，还可利用劳动积分、劳动银行、劳动技能鉴定、劳动技能竞赛、劳动成果评比等方式引导每一位学生成长。如宣化科技职业学院基于德、智、体、美、劳全面发展的构架设计了《学生成长手册》，为学生量身定制了思想道德、学业发展、人文素养、实践创新、自主发展五个维度20项成长任务，引领并记录学生的学习和发展情况，由学校、家庭、社会共同对学生成长情况进行监督和评价；在评价结果的使用上要引导学生摒弃以分数、学分为学习目的的思想和行为，使学生感悟劳动“生活的、自由的、创造的”本质属性，真正触及心灵，建立想劳动、会劳动、爱劳动的教育自觉与价值趋同，激发“劳动成就梦想”的内生动力。

二、学生劳动素养评价的建设依据

党的十八大以来，习近平总书记高度重视劳动和劳动教育，发出“劳动最光荣、劳动最崇高、劳动最伟大、劳动最美丽”的时代强音。2018年全国教育大会上，习近平总书记提出：“培养德智体美劳全面发展的社会主义建设者和接班人。”劳动教育成为全面培养的教育体系中的重要组成部分。2020年全国劳动模范和先进工作者表彰大会上，习近平总书记强调指出：“劳动者素质对一个国家、一个民族发展至关重要。当今世界，综合国力的竞争归根到底是人才的竞争、劳动者素质的竞争。”把劳动者的素质教育放在极其重要的位置，赋予了劳动教育新的时代使命，丰富了新时代劳动教育的内涵。总书记关于劳动教育的重要论述，既是对马克思主义劳动观的精辟阐述，是推动我国劳动教育健康发展的重要指导思想，也是开展劳动教育评价的基本遵循。

中共中央、国务院《意见》，教育部《纲要》，中共中央、国务院《深化新时代教育评价改革总体方案》三个文件均对劳动教育评价作出原则性安排，是职业院校进行劳动教育评价体系建设的重要依据。

《意见》明确指出，要健全劳动素养评价制度，将劳动素养纳入学生综合素质评价体系，制定评价标准，建立激励机制。在考核形式上提出“组织开展劳动技能和劳动成果展示、劳动竞赛等活动”的指导意见，要求全面客观记录学生课内外劳动过程和结果，加强实际劳动技能和价值体认情况的考核，明确在考核劳动技能的同时重视劳动价值体认的要求。在考核结果的利用上，《意见》提出：“要把劳动素养评价结果作为衡量学生全面发展情况的重要内容，作为评优评先的重要参考和毕业依据，作为高一级学校录取的重要参考或依据。”

《纲要》提出，将劳动素养纳入学生综合素质评价体系。以劳动教育目标、内容要求为依据，将过程性评价和结果性评价结合起来，健全和完善学生劳动素养评价标准、程序和方法，鼓励、支持各地利用大数据、云平台、物联网等现代信息技术手段，开展劳动教育过程监测与纪实评价，发挥评价的育人导向和反馈改进功能①。《纲要》还明确了学生劳动素养作为综合素质评价体系的重要组成部分，改变单一的结果性评价，将过程性评价作为重要手段，在评价工具的使用上，鼓励现代信息技术手段进行评价监测。《纲要》的指导意见为职业院校的学生劳动素养评价体系建设提出了方向并搭建了科学框架。

《深化新时代教育评价改革总体方案》明确要求各校加强劳动教育评价，探索建立劳动清单制度，明确学生参加劳动的具体内容和要求，加强过程性评价，将参与劳动教育课程学习和实践情况纳入学生综合素质档案②。提出关注学生在劳动实践活动中的平时表现，分析其在劳动过程中形成劳动观念的情况，在评价方式上提出“以自我评价为主，辅以教师、同伴、家长、服务对象、用人单位等他评方式”。在学段的综合评价中，要求结合综合档案分析，对学生劳动观念、劳动能力、劳动精神、劳动习惯和品质等劳动素养发展状况进行综合评定。为劳动教育的考核评价体系建设提供了科学的短期考核指标和长期考核维度，既具有宏观指导功能，又具有微观指导意义。

三、学生劳动素养评价的理论模型

科学、完善的学生劳动素养评价体系对于推动劳动教育的实施，培育劳动精神，提升劳动素养，促进学生的全面发展具有重要意义。目前，国内职业院校在实践中常用考核评价往往基于以下几种理论：

（一）CIPP评价模式

1966年，美国学者斯塔弗尔比姆提出的CIPP评价模式，由背景评价（context）、输入评价（input）、过程评价（process）和成果评价（product）四个评价要素组成，CIPP评价模式也是根据这四个评价的英文首字母而命名。CIPP模型是一种基于决策导向和过程导向，并

① 大中小学劳动教育指导纲要(试行)[EB/OL]. http: //www.moe.gov.cn/srcsite/A26/jcj_kcjcgh/202007/t20200715_472808.html.

② 中共中央, 国务院.深化新时代教育评价改革总体方案[EB/OL]. https://www.gov.cn/zhengce/2020-10/13/content_5551032.htm.

强调改进功能的教育评价模式，是较为常用的评价指标体系建构模型。

CIPP评价的中心任务是持续改进，促进反馈结果应用到教学管理和活动中，具体包括背景评价、输入评价、过程评价、成果评价四部分。背景评价主要是介绍方案的形成所需要的资源、问题，属于诊断性治疗，主要测评目标对象完成的任务，以及和实际方案之间的差距，属于目标设定和制定阶段，旨在解决方案设计目标的价值问题，主要评价方案实施的必要性、存在的问题、必要的资源、未来的机会等四个方面；输入评价基于背景评价，对方案本身的可行性进行评价，旨在评价方案实施需要的条件，论证方案的科学性，主要是指向实现教学管理目标的条件要素，在具体教学过程中包括教学资源、师资队伍建设、产学研合作等，输入评价一般属于调查分析，通过测评得出最优的实现方案；过程评价主要是对实施过程的评价，在实施方案的过程中评价模式、管理方式如何界定，以及具体的建设评估中如何测评，进一步了解方案存在的问题，便于持续改进，主要评价方案的效率、监督、反馈机制；成果评价主要是完成目标的情况评价，属于成果结果类型，对目标对象从数量和质量进行分析评价，为改进方案、设计优化方案奠定基础，并提供参考依据。

“不在证明而在改进”是CIPP模式的显著特征。发展性评价、诊断性评价、过程性评价、反馈性评价是CIPP评价模式的四个特点。CIPP模型强调导向评价、过程评价和优化评价。CIPP评价模式作为成熟的教学评价体系显示出科学性和高度的普适性，已经广泛应用于“教育公平、学期教育、翻转课堂”等诸多领域，其科学性已经得到多个教学领域的实践证明。职业院校的劳动教育可以借助CIPP模型，从“背景—输入—过程—结果”四个维度入手建构考核评价体系。

（二）OBE理论

1981年，美国学者斯派蒂（W. G. Spady）首先提出OBE理念，以教育目标分类、精准教育、能力本位教育等为理论基础，重点强调以预期学习成果（learning outcomes）为导向来组织、实施和评价教学过程，其内涵是学生应取得的学习成果被事先确定，教学目标、过程和手段都是为了有效帮助学生取得这些学习成果。

OBE采用“评价即学习”的评价理念，主张建立多元化的评价测量机制，让学生能以多种方式呈现自己所取得的学习成果，倡导“以学论教”“自我比较”“人人都能成功”的质量评价体系建设原则。OBE理念下的考核与评价聚焦于学习成果本身，是旨在“立足过程、促进发展”的多元化考核评价，强调个性化评定，根据每个学生个体差异，制定个性化、多元化的评价方式和评定等级，在评价结果上可以通过相对的位置排名体现学生的自我发展和在群体中的相应位置，评价结果由达成最高绩效成就的标准和内涵来反映，进而准确掌握学生的学习状态，对教学进行及时修正，实现量化评估的效果。OBE理念是关注学生学习全过程的形成性考核评价方式，注重学生基于自身水平的成长和进步状况，侧重对学生个体的学习成果进行纵向比较，而不是学生之间的横向比较，旨在评价结果的呈现方面，兼顾量化（分数、等级）和质性（文字描述、具体建议）方面的呈现形式，适当采用报告、实践展示等方式呈现学生不同方面的潜质。基于OBE成果导向教育理念探讨职业院校劳动教育考核与评价问题，可搭建一整套科学完整的劳动教育考核评价体系框架，使考核评价更具有科学性和可行性。

（三）第四代教育评价理论

20世纪80年代，以古巴和林肯等人为代表的第四代教育评价理论以“建构主义方法论”为核心，倡导在“自然状态下”评价活动所有参与者根据自身需要进行响应，多方利益相关者共同建构并进行交互式协商的心理建构过程。这种评价理论弥补了前三代教育评价“忽视价值多元性”“管理主义倾向”“过分强调科学实证”的缺陷，上升到人文主义的高度，形成了以“回应式聚焦”为特征的运用建构主义调查范式的方法论①。第四代教育评价理论核心是关注评价过程中的主体参与和心理建构，认为教育评价是一种心理建构物，是评价者对评价对象的一种认识，反映了评价对象的各种状态在评价者头脑中的印象。

第四代教育评价理论的主要特点表现为四个方面。一是共同构建，强调评价过程中的共同参与和构建。认为评价不再只是评价者的单方面行为，而是评价者和评价对象共同参与的过程。评价者和评价对象通过对话、协商和合作，共同构建评价的结果和意义。二是全面参与，该理论主张所有利益相关者都应参与评价过程，包括学生、教师、家长、社区等。这种全面参与有助于确保评价的公正性、准确性和有效性，有助于提高评价对象的参与感和归属感。三是多元价值，强调评价应尊重多元价值，包括学生的个体差异、文化背景、兴趣爱好等。评价不再是单一的、标准化的过程，而是尊重个性差异、鼓励多元发展的过程。四是心理建构，该理论从心理的角度阐释评价现象，认为评价是一种心理建构过程。评价者对评价对象的认知、情感、态度等心理因素都会影响评价的结果，评价过程需要关注评价者和评价对象的心理状态和需求。

在教育实践中，第四代教育评价理论的应用有助于推动教育评价的民主化、科学化和人性化。该理论鼓励评价者和评价对象之间的对话和协商，促进教育评价的公平性和准确性，也关注评价对象的心理需求和发展潜力，有助于促进教育质量的提升和学生的全面发展。但是，第四代教育评价理论也存在一些挑战和限制。例如，如何确保所有利益相关者都能有效参与评价过程、如何平衡多元价值之间的冲突、如何准确评估评价对象的心理状态和需求等，有待后续研究者在实践中不断探索和解决。

第四代教育评价理论为职业院校劳动教育考核评价体系建设提供了新的视角和思路。该理论强调共同建构、全面参与、心理建构和多元价值等，有助于推动教育评价的改进和创新。借鉴第四代教育评价理论，学生劳动素养评价需要重点关注四个方面：一是既要评价结果也要关注劳动过程，不能仅评价知识和技能的学习结果，还要重视劳动教育过程中师生互动、生生互动所生成的教学生态，重视学生参与的广度和深度，重视学生的情感体验和价值观养成，让学生在劳动过程中感受劳动的价值和意义；二是通过评价体现劳动教育的多元价值，劳动教育需要融通不同利益相关者的利益，协调各方价值分歧，尊重每个学生的个性和兴趣，让他们在劳动中发挥自己的特长和优势，实现自我价值的同时为社会做出贡献；三是注重培养学生正确的劳动教育价值观和积极的情感体验，培养学生正确的劳动价值观是劳动教育的核心，也是学生劳动素养评价的首要内容，应多角度设计反映学生劳动价值观的评价指标，探查学生劳动价值观的稳定性，关注学生的劳动情感和劳动态度，让学生在劳动中感受到快乐和满足，增强对劳动的兴趣和热爱，形成积极的、正向的劳动情感；四

---

①文雯, 李雪, 王晶. 第四代评估理论视角下的研究生项目评估[J]. 高等工程教育研究, 2015(3): 45-49.

是重视劳动教育的实践性和创新性，采用质性评价和量化评价相结合的评价方法，提高实践性、创新性指标的权重，鼓励学生通过实践探索新的方法和思路，培养劳动精神和创新精神。

四、学生劳动素养评价的工具

布卢姆提出，教育评价是“系统搜集证据以确定学习者实际上是否发生了某些变化，确定学生个体变化的数量或程度”[①]。“搜集证据”需要借助一定的技术手段，由此可见，教育评价是一种典型的技术化行为方式，善于利用各种技术手段将有助于增强劳动教育考核评价的实效性。

在传统教学中，教育评价工具是指对评价对象进行测定时所采取的方式和手段。常用的有12种：①传统的论文考试；②改良的论文考试；③标准化考试；④教师自制的客观测验；⑤问题情境测验；⑥行动观察记录；⑦自我诊断测验；⑧问卷法；⑨谈话法；⑩创作、作品分析；⑪实验报告、研究报告、作品及其他业绩之分析；⑫个案研究[②]。这些传统的评价工具在劳动教育中可以被综合使用，如对劳动教育知识和劳动本体性知识的考核评价可以采用标准化考试的方式，对劳动观念和劳动品质的评价可采用谈话法、问卷法或行动观察记录等工具。

随着新一代信息技术的迅猛发展，催生了计算机自适应测验、网络问卷调查、电子档案袋等新型评价工具，数字技术成为新时代教育改革发展的引领力量，为教育评价提供了新的思路和方法。可以利用大数据技术，采集过程性学习数据，全面展现学生的知识结构、能力表现和内在潜能，为每个学生提供精细的“数字画像”；利用学习分析技术建立模型，收集学生学习的过程性数据，提供可视化的“学习体检表”，跟踪评估学生的认知特征、能力表现、内在潜能等，为学生提供最优化学习方案；利用人工智能技术，创设模拟仿真测验、虚拟任务场景、协作学习环境等，在真实任务情境中考察学生的问题解决能力，破除唯分数的顽瘴痼疾；利用区块链技术，建立分布式学习档案，认证学生的多样化学习成果，有效防止数据被篡改，助力解决学生综合素质评价存在的信任问题；利用可穿戴智能设备，实时采集学生的操作数据，及时发现学生在技能操作、劳动规范等方面存在的问题，可提供个性化的改进方案，实现伴随成长全过程的诊断反馈。可以说，数字技术正在触发一场教育评价的深刻变革，从根本上改变传统评价过于强调甄别与选拔的现状，使评价重点从“容易测量的技能”扩展到“难以测量的素养”，更加关注“软素养”、高级认知技能和非认知学习成果，促进学生全面发展[③]。

实践中，静态、量化的评价是劳动素养的主要评价方式，依托数据驱动的量化评价已然成为评价领域的主流范式，通常以笔试或口试的形式考核劳动知识，或者以劳动的次数和时间等显性数据为依据进行客观化、标准化评价。然而，劳动是需要个体持续不断努力的实践过程，劳动教育实施主体多元、过程复杂、形式多样，难以通过标准化方式评价，因此，静态的、量化的、客观化的评价往往不能反映劳动过程的全貌，也无法起到有效的激励

---

① [美]布卢姆. 教育评价[M]. 邱渊, 王刚, 译. 上海: 华东师范大学出版社, 1987.

② 顾明远. 教育大辞典[M]. 上海: 上海教育出版社, 1998.

③ 曹培杰. 人工智能教育变革的三重境界[J]. 教育研究, 2020(2): 143-150.

作用。教育的复杂性、内隐性、人文性等特征决定着纯粹的量化方法难以度量评价对象的所有指标，我们既需要单向地、深入地研究单项评价工具，也需要采用综合的方法和手段进行评价。在新的技术图景下，教育评价需要在重视和使用量化评价方法的同时，引入观察、访谈、调查、描述分析等质性评价方法，建构量化评价和质性评价互补共融的科学人文主义评价范式，全面、客观、精准地刻画评价对象的真实情况。

新型数字评价工具推进评价改革的创新途径主要体现在过程评价、增值评价和综合评价等方面。在强化过程评价方面，注重教育评价的动态性和诊断性，可尝试引入物联网、5G、机器视觉的现代信息技术，通过基于技术的数据采集和分析将评价渗透到教学环节之中，对学生的真实劳动行为轨迹进行跟踪。通过海量学生隐性劳动教育的行为数据挖掘和分析，以参与频度、参与次数、参与质量等评价指标为基本参数，构成学生劳动素养评价的基础数据，并通过逐步扩大指标范围，建立完善的智能化统计和识别的过程性评价机制，实现基于数据分析证据的差异化和适应性教学，提供学生劳动的全过程采集和劳动结果的适时反馈；在优化增值评价方面，信息技术的应用更关注学生努力程度和进步表现，不以学生考试成绩作为评价的唯一标准，而采取直接评量（如标准化测试法、评价量规法）和间接评量（如问卷调查法）等考核评价工具和方法相结合，通过大数据、人工智能技术采集学生劳动知识、劳动情感、劳动态度、劳动技能行为等全过程数据，从发展性角度评估学生的努力程度、学习绩效等，关注学生在原基础上的进步程度，形成纵向比较，激发学生内生动力；在健全综合评价方面，强化评价主体和手段的多元性。教学评价主体的多元性表现在教师评价、家长评价、同伴评价、自我评价、平台评价的融合发展，推进内部评价与外部评价的整合①；在强调创新型综合评价方面，可采取区块链等中心分布式新兴技术加强个性化、过程化和多元化评价的考核效果。借助区块链技术顺序性、全面性和忠实性的记录特点，对每位学生劳动学习过程进行全过程、多方位、持续性的学习记录，并实现高校之间、社会机构和家庭等多个主体间劳动教育记录的信息共享互通，为最终的全面评价提供原始数据凭证，并通过教育效果实现对教学组织和教学实施的正向反馈，实现劳动教育教学计划的进一步优化和全社会劳动教育资源的进一步整合②。

第三节 “五维三级”学生劳动素养评价体系

在教育评价改革的总范畴下，学生劳动素养评价应以《深化新时代教育评价改革总体方案》为纲领，着力提高劳动教育的育人能力，将劳动素养评价融入职业教育人才培养的全过程，强化过程评价与结果评价的有机结合，做好时效性评价的结果反馈，加强多元主体的协同共建与全面参与，以教育评价改革推动德智体美劳同向同行，实现培养“有理想、敢担当、能吃苦、肯奋斗的新时代好青年”目标③。本书基于问题识别、指标文献筛选等方式，致力构建符合新时代学生劳动教育特征的劳动教素养评价指标体系。

① 杨宗凯. 利用信息技术促进教育教学评价改革创新[J]. 人民教育[J], 2020(21): 30-32.

② 杨劲松, 王丹, 陈其晖, 等. 新时代加强高校劳动教育实践路径研究[J]. 中国高等教育, 2021(9): 7-9.

③ 蔡蕾. 探索“五育”融合背景下新时代高校劳动教育评价的实践路径[EB/OL]. https://reader.gmw.cn/2023-03/28/content_36460752.htm.

一、学生劳动素养评价主体分析

《意见》强调，学生劳动价值观的培养和树立需要多方力量共同推动、综合实施，形成协同育人格局，要“加强政府统筹，拓宽劳动教育途径，整合家庭、学校、社会各方面力量；家庭劳动教育要日常化，学校劳动教育要规范化，社会劳动教育要多样化”①。因此，学生劳动素养评价的主体要多元化，涵盖家庭、社会、企业、学校等多维主体。

（一）家庭评价主体的作用

家庭评价主体包括家长和家庭其他成员。家庭是劳动教育的第一场所和第一课堂，对学生的价值观念与行为模式有着基础性的影响，学生最先从家庭中树立了自身模糊的世界观、人生观、价值观，并在父母的影响下形成了基本的劳动观念和劳动态度，在长期的家庭生活中，承担部分家务劳动也会使学生形成基本的劳动能力。由于家庭环境的差异和父母劳动观念的影响，学生的劳动观念、劳动情感和劳动品质也存在一定的差异，不同的家庭劳动教育差异性造成了学生劳动基础素养的差异性。如溺爱孩子的家庭中，家长认为孩子学习和就业压力大，家务劳动及其他事项包办代替，缺乏培养孩子劳动习惯和树立劳动精神的意识，导致孩子劳动观念缺失，劳动能力和生活自理能力较差，出现了“小学不舍得劳动、中学没时间劳动、大学不会劳动”的现象。而重视劳动教育的家庭中，由于家长重视孩子的“自立自强”观念教育和生活能力教育，学生在学校期间往往表现出更为积极的劳动态度和较强的劳动能力，在职业岗位劳动中也更为突出。

家庭也是学生劳动素养教育的实践和检验场所，学生在学校里树立的劳动观念、养成的劳动习惯、习得的劳动技能等，能否在家庭中延续并得到强化，对学生劳动素养的持续提升具有重要作用。家庭生活是劳动教育成效的直接反馈，父母能在第一时间直观感受到孩子的变化，如对父母辛勤劳动的尊重，对劳动劳动成果的珍惜，懂得勤俭节约，能够利用学校所学的劳动知识和技能优化家庭饮食、收纳、家居美化等家务劳动，能利用寒暑假主动投入生产劳动等，这些劳动观念、劳动态度和行为的转变，家长最有话语权。因此，学生劳动素养评价需要来自家庭的评价，将家长纳入评价主体可以使评价更为科学和完整。实际运行中，由于家庭成员的受教育水平参差不齐，需要制订定量与定性相结合的行为评分表，便于家长操作，且有利于评价结果的公平性与合理性。

（二）学校评价主体的作用

学校作为学生受教育的主要场所，也是接受劳动教育的主阵地，学校的评价主体包括学生、任课教师、学生管理人员等。其中，学生评价主体为学生自评和同学间的互评，自评用于客观记录劳动教育的真实情况，依据自身的劳动技能基础记录改进过程和结果，并收集整理劳动成果和作品，总结劳动精神、态度、情感等方面的感悟，记录增值成长，纳入综合素质档案。互评则利用同学之间学习的同质性，作为激发生生互动的一种方式，激发群体示范效应，发挥优秀学生的示范带动作用，通过同伴的肯定、欣赏增加劳动成就感和幸福感，提升评价的综合效益。实际运行中，由于同学群体缺乏专业的评价能力，需要教师给予适当的引导，把握好评价方向和群体氛围，激发积极的、正向的、有益的评价。

---

① 中共中央, 国务院.关于全面加强新时代大中小学劳动教育的意见.人民日报[N], 2020-03-27(01).

任课教师的评价更具权威性，包括劳动课教师、思政课教师、专业课教师、实习实训指导教师等多维度评价主体，从多侧面改善或提升学生的劳动素养，为学生提供持续改进的指导和咨询，共同推动劳动教育评价改革实践。不同类别教师担负不同的劳动教育教学任务，对劳动教育的评价也就有所侧重，比如，劳动课教师对劳动教育理论和劳动项目进行评价；思政课教师重点对劳动认知和劳动意义进行评价；专业课教师重点对职业精神、专业劳动能力进行评价；实习实训指导教师重点对劳动行为、劳动产品进行评价。教师的评价方式不能仅包括笔试评价，还包括日常行为评价以及学生在教学活动中的各种表现和劳动效果评价。

与学生相关的管理人员如班主任、辅导员、学生工作者、行政工作者等，分布在校园管理、服务的各个点位，与学生的校园生活息息相关，能够发挥在生活中教育的职能，对学生的思想和行动起到引领和激励作用，更容易获得学生日常行为信息，也更具专业评价能力，学生管理者的评价具有生活视角，更全面且真实，有助于评价的科学合理和评价结果的有效利用。

在学校评价中，既要发挥评价的诊断性作用，更重要的是发挥其激励和指引作用，凸显劳动教育评价对人的塑造作用。因此，同学、任课教师、学生管理人员评价所占的比例应该科学，采用质性和量化评价相结合，欣赏性评价和判断性评价相交融，使评价对学生劳动素养的提升、劳动精神的塑造起到切实的激励作用。

（三）企业评价主体的作用

专业见习、企业岗位实习是职业院校学生实践应用能力培养的关键环节，也是职业院校实践教学的主要内容，与学校的班级集体教学和集中实训相比，学生在企业实习中以独立个体面目出现，其劳动素养的养成情况能够更真实、更全面地呈现，更容易被企业导师实时捕捉和识别。企业导师掌握岗位工作标准，熟悉职业相关的劳动精神、劳动技能、劳动品德、劳动规范和劳动产品，最了解企业的人才需求规格，对学生的劳动态度、技能、品质和所需具备的职业精神最具有发言权和评判权威，是学生劳动素养评价不可或缺的评价主体。

企业评价主体的纳入使劳动教育考核评价更具有实践性、社会性、职业性特征，能够从劳动的视角审视和反思劳动教育，使劳动教育的教学改革与真实劳动更加契合。从劳动的视角评价学生劳动素养可以使人才培养更切合企业需求，帮助学生更好地适应企业的工作环境和要求，更快地适应未来的岗位工作。例如，企业更关注团队合作精神和沟通能力，反馈到劳动教育中，教学组织方式和考核方式均需要设计学生小组学习及小组合作完成考核任务，使学生学会如何与他人合作，如何表达自己的想法和意见，如何适应企业的团队合作环境，提高学生的团队合作与沟通交流能力；企业更注重学生在劳动中的创新精神和创造力。劳动教育教学和考核评价中，都要设计学生探索创新的内容，考察学生的创新意识和创新能力以及是否具有精益求精的精神追求，鼓励学生通过实践探索新的方法和思路，提升创新精神和创造力。企业关注员工的责任感和职业道德，劳动教育的考核评价要把对学生纪律、态度、责任感和职业道德的考察作为重要内容，促使学生为自己的行为负责，学会如何承担责任、如何遵守技术操作规范和职业道德规范，更好地适应企业的工作要求和文化氛围。将企业纳入劳动教育评价主体将促进学生提前适应“社会人”“职业人”“劳动者”的角色，适应职业岗位真实劳动的要求，帮助学生建立行为自律，自觉成长为合格的社会主义劳动者。

（四）社会评价主体的作用

学生不仅生活在家庭、学校和企业中，还生活在由不同年龄、不同职业、不同地域、不同文化背景的人组成的社会群体中，劳动教育是将学生导向现实世界的教育，组织学生开展公益劳动和志愿服务劳动，帮助学生融入社会群体是劳动教育的重要内容。社会各界也为劳动教育提供了丰富的教育资源，不仅通过开放实践场所为学校提供了劳动实践平台和实习场所，还提供了丰富的教育者资源。因此，在学生素养评价中加入社会评价视角，既是完善劳动教育考核评价体系的需要，也是学生劳动素养成长的内在需求，来自社会的肯定和支持能够帮助学生建立劳动自信，增强社会服务的使命感和荣誉感，增强奉献精神和责任担当。来自社会场域的评价主体包括乡村社区的组织管理者、志愿者服务组织的管理者、志愿服务对象等，能够从社会的广阔视角审视学生的劳动素养现状，同时也从社会的视角和他人的视角为学生的健康发展提供指引，使学生劳动素养评价更科学、全面、客观。

二、学生劳动素养评价指标设计

劳动教育评价具有综合性、多样性和包容性的特点，评价指标体系建设需要紧扣提升学生综合劳动素养的总体目标，全面反映劳动教育的质量和效果，对应教学目标且覆盖教学目标，综合考虑评价的强化、反馈、改进等综合职能，设定科学、细化、多维、可评可测的评价指标，使评价体系运行能落地、能执行。檀传宝认为，劳动教育评价包括劳动价值观、劳动的知识与能力等维度①。徐国庆认为，劳动教育评价应关注理解劳动意义、树立正确的劳动态度、高超的劳动能力与尊重劳动成果②等方面。蔡其勇提出，评价不仅应指向劳动知识、劳动技能、劳动成果等外显指标，还应衡量学生劳动参与的积极性、态度与劳动习惯等内隐品质③。

在明确劳动教育评价主体的前提下，本书遵循职业性、层次性、系统性、创新性的构建原则，对照《意见》和《纲要（试行）》政策文本，以“学校教育主导、家庭教育协同、社会环境支持、学生学评互促”为逻辑框架，对大量文献进行梳理分析，综合多位专家的观点，借鉴蔡瑞林教授提出的学生劳动素养评价指标体系，通过问卷调查、深入访谈并邀请一线教师、学生和行业专家对评价指标进行评审和修订，经过劳动教育实践经验修正，构建职业院校“五维三级”学生劳动素养的综合评价指标体系。将学生劳动素养评价的维度主要界定为劳动观念、劳动知识、劳动能力、劳动品质与习惯、劳动精神五个维度，细化为10个二级指标、30个三级指标点，见表7-1。

---

①檀传宝. 劳动教育的概念理解: 如何认识劳动教育概念的基本内涵与基本特征[J]. 中国教育学刊, 2019(2): 82-84.

②徐国庆. 劳动教育[M]. 北京: 高等教育出版社, 2020.

③蔡其勇, 向诗丽, 谢霁月, 等. 普及化教育时代劳动教育课程的价值与建构[J]. 当代教育科学, 2020(9): 42-46.

表 7-1 “五维三级”学生劳动素养评价指标体系

一级指标	二级指标	三级指标
劳动观念	劳动认知	1.1.1 掌握马克思主义劳动观、认识论
		1.1.2 掌握新时代劳动教育的目标和任务
	劳动态度	1.2.1 具有劳动人文情怀
		1.2.2 具有“劳动最光荣、劳动最崇高、劳动最伟大、劳动最美丽”的认同和判断
		1.2.3 具有“尊重劳动、热爱劳动、崇尚劳动”的积极倾向和言行
劳动知识	劳动理论知识	2.1.1 劳动法律、劳动政策、劳动维权知识等
		2.1.2 劳动安全知识
		2.1.3 职业卫生与职业病知识
		2.1.4 掌握择业、就业、创业政策和方法
	劳动实践知识	2.2.1 劳动本体性知识
		2.2.2 劳动程序性知识
劳动能力	劳动技能	3.1.1 掌握本专业基本技能
		3.1.2 具备团队协作、沟通理解能力
		3.1.3 具有劳动质量控制意识和能力
		3.1.4 掌握现代信息技术技能
		3.1.5 规范使用与维护劳动工具
		3.1.6 劳动风险防范与冲突解决
	劳动创新	3.2.1 创新思维、原创性和创新物化能力
		3.2.2 劳动工具的创新
		3.2.3 综合问题解决能力
劳动品质与习惯	劳动习惯	4.1.1 珍惜劳动成果、劳动资料、劳动工具、时间
		4.1.2 发现劳动的可能性并完成劳动
	劳动品质	4.2.1 诚实守信、责任担当
		4.2.2 遵守劳动规范、安全管理规范
		4.2.3 遵守职业道德
劳动精神	劳动精神内化	5.1.1 乐于奉献
		5.1.2 精益求精
		5.1.3 批判质疑，勇于创新
	劳动精神外化	5.2.1 积极参加志愿劳动服务
		5.2.2 终身学习

（一）劳动观念

劳动观念是人对劳动的根本看法和态度，反映的是劳动者的劳动认知、劳动态度，对劳动实践起到指引作用。

1. 劳动认知

学生通过劳动教育学习与实践，特别是马克思主义劳动观、社会主义核心价值观、习近平总书记关于劳动和劳动教育的重要论述和重要讲话精神，形成正确的劳动认知。指标具体描述如下：

掌握马克思主义劳动观和认识论。马克思主义的劳动立场、观点和方法是构成其理论体系的重要组成部分，对于理解劳动的本质、作用和价值具有重要意义，为学生提供了科学认识劳动的理论工具。

掌握新时代劳动教育的目标和任务。深刻认识习近平总书记关于劳动和劳动教育的重要论述，深刻认识新时代劳动对国家、对社会、对个人的重要意义，理解新时代劳动教育的目标和任务，自觉自愿接受劳动教育，积极参加劳动实践。

2. 劳动态度

劳动态度是劳动情感、内向感受、好恶的外在表现，在实践中影响着人们对待劳动和劳动者的行为。职业院校要通过劳动教育，引导学生体认劳动改变命运、创造财富、缔造幸福、彰显国魂的重要道理，建立对劳动、劳动者的积极态度，培养热爱、崇尚的积极情感。指标具体描述如下：

（1）具有劳动人文情怀。劳动人文情怀是学生在日常生活、专业学习、社会实践中所具的感知劳动荣辱、尊重劳动平等的劳动价值取向。劳动人文情怀不仅仅是对劳动的一种情感认同，更是一种价值观和生活态度的体现。劳动人文情怀表现为对劳动的热爱和投入，对劳动技能的精益求精，以及对劳动成果的喜悦和自豪；还体现在对劳动者的尊重和关怀，以及对劳动成果的珍视和传承。能够体验到劳动的乐趣和价值，形成积极的生活态度和健康的生活方式。

（2）具有“劳动最光荣、劳动最崇高、劳动最伟大、劳动最美丽”的认同和判断。“劳动最光荣、劳动最崇高、劳动最伟大、劳动最美丽”是对劳动价值和意义的深刻认识和高度赞扬，强调了劳动的价值和尊严，体现了对劳动和劳动者的崇高敬意，揭示了劳动在社会发展和进步中的巨大作用，赞美了劳动的美好和魅力，能够鼓励学生积极参与劳动、热爱劳动、尊重劳动，通过辛勤劳动实现个人价值和社会价值。具有“尊重劳动、热爱劳动、崇尚劳动”积极倾向和言行。正确的劳动观念不仅体现在具有正确的劳动认知，形成积极的、正面的、喜爱的劳动情感，更要体现在语言、神态、行为倾向等外化层面，对学生劳动观念的考核评价可以用叙述、辩论、日常行为观察等多种考核方式，从思想内化与行为外化的契合程度层面考察学生知、信、行是否一致。

（二）劳动知识

学生在劳动课程学习以及劳动实践以后，应具备劳动的工具性知识，如劳动安全、劳动保护等，我们称之为劳动理论知识，还应具备从事具体劳动的本体性知识，如关于农业生产的知识、工业生产的知识等，我们称之为劳动实践知识。

1. 劳动理论知识

劳动理论知识包括熟悉目前国家颁布的劳动法律、劳动政策、劳动维权、劳动安全、职业卫生与职业病以及择业、就业、创业政策和方法等理论性知识。指标具体描述：

（1）劳动法律、劳动政策、劳动维权知识。劳动法律、劳动政策、劳动维权等劳动知识旨在保护劳动者的权益，维护劳动关系的和谐稳定，促进社会的持续发展和进步，是学生毕业之后参加社会劳动，在劳动实践中不断发展自己以及维护自身合法权益的重要武器。

（2）劳动安全知识。劳动安全知识关系到劳动者的生命安全和身体健康，学生应学习劳动安全知识，涉及劳动保护诸如劳动安全、劳动卫生、女工保护、未成年工保护以及工作时间与休假制度等方面；杜绝违章指挥、违章操作、违反劳动纪律的行为等“三违”现象；了解安全生产、安全环境的要求；了解并掌握具体的安全操作规程和紧急应对措施，掌握在紧急情况下正确逃生的方法等。

（3）职业卫生与职业病知识。职业卫生与职业病知识建立在学生通过劳动课程的学习和劳动实践活动的认知基础之上，对自己所从事职业、岗位的职业卫生问题和常见职业病有所了解，能够有意识预防各种工作中由职业有害因素导致的损害或疾病，树立职业卫生安全理念，遵守职业安全卫生规程，正确使用和维护个人防护用品，并主动接受职业健康检查。

（4）择业、就业、创业政策和方法。了解国家、政府为了促进就业和创业而制定的一系列措施政策，包括创业扶持、就业服务等。掌握择业、就业、创业方法，以积极的态度面对职业选择和发展。个体在选择职业时会考虑自己的兴趣、能力和社会需求，追求与个人价值观相契合的职业方向；个体应尊重劳动、尊重职业，以认真负责的态度对待工作，努力提升自己的职业技能和素质；鼓励个体敢于冒险、勇于尝试，发掘商业机会并付诸实践，也强调创业过程中的社会责任和贡献，要求创业者不仅要追求经济利益，还要关注社会效益，为社会的发展做出贡献。

2. 劳动实践知识

劳动实践知识是关于具体劳动的本体性知识和程序性知识，表现为专业知识、方法、技能等。通过劳动实践知识的积累，学生可以不断提升自己的职业能力和竞争力。指标具体描述：

（1）劳动本体性知识。学生在专业学习后具备职业或行业所需的深入、系统的劳动知识，包括劳动的特点、生产资料、生产工具、技术标准、发展趋势等方面的认识，涵盖了该领域内的技术、工艺、安全规范、操作流程等多个方面，体现职业院校劳动教育评价体系职业性的特点。

（2）劳动程序性知识。学生通过技能训练、实习、实训、跟岗等劳动实践活动后形成的，对劳动劳动环境、劳动工具、劳动流程等的认知和理解，是完成完整工作任务必需的知识，为未来的劳动实践和职业发展做好准备。

（三）劳动能力

劳动能力是关于个体劳动知识、劳动技能、劳动思维、劳动创新等多项内容的综合表现，是劳动教育和劳动素养组成的核心部分。需要关注的是，学生劳动能力的培养不仅仅是让其掌握必要劳动技能，能在社会中独立生存和发展，更重要的是培养学生具有创新性、创造性劳动能力，这种创造性劳动不是重复低水平的劳动，而是具有从0到1突破的创新性劳动能力。

1. 劳动技能

劳动技能是一个综合概念，它涉及个人的体力、智力、心理以及实际操作、创新思维、团队合作等多个方面，包括实际操作技能、创新思维能力、团队合作能力、终身学习能力、问题解决能力和沟通能力等。指标具体描述：

（1）掌握本专业基本技能。专业技能指个体在特定职业或领域中，通过系统学习和实践训练所掌握的核心技术和能力，是完成工作任务、解决问题和创新发展的关键。以计算机类专业学生为例，专业技能包括编程语言的使用、软件开发工具的操作、数据库管理、网络安全维护等。这些技能是学生未来在信息技术（IT）行业、信息与通信技术（ICT）行业就业或创业的基础，也是学生不断提升职业竞争力的重要保障。学生可通过实习、实训、技能竞赛等劳动实践提升自己的专业技能。

（2）具备团队协作、沟通理解能力。学生可在劳动项目的实践中提升沟通技巧和表达能力，培养团队合作精神和协作能力。学会与他人分享资源、分工协作、合作解决问题，通过生生互动加强交流和理解能力，提高劳动沟通意识和沟通能力。

（3）具有劳动质量控制意识和能力。学生应掌握劳动技术标准和岗位工作标准，熟悉劳动流程，具备质量意识、工程思维及过程管理、时间管理能力，在劳动质量形成的过程中进行质量控制，保证劳动的高质量。

（4）掌握现代信息技术技能。信息技术技能指个体在劳动过程中运用信息技术工具、平台和方法，高效、准确地完成工作任务所具备的技能。劳动实践中锻炼和提升信息技术能力使学生更容易适应现代社会的职业需求，拥有更多的就业机会和发展空间。

（5）规范使用和维护劳动工具。劳动工具的使用与维护指劳动者能够正确使用和维护劳动工具，延长劳动工具的使用价值和使用年限。

（6）劳动风险防范与冲突解决。劳动力是社会生产力的三要素之一，对劳动力的保护也是劳动能力的一部分，包括学生应自觉维护身心健康，能够在劳动实践中面对困难和挑战，解决问题，增加心理韧性。学生还应具备劳动实践中预防、识别和应对劳动风险的综合能力，确保劳动者在工作中更加安全、高效地完成任务。在突发劳动事故时能够不逃避困难，正确采取应急措施，勇敢面对并积极处理事故。还应具备冲突解决能力，有效应对劳动冲突，维护自身权益，促进劳动关系的和谐稳定。

2. 劳动创新

劳动创新是指学生在劳动教育和专业学习中不仅掌握基本的劳动技能，更要具备批判性思维和科学思维、创新思维，在劳动过程中发挥创造力，提出新的工艺和方法，形成原创性和创新物化能力。劳动创造“强调劳动行为的创造性、劳动成果的创造性以及劳动知识的创造性，体现了劳动的转化度、整合度、超越度、发掘度”[①]。学生具有发现问题、自主选择

---

①羌毅, 姜乐军. 新时代我国职业院校劳动素养评价[J]. 教育与职业, 2021(4): 55-59.

研究问题的能力，能够进行主动思考、反思改进、合作探究法，具有勇于求新求变的勇气和能力，小到家居小饰品的制作形状的创意，大到职业劳动中创新创业项目培育，能够在劳动中发现问题，创造性地解决问题，产生新想法，积累劳动经验产生新产品，有所进步、有所发现、有所发明。指标具体描述如下：

（1）创新思维、原创性和创新物化能力。创新思维为原创性提供了源源不断的灵感和动力，原创性则是创新思维的具体体现和成果，而创新物化能力则是将创新思维和原创性转化为实际价值的关键。考察学生是否具有实现创意物化的能力，是否在日常生活、专业学习、社会实践等领域内具有进行劳动创意物化的行为。

（2）劳动工具的创新。学生应具备发散思维和创新思维，能够开发劳动工具使用的新方法、新流程，能够进行工具优化和革新，能够通过优化劳动工具优化劳动流程和劳动成果。

（3）综合问题解决能力。综合问题解决能力是职业院校学生个性化发展的特征之一。在面对具体问题时能够准确地把握事物发生问题的相关因素或各种关联，有效地寻找、挖掘、整合并利用相关资源，提出解决问题的可行方案，并付诸实施，在实施过程中根据实际情况进行调整和改进，最终使问题得到解决。在职场中，具备强大的问题解决能力的员工往往能够更好地应对各种挑战。

（四）劳动习惯与品质

劳动习惯与品质是指学生在劳动教育中形成良好的个人劳动行为规范和行为品质，是通过经常性实践活动内化形成的稳定行为倾向和积极的人格特征。劳动习惯与品质是反映劳动教育效果投射到学生中的一种直观参照，对检查和反馈劳动教育实施状况具有直观性的效果。

1. 劳动习惯

良好的劳动习惯包括多个方面，如自觉自愿劳动、主动劳动、科学的操作程序、共同劳动、爱护和珍惜劳动成果、劳动过程中节约劳动资源与劳动材料、劳动中注意自我保护以及劳动结束后整理现场，良好的劳动习惯有助于确保劳动过程的安全、高效和整洁。指标具体描述如下：

（1）珍惜劳动成果、生产资料、时间。学生在日常生活和劳动实践中，能够合理使用物品，避免浪费；尊重他人的劳动成果，不随意破坏或丢弃；爱护公共设施；在团队协作或集体活动中尊重他人劳动时间；注重保护劳动产权等。

（2）发现劳动的可能性并完成劳动。发现劳动的可能性是辛勤劳动的前提，劳动习惯是具身的，存在于学生的意识和行为之中，形成了思维定式和行为定式，学生应具有发现劳动的可能性的敏感，发现劳动的可能性之后能够自觉自愿、不等不靠地完成劳动，使劳动成为潜意识和自觉行为，直至成为一种生活方式。

2. 劳动品质

在劳动教育中形成艰苦奋斗、吃苦耐劳、勤俭节约、爱岗敬业、忠于职守、诚实守信、责任担当的个人劳动品质。指标具体描述如下：

（1）诚实守信、责任担当。在劳动中做到诚实朴实、不偷工减料、不虚报瞒报、重诺守信、具有契约精神等。诚实守信和责任担当的劳动品质能够提升劳动者的个人形象和信誉，还能够增强团队的凝聚力和向心力，推动工作的顺利进行。

（2）遵守劳动规范。了解并遵循劳动的技术标准和工作标准，遵守设备操作流程、安全操作规程等，保护劳动环境，能够保质保量地完成劳动任务。

（3）遵守职业道德。具有法律与规则意识，具有自觉遵守意识和自律行为。能严格遵守劳动制度，尊重劳动纪律，具备爱岗敬业、团结协作等职业道德，在劳动中对自己的工作充满热情、责任感、使命感，并专注投入。

（五）劳动精神

劳动精神是中国人民在长期的劳动实践中形成的、具有中国特色的、能够代表中华民族优秀文化传承的、标识性的文化现象。劳动精神具有丰富的科学内涵，可以概括为“崇尚劳动、热爱劳动、辛勤劳动、诚实劳动”①。劳动精神维度的二级指标分为劳动精神的内化和劳动精神的外化。

1. 劳动精神内化

通过劳动精神的理论学习，熟悉劳动精神的历史发展过程，认识到劳动精神形成的理论、实践、现实逻辑，了解本行业知名的劳动模范人物和先进事迹，自觉把劳动精神的丰富内涵内化为自身思想自觉，建立价值认同和思想认同。指标具体描述如下：

（1）乐于奉献。乐于奉献的劳动精神表现为学生在劳动教育或专业劳动中以大局为重，以团队利益为先，主动承担更多的责任和义务，不计较个人得失，积极为团队和集体的发展贡献自己的力量。

（2）精益求精。精益求精是对劳动和劳动成果的尊重，也是劳动者对自身价值的尊重。评价时需要考察学生是否投入专注，认真对待自己的劳动，是否对高质量劳动和高水平劳动成果保持信念和追求。

（3）批判质疑，勇于创新。批判质疑是创新精神不可或缺的要素，是劳动者对既有观念、方法和成果进行深入思考和审视，通过提出问题、挑战权威，推动知识和实践的进步。有助于劳动者打破思维定式，拓宽创新视野，激发劳动者的探索欲望和求知欲，培养独立思考的能力。学生在劳动过程中应不断学习、善于思考、敢于挑战，保持敏锐洞察力和前瞻性思维，善于合作以及保持积极心态和持久毅力，保持不断追求创新、勇于探索的精神状态。

2. 劳动精神外化

学生能够积极弘扬和传播劳动精神，把劳动精神外化为自身的行动自觉。指标具体描述如下：

（1）积极参加志愿劳动服务。志愿服务是劳动者践行社会责任、展现劳动精神的重要途径。通过亲身参与和实际行动，学生能够将内在的劳动精神转化为对社会的贡献，展现劳动者的担当和奉献精神。同时，这种外化过程也有助于培养团队合作精神和互助意识。

---

①毛勒堂, 郭亭. 新时代劳动精神: 何以必需及如何可能?[J]. 思想理论教育, 2021(5): 42-46.

（2）终身学习。终身学习作为劳动精神外化的重要表现，能使学生不断适应和应对快速变化的工作环境，是学生提升自我价值、实现职业发展的关键途径，有助于劳动者更好地履行社会责任。

在学生劳动素养评价指标体系中，劳动观念、劳动精神两个维度属于隐性的深层素养，各指标对评价工具和方法的要求多样化；劳动知识、劳动能力、劳动品质与习惯等属于相对显性的外层素养，劳动知识可以通过测评的方式获得评价数据，劳动能力和劳动品质与习惯等维度则可以通过观察、问卷、自评等方式评价深层素养外化的各项劳动行为、技能等，以获得全面、客观的劳动素养评价数据。

三、学生劳动素养评价的实施

学生劳动素养评价体系的建设、运行和评价结果的运用是职业院校劳动教育考核评价体系建设的重要内容。

（一）评价实施的注意事项

在实施过程中需要对评价体系进行细化或删减、完善或调整，评价指标过于细化或过于笼统都不利用评价主体操作，需要根据情况进行调整。评价涉及多个评价指标和权重，需要收集和分析大量的数据，涉及过程性评价和终结性评价，在多次评价过程中尽量避免数据的重复收集，避免因操作过程过于复杂、工作量过大给评价主体带来困扰。评价过于烦琐会给评价主体造成压迫感和工作负担，评价主体会产生急于完成任务的急切心态，在测量上只关注分数而忽视对学生的认真观察；评价实施过程中还要尽量控制主观因素的影响，任何涉及主观评价的考核，尽管评价模式力求客观公正，但在实际操作中仍然难以完全消除主观性因素的影响。如在观察学生的劳动表现时，教师的个人偏见和主观判断可能会对评价结果产生一定影响。因而涉及主观性评价尽量设置多个评价主体，从多位评价主体的评价中寻找共同特征；劳动教育评价还需要在标准化和灵活性之间找到平衡，过于标准化的评价模式可能无法充分考虑到学生的个体差异和特殊情况，而过于灵活的评价模式又可能导致评价结果的公正性和客观性受到质疑。在实际操作中，需要根据具体情况灵活调整和优化评价模式，以更好地发挥其作用。

学生劳动素养考核评价要注重知与行合一、说与做一致。考核形式可灵活多样，考察学生对劳动教育基本知识和基本技能的认知，尤其是对劳动教育基本内涵的把握，可通过知识竞赛、主题辩论、专题研讨等多种方式，观察学生“说”的内容和逻辑，从中得出学生对“应知”“应悟”内容的掌握程度；在“应会”方面的考察中，通过学生实践操作、完成劳动任务等方式对“行动”进行评价，特别是遇到脏、苦、累、烦琐等劳动时，考察学生是否能够说、做一致，是否具有劳动精神和责任担当。除考察常规的基本劳动素养外，学生在应对非常规事件所体现的劳动素养更加可贵，可按照学生创业创新项目的技术水平、成功程度和行业影响力，参加重大社会活动作为志愿者行动的自觉性和社会贡献度，参加省部、国家和世界技能大赛的突破，各级各类评优评先获得的荣誉，作为劳动素养评价考核的重要依据①。

---

①姜大源. 职业院校强化劳动教育的新思考新措施[N]. 中国教育报, 2020-04-14(08).

（二）结果的获得

评价体系运行的基础是科学的评价数据，评价指标体系的建立为获取评价数据提供了必要保障。首先，以劳动教育目标、内容要求为依据，结合学生“五维三级”劳动素养评价指标体系，综合日常生活劳动、职业劳动和志愿服务性劳动三类劳动，分别制定考核项目、考核任务、评价标准；其次，按照五维主体（学生、家长、教师、社会、企业）分别制定不同的评分量表，对学生的劳动素养进行定量评价和定性评价；最后，将结果评价与过程评价、当前评价与长远评价、定期评价与非定期评价等相结合，逐步形成一套较为完善的基于“劳动素养阶梯式成长”的学生劳动素养评价体系，贯穿于学生在校培养的全过程，促进学生形成行动与反思、服务与学习的学习模式和生活方式。

（三）评价结果的呈现形式

评价结果可采取“量化+质性”的呈现形式，从劳动知识、劳动技能到劳动情感、劳动价值观、劳动习惯等全方位、立体化呈现评价结果，展示学生在不同方面所具备的潜质。《意见》提出鼓励学生走向社会参加校外劳动，全面客观记录课内外劳动过程和结果，加强实际劳动技能和价值体认情况的考核，也是提出注重过程性数据和质性结果的呈现。量化数据的呈现可建立公示、审核制度，确保数据真实可靠。质性结果的呈现尽量以一对一的方式呈现给学生。需要特别指出的是，劳动教育是理论、思想与实践相结合的应用体现，学生劳动素养评价必须是动态的过程性评价或者发展性评价，需要以一个贯穿人才培养全过程、持续性的评价体系为载体，评价数据的呈现是动态的、变化的，不能以一次或几次数据就轻易对学生做出终结性结论。劳动教育具有过程性与完整性的特点，关注教学过程中的过程性评价，更关注学生的人生规划和持续发展，不仅要实现学生在校期间的素质提升，还要发挥对学生毕业后职业发展的潜在长效促进作用，使学生形成自律和自觉，形成促进自身持续发展的原动力。

四、学生劳动素养评价结果的运用

关于学生劳动素养评价体系的建设与运用，《纲要》提出将劳动素养评价纳入学生综合素质评价体系，发挥评价的育人导向和反馈改进功能，开展平时表现评价、学段综合评价和学生劳动素养监测。将学生劳动素养评价体系纳入职业院校学生综合素质评价体系是顺应新时代人才培养要求和强化职业教育评价体系建设的应有之义。可按照“评价—反馈—反思—改进”的螺旋式闭环路径，规范学生劳动素养评价体系的运行和评价结果的运用，将评价结果运用到日常劳动素养监测、典型示范教育、毕业评价中，作为升学或就业的重要参考和学生评优评奖的重要依据，发挥评价的检验、监督、改进、激励作用，促进学生形成预期的劳动素养并持续提升。

（一）在日常劳动素养监测中的运用

高阶劳动素养的形成在于劳动教育所彰显的价值导向和育人功能融入学生的日常学习和生活实践中。建立日常劳动素养监测制度，按照监测方案，从劳动观念、劳动知识、劳动能力、劳动品质与习惯、劳动精神五个维度，定期对学生的劳动素养进行监测，观察和记录评价结果。监测时间可以设定为每学期或每月固定时间段，贯穿人才培养的全时段，监测地点覆盖学校、家庭、社区等多个场所，采用观察、记录、问卷调查等多种形式，以确保数据的全面性和准确性。在监测过程中，要注意客观公正，避免主观臆断和偏见；同时，关注个体的差异性和特点，区别学生的具体情况采取不同的监测方法和策略，对收集到的监测数据进行整理和分析，了解学生在劳动素养各方面的表现情况。根据分析结果，为学生提供有针对性的反馈和指导，帮助每位学生认识到自己的进步和不足，制订改进计划。学校需要在分析检测数据的基础上，及时发现和修正劳动教育实施存在的问题，对劳动教育实施过程进行及时的把关定向，根据实际情况调整评价指标、监测方法和频率等，持续改进劳动素养评价体系和监测方案，以确保评价体系和监测方案的科学性和有效性。

需要特别注意的是，在日常劳动素养监测中要充分发挥信息技术的劳动监测和劳动记录作用。现代信息技术特别是大数据的应用使人们的行为轨迹可记录、可跟踪、可追寻，极大提高了劳动素养评价体系运用的效率和可操作性。基于大数据、人工智能技术的数字劳动教育项目应运而生，基于劳动教育实践教学的需要，借助云技术搭建的劳动实践云场景，可实现劳动教育项目自主选择、项目化学习、成果发布等功能，实现劳动供需双方项目的发布与接收、团队选择与服务的双向选择，采用教师评、学生自评、同学互评等多向度评价，利用现代信息技术提供劳动整体状态数字化显示、劳动积分记录、点赞式评价等服务，形成“监测—评价—反馈—反思—改进”的闭环。这一评价方式使劳动教育的形成性评价数字化，解决了日常劳动素养监测因学生的劳动场所过于分散而带来的难观察、难记录、难统计等问题，解决了难点、堵点问题，为劳动教育过程中劳动精神弘扬与劳动价值观形成的监督性评价提供了可操作性路径，运用信息化手段真实记录学生个人劳动素养成长情况，形成“一生一档案”，通过学生劳动素养成长档案记录并引领学生实现个性化、持续发展。

（二）在典型示范教育中的运用

学生是一个思维活跃、易受环境影响的群体，价值观尚未定型，具有很强的可塑性。职业院校在劳动教育中要充分把握学生的成长特点，把劳动素养评价结果作为评优评先、奖学金评定的重要参考，通过学生劳动素养评价，挖掘在劳动教育过程中的先进分子、先进集体和先进做法，选树为学生“身边的劳动榜样”，发挥典型和榜样的示范带动作用，通过系列活动进一步激发学生的劳动热情。例如，邀请劳动榜样与同学分享劳动经验和心得；举办劳动技能比赛，在学生中掀起人人争当劳动能手的学习热潮等。这些身边的典型和标杆能引起强烈共鸣和反响，为学生提供清晰的、可模仿、可学习的具体目标，能影响和带动更多的学生崇尚劳动、热爱劳动。

把劳动素养评价运用到典型示范教育需要学校加强劳动教育的顶层制度设计，完善评价机制和评优评先的激励制度。首先，建立高校劳动教育的评优评先激励制度，发挥评优评先制度在劳动教育中的激励和指挥棒作用；其次，学校应建立制度化的劳动教育先进分子和先进集体荣誉表彰机制，定期对劳动教育中的先进分子和先进集体进行荣誉表彰，评选优秀劳动者、劳动技能标兵、劳动明星等，并与学业、就业、学分等挂钩，发挥荣誉表彰的激励作用，激励更多学生不断提高自身劳动素养；最后，要大力加强先进、典型、榜样的宣传推广，营造劳动光荣的氛围。通过校园广播、宣传栏、校园网、公众号、微博等渠道，加大对劳动教育先进分子、先进集体、先进做法的宣传力度，让更多的学生了解和认识典型示范对象的先进事迹和优秀品质，激发向先进人物学习、争当先进的进取心和积极行为。还可以营造积极的、浓厚的劳动氛围，通过劳动技能竞赛、劳动成果展示、劳动日、劳动周、劳动节、劳动主题班会等形式和载体，让学生在参与中感受劳动的快乐和价值，营造崇尚劳动、尊重劳动的良好氛围。

（三）在毕业评价中的运用

职业院校以培养高素质、高技能人才为目标，传统的毕业评价凸显对“智”和“技”的重视，如完成智育课程学分、考取1+X证书，掌握岗位技能等。把劳动素养评价运用到学生毕业评价中，可以促使学生从多重视角审视自身的劳动素养，查找自身与国家、社会、家庭要求之间的差距，能够深刻反思，明确改进方向和措施。基于国家、社会、企业、家庭、学校等多重视角构建的劳动素养评价指标，可有效连接当代社会对劳动者的新标准、新要求，作为毕业要求对学生学习进行约束，作为毕业条件对学生的学习效果进行检测把关，有助于提高学生的就业竞争力。

把劳动素养评价运用到毕业评价首先体现在课程和学分管理，把劳动教育课程和劳动教育实践纳入学生必修科目，设置对应的学分，要求学生达到相应的劳动教育理论和实践标准要求。目前，大多数职业院校在毕业条件的设置上有劳动课程的学分要求，但在劳动教育的实践上少有量化的指标。学校应要求学生参加一定量的劳动实践课程，如全过程参与劳动周，每学期有最低岗位劳动履职时长或志愿劳动时长等，以量化的形式使学生在劳动实践中形成必要的劳动能力。将劳动素养评价结果应用在毕业条件中，需要明确人才“出口”的分值区间，劳动素养的评价不仅仅依赖传统的笔试或成绩记录，更多地需要观察学生的实际操作、参与劳动的表现等，这对评价者的专业素养和观察能力提出了较高要求，劳动素养评价涉及的数据可能较为繁杂，如何有效地收集、整理和分析这些数据，确保评价的公正性和准确性，是一个技术性的问题。此外，随着社会的发展和技术的进步，劳动市场的需求也在不断变化，学校将劳动素养评价结果作为毕业重要条件时，需要不断更新劳动素养评价的内容和标准，在评价标准与体系的制定、评价过程的实施、学生的接受程度与反馈以及与社会需求和就业市场的对接等方面做出努力。

第四节　“多元三度五维”学生劳动素养评价模式

本书在职业院校“五维三级”学生劳动素养评价指标体系研究成果基础上，构建了“多元三度五维”学生劳动素养评价模式，经过劳动教育教学实践的修正、完善，实现了评价内容多维化，既关注劳动素养也关注职业综合能力的提升；评价方式全面化，过程性评价与结果性评价相结合，关注增值性评价，健全综合评价；评价主体多元化，构建了学校、企业、家长、学生、社会、被服务对象多元评价主体；评价方法多样化，自评和他评相结合，量化评价和质性评价相结合。下面以护理专业的劳动教育课程教学实例说明“多元三度五维”学生劳动素养评价模式的结构、运行和效果。

一、评价模式的结构

“多元三度五维”学生劳动素养评价模式的运行基础是学院建设了劳动教育公共基础必修课，课程建设遵循劳动教育服务专业人才培养目标的原则，采用“通用+专业”的课程设计思路，开发了模块化课程内容和劳动项目，既保证了劳动教育自身完整的内容体系，又在专业人才培养方案的统领下，与专业教育密切结合，服务于学生的毕业要求。按照“一专业一课标”的理念开发了课程标准，建设了劳动项目库和“学生劳动教育”在线开放课程，学校开设了剪纸、茶艺、烘焙、收纳、葡萄栽培技术等40多门劳动教育选修课程，设置了劳动教育实践周、校内劳动教育岗位实践课程，开发了五条劳动教育研学路线，配备了“1+X”分工合作进行模块化教学的专兼职教师团队，研究成果“‘五维三级’学生劳动素养评价体系”反馈良好。

（一）评价主体多元化

按照评价主体多元化的原则，根据模块化教学的需要，组建了由校内教师、家长、企业导师、社区组织管理者、学生、志愿服务对象组成的多元评价主体。

校内教师包括劳动教育课程任课教师、专业课教师和辅导员，劳动教育任课教师负责在学生学习过程中对劳动观念、劳动能力、劳动素质进行全面的、深入的、直接的评价。专业课教师负责在学生专业课程学习中对课程评价标准进行二次开发，增加对劳动素养的指标，对原有知识目标、能力目标、素质目标进行完善，并对学生是否具备与本职业领域相适应的职业劳动素养进行量化、质性或增值性评价。如护理专业教学过程中，专业课教师记录学生是否具有以病人优先、服务优先的职业劳动理念，参与护理实习、操作实践时所表现出对病人的爱心、耐心和人文关怀，是否具有标准化操作的职业能力以及娴熟的职业技能等；会计专业教学过程中，教师着力加强学生诚实劳动、一丝不苟的职业精神，以及勤学苦练利用信息技术、大数据技术处理账务的能力，对学生的劳动品质和习惯、劳动精神进行特别强化等。辅导员作为学生管理者，从日常生活和学生思想行为管理的视角，在日常学生行为规范管理、参与班级公共事务、勤工俭学、志愿服务时，对学生劳动的积极性、主动性、劳动技能、劳动品质、贡献度等进行记录和评价。劳动教育专任教师、专业课教师、辅导员三维评价主体，涵盖了学生在校期间课内学习、课外活动、日常生活、校外实践的全空间领域，实现了劳动教育评价手段教育管理、学生服务、日常生活监测与教学全覆盖。

家长作为学生成长的第一责任人和重要参与者、观察者，能够提供学生在家庭环境中的劳动表现、劳动态度、劳动习惯的反馈，以及关于劳动教育的建议。家长主要关注学生的劳动观念和劳动素质，如学生在家中是否愿意参与家务劳动、是否具备基本的生活自理能力、是否具有良好的生活卫生和消费习惯、是否尊重并感激家人的付出等，这些劳动素养具有隐蔽性和长期性，短期内不易观察和量化，但对学生的劳动素养水平起决定作用。家长能够在学生日积月累的行为中长期观察或切身感受到这些素养，并给出相应的评价，弥补了学校和教师评价的短板，提供了学生在家庭环境中的劳动素养状况。特别是关于习惯和品质的培养，是在长期行为范式作用下形成的行为定式，吃苦耐劳、勤俭节约、诚实守信等劳动品质和习惯需要家校协同，经过长期的培育和强化才能使学生形成品格和行为固化。需要注意的是，家长评价存在一定的主观性和差异性，需要在设定家长评价表时尽量做到指标科学、具体、可操作，体现个体劳动素养的增值性。

企业导师即在职业劳动或劳动教育实践教学中担任实践教学任务的企业在职人员，也有文献直接将评价主体中的“企业导师”描述为“企业”，均是指在学生专业理论学习、专业劳动实践或顶岗实习等过程中企业所安排的带教师傅。企业导师的参与使得劳动素养评价更加贴近实际工作需求，他们了解前沿的行业动态、职业技能要求，了解行业的发展趋势和人才需求，能够从行业角度对学生的劳动态度、劳动技能、团队协作、创新能力等方面进行评价。与校内教师评价相比，企业导师的评价更加具体、与工作实际一致，能够针对学生在实习或实践中的具体表现给出建议和指导。由于企业导师不受学校内部因素的影响，他们的评价更加客观、公正。本书样本中护理专业的企业导师不仅担任劳动教育的教学和评价任务，也在专业课教学中承担实践教学和实习、实训的指导任务，对学生劳动实践活动中的劳动能力、劳动安全、劳动态度等都有直观的评价，如带领学生和医院员工一起进行社区公益体检活动中，对学生的操作规范、工作态度、方法技能进行评价，并通过这一服务性劳动项目重点对护理工作所需要的合作沟通能力进行细致的观察和个性化反馈，帮助学生分析自己的优势和不足，提升岗位适应能力和职业发展潜力。

服务对象是指志愿服务中被服务的对象，如参与义务体检活动的社区居民，职业劳动中的病患以及志愿服务劳动中的社区重点人群等。服务对象是学生劳动效果的直接体验者，对服务性劳动的质量和学生的劳动素养具有发言权，服务对象参与学生劳动素养评价体现了服务领域“用户中心”的劳动理念，通过收集服务对象对学生在服务态度、专业技能、工作效率等方面的评价，可以全面了解学生在服务性劳动中的实际表现，能够提供关于学生劳动素养的真实反馈，帮助学校更准确地评估学生的劳动素养水平。服务对象的评价往往更加客观、具体，能够指出学生在服务过程中存在的具体问题和改进意见。学校通过收集服务对象的评价，可以详细了解社会对服务性劳动的需求和期望，如收集病患对护理技能、服务态度的满意度，有助于对护理专业学生劳动素养进行科学、全面的分析，有针对性地调整和优化劳动教育的内容。

（二）评价工具信息化

借助教育信息化手段可使学生劳动素养评价的数据收集更便捷、数据分析更准确。如教学过程中所使用的学习通、UMU交互平台以及评价信息化工具等，具备数据收集、处理、分析和展示于一体的功能，可通过信息化手段提高劳动素养评价的效率和准确性。借助信息化平台记录学生学习全过程，可帮助多元评价主体从多个来源提供评价数据，如学生的劳动表现、作品成果、自我评价、同伴评价等，学生课前自测、课中讨论、课后作业和拓展学习等学习行为也可以被全程记录，并按照设定的分值给予自动量性评价，还可以记录学生的学习习惯和行为。平台除了支持教师和学生之间的在线互动，方便教师解答学生疑问，提供个性化指导，还支持学生之间的团队协作，促进学生在劳动过程中的交流与合作。平台在评价中允许教师根据实际需要自定义评价表单和问卷，满足个性化评价需求，并可以极为快速、精准地梳理和分析评价数据，对学习困难学生发出学习预警，通过图表、仪表盘等形式生成、展示分析结果，帮助教师直观了解每一位学生的劳动素养成长状况。

学校在云平台上搭建了劳动学习圈，实现劳动教育课程学习的创生和交互。劳动需求方通过“劳动加油站”发布项目化劳动微课程，供学生劳动实践前学习。劳动实践结束后，劳动团队将自己的劳动实践经验总结制作成“微课程”，上传至“劳动加油站”，供其他劳动团队学习。“社交式”学习汇聚集体智慧，实现了知识创生和个性化学习，参与劳动学习的学生既是劳动经验和智慧的“学习者”也是“生产者”。学校还建立了劳动实践成果分享圈，劳动团队以视频、图片、文字等多种形式记录劳动实践过程和劳动实践感悟，上传至平台，圈内人士进行点赞、评论与分享。学校遴选优秀劳动实践成果至“劳动云剧场”，学生观摩同伴的创新劳动成果，用艺术演绎劳动之美、致敬劳动者，激发学生劳动实践内生动力。学校还创建线上“劳动历史馆”反哺线下，让学生享受丰富的文化大餐，获得海量劳动教育资源。学生云游“劳动历史馆”，学习劳动名人的先进事迹，领悟劳动者的高尚精神和优良品质，让工匠精神、劳模精神潜移默化入脑入心。

（三）评价原则追求“三度”

对照真实劳动任务，从劳动教育课程和劳动实践的参与性和课程思政要求出发，追求劳动素养评价的温度、深度、宽度。

追求评价的“温度”是指从激发劳动热情、保护劳动积极性出发，在评价过程中重视人文关怀和尊重，尊重学生劳动的付出和努力，体现对学生个体的尊重、关怀和激励，营造情绪宽松、态度积极向上、充满正能量的劳动氛围，激发劳动者的创新性劳动和创造力。学生劳动素养评价的特质是引导教育者从“鉴定性”评价走向“欣赏性”评价，能够发现学生优势、欣赏学生特质、激励学生个性化发展，“欣赏性”评价能全面提升学生在劳动教育中的参与性，通过个性化指导帮助学生提高劳动的有效性，最终使劳动教育激发学生的创新性，实现职业院校劳动教育的“三维三阶”教学目标，增强学生劳动素养持续提升的内生动力。“欣赏性评价之所以可作为综合素质评价的方法论，是因为它与综合素质评价具有内在的契合性，符合综合素质评价的需要。”①在职业院校的“课程劳育”评价中，要尽量采用明确评价性质的评语评价、定位优势素质的学生自我评价、提供参照性适切的表现性评价等方式，对学生进行全面客观的欣赏性评价，从而不断激发学生参与“课程劳育”的积极性、主动性，有力推动课程质量及其效果的正向发展②。实施“欣赏性”评价，提升学生劳动素养评价的“温度”，可在学生课前自主学习成果展示、课中学做跟练等环节注重以肯定性、有温度的评价肯定学生的努力，鼓励学生积极参与；在劳动过程中学生所付出的努力、克服的困难、取得的进步等都应该被看到、被记录、被表彰；在借助信息化平台进行自评、互评时引导学生使用正向指标，尽量少使用扣分项，多使用加分项，创设愉悦劳动氛围，增强学生积极的劳动体验，使学生“乐学”。

---

①罗祖兵. 欣赏性评价: 综合素质评价的方法论选择[J]. 课程・教材・教法, 2018(1): 110.

②刘志军. 职业院校“课程劳育”实施的难点及应对策略[J]. 职教论坛, 2020(9): 6.

追求评价的“深度”是指从追求劳动成效出发，多元评价主体在评价过程中不仅关注劳动的表面成果，也要深入挖掘劳动背后的价值、意义、内涵，深入剖析劳动所体现的价值观念、创新思维、团队协作等要素。以劳动成果作为有效反馈，激励学生改变原有劳动参与积极性不高、情绪稳定性低、劳动观念淡薄或不爱劳动、不善劳动，以及实习工作质量不高等现象。特别是在校企合作岗位实习平台、校内外实习实训基地等场域开展的劳动项目，技术性、技艺性、创造性的特征较为突出，劳动活动的“产品”“作品”“创造”往往能够代表劳动者的物化创意能力，折射出学生坚持不懈、精益求精、追求卓越、不断探索、开拓创新的工匠精神[①]。客观性评价要设置信息技术技能、专业劳动认知、劳动安全等指标，引导学生关注劳动的成长性。主观性评价则关注劳动技能、习惯和品质及劳动价值观养成等维度，注重指导的深度，为学生反思改进、螺旋提升提供方向指引。

追求评价的“宽度”是指从促进学生劳动素养增值成长出发，将评价时间拉长，贯穿于学生在校的全学程而不是单一的某一学期，并采用课内与课外结合、校内与校外结合的方式，将评价领域从课程学习拓宽到课后的各类劳动实践和社会实践，突出劳动教育的生活性、实践性、社会性和情境性。在评价中关注学生个体差异，入学时对学生的劳动知识、能力、情感进行前期测试，基于前测数据建立学生成长数字化档案，学习过程中监测学生成长轨迹，将监测数据与前期测试数据进行对比，使学生的增值成长“看得见”，增强学生的成长自信和成长动力。如在护理专业的劳动评价中，除了常规的课程学分、专业实践评价外，增设了“进步之星”“最美护理人”“明日劳模”“社会服务之星”等评价，鼓励每一位学生在自身原有基础上成长。

劳动教育和智育相比有其特殊性，更强调学生的参与和成长。劳动素养评价中的温度、深度、宽度在劳动素养评价中各有侧重，但又相互关联、相互补充，只有将三者有机结合起来，才能构建一个全面、深入、具有人文关怀的劳动素养评价模式，为学生劳动素养的增值成长提供有力的支持。

（四）评价内容“五维”并重

本书基于“五维三级”学生劳动素养评价体系，学生劳动素养评价关注劳动观念、劳动知识、劳动能力、劳动品质与习惯、劳动精神五个维度的评价内容。劳动观念是劳动素养的基石，代表了学生对劳动的基本认知和态度，是驱动学生参与劳动实践和劳动教育的内在动力；劳动知识是劳动者在劳动过程中所需掌握的理论和技能基础，为劳动者提供必要的理论和技能支持；劳动能力则是劳动者实际操作能力的体现，直接体现了劳动者的劳动素养水平；劳动品质与习惯是劳动者在劳动中形成的稳定行为和内在品质；劳动精神是劳动者在劳动中展现出的精神风貌和价值追求。五个维度相互联结、相互渗透、相互支持，共同构成了新时代劳动者劳动素养的整体架构，为学生劳动素养评价提供了全面的视角和依据。

二、评价模式的运行

职业院校学生劳动素养评价的范围涵盖日常生活劳动、职业劳动、公益与志愿服务性

---

①高文红. 高职劳动教育评价改革的时代要求, 现实困境和实施策略[J]. 中国职业技术教育, 2022(19): 62-67.

劳动所组成的全劳动领域，评价内容包括劳动观念、劳动知识、劳动能力、劳动品质与习惯、劳动精神五个维度，在运行空间上包括学校课堂、家庭课堂、企业课堂、社区课堂、空中课堂，在时间上贯穿学生在校学习的全学程。

（一）阶段运行

以学期或学年为时间单位，对学生在劳动教育课程学习和劳动实践中所表现出的劳动素养进行评价。

1. 制定评价方案

依据“五维三级”学生劳动素养评价体系，针对劳动领域、劳动情境、劳动项目、劳动任务等制定具体的评价方案，设计劳动项目、劳动任务评价量表，明确评价指标的内涵和权重，使评价指标可评、可测、可操作。依据劳动素养的五个维度为各评价指标分配权重，例如劳动观念（权重20%）、劳动知识（权重25%）、劳动能力（权重25%）、劳动品质和习惯（权重15%）、劳动精神（权重15%）。五个维度下设30个三级指标，依据劳动项目和任务的不同，三级指标不一定在每一次劳动课程教学或劳动实践中全部出现，需要教师具体情况具体分析，根据需要选取对应的三级指标制定评价表。设计评价表时需要选择评价方法，如观察法、问卷调查法、实践操作法等，以便于评价主体操作，全面、客观地评价学生的劳动素养。

2. 评价准备

“多元三度五维”劳动素养评价模式不仅应用于劳动教育的课内教学，还应涵盖“学校课堂、空中课堂、家庭课堂、社区课堂、企业课堂”五课堂教学场域。制订劳动教育教学计划时，制定详细的课程教学方案和评价方案，确保教学内容和评价内容相匹配，教学组织确保学生充分参与，便于评价主体收集评价数据，记录学生的表现。

3. 评价实施

按照预设的项目、任务评价量表，由教师、家长、学生、企业导师、服务对象等多元评价主体进行评价。通过观察、问卷调查、实践操作等方式收集数据，利用信息化手段分析评价数据，根据评价指标的权重，对收集到的数据进行加权分析，得出学生在各个指标上的得分，根据加权分析结果，形成详细的评价报告，明确学生的优点和不足，并提出针对性的改进建议。

4. 反馈评价结果

评价的运行应贯穿全学程，其效用产生的关键在于反馈及结果的利用，学生劳动素养评价结果的反馈对学生个人成长、教育教学的改进以及家校合作都具有重要作用。从促进学生成长的角度，劳动素养评价结果的反馈能够帮助学生全面了解自己在劳动教育中的表现和水平，清楚地认识到自己在劳动观念、劳动知识、劳动能力、劳动品质与习惯以及劳动精神等方面的优点和不足，有助于学生自我诊断和反思，明确发展方向，制订针对性的学习计划和提升策略；从促进教学改进的角度，劳动素养评价结果的反馈是改进教学方法和策略的重要依据，通过对评价结果的分析，教师可以了解学生在劳动教育中的需求和困难，调整教学内容和方法，改进教学效果。教师还可以根据评价结果对学生进行个性化的指导和帮扶，进行补救教学，有重点地帮扶学习困难学生；从协同育人的角度，劳动素养评价结果的反馈有助于加强家校协同密切合作，家长是学生学习和成长的重要他人，他们对学生的劳动素养发展起着关键作用，向家长反馈学生的劳动素养评价结果，可以让家长重视孩子的劳动素养成长，了解孩子在学校、企业、社会中的表现，与学校、学生结成育人共同体，共同制定教育改进计划，形成教育合力。及时、准确、客观的反馈，能够起到积极的激励和指导作用，促进劳动素养评价形成“评价—反馈—反思—改进”的闭环。

5. 优化评价方案

学校劳动教育能力和学生劳动素养的提升是一个循环递进的过程，教育者可利用行动研究法，基于当前存在的问题制定成果预期，设计并执行行动计划，通过“计划—行动—观察—反思—修订计划—再行动—再观察—再反思”的循环递进，不断发现问题，持续改进，一个个问题的解决也是学校劳动教育能力和学生劳动素养持续提升的过程。通过前测发现问题、行动中通过观察收集数据、通过数据分析反思经验和不足，以及优化行动计划的过程中，评价起着承上启下的作用，通过过程性评价、诊断性评价、增值性评价、综合性评价和总结性评价过程，促使学生的综合劳动素养水平流动起来，形成动态的、持续提升的过程。因此，评价不仅帮助教学进行反思，评价本身也要持续反思，每一次评价后对整个评价流程进行复盘总结，分析评价过程中的得失，识别存在的问题和挑战，总结评价经验，根据经验和反馈意见，反思评价指标及权重在具体项目和任务中的设定是否恰当，评价过程是否规范，对无关因素的控制是否得当，评价主体的操作是否客观、公正、有效等。评价方案绝不是一成不变的，在动态监测中，需要针对查找到的痛点、难点、堵点问题，基于持续提升学校劳动教育能力和学生劳动素养的价值追求，进行持续优化调整，对评价指标、权重、评价量表进行优化，对流程进行优化，使其更符合劳动教育的实际需求，确保评价工作顺利进行，使评价成为教育教学改革的主要依据，引导职业院校劳动教育教学改革的方向，寻求创新劳动教育模式和方法的突破路径。本书基于护理专业进行了“多元三度五维”学生劳动素养评价模式的实践，形成了如下案例。

“多元三度五维”学生劳动素养评价模式案例

教学对象：护理专业学生

教学模块：学生生产劳动与职业发展

劳动项目：手工劳动——创美好生活

一、评价主体

评价主体设定为校内教师、家长、学生、医院导师、服务对象，反映了专业劳动和社会服务性劳动的需要。

二、劳动素养评价量表

评价量表中各维度和指标设定如下表：

劳动素养评价表

<table>
<tr><th>评价类型</th><th colspan="2">评价内容</th><th>评价方式</th><th>评价主体</th><th colspan="3">评价维度</th></tr>
<tr><td rowspan="8">过程性评价（40%）</td><td rowspan="3">课前评价（20%）</td><td rowspan="2">资源学习（10%）</td><td rowspan="2">学习通上传相关资源，学生根据完成情况获得相应分值</td><td rowspan="2">平台赋分</td><td rowspan="8">选取相关维度评价内容进行综合评价</td><td colspan="2">维度1：劳动观念（20%）</td></tr>
<tr><td rowspan="2">评价内容</td><td rowspan="2">（1）马克思主义劳动立场、观点和方法；
（2）择业、就业、创业观；
（3）劳动人文情怀；
（4）劳动最光荣、劳动最崇高、劳动最伟大、劳动最美丽的思想观念</td></tr>
<tr><td>课前任务或作业（10%）</td><td>发布课前任务（阅读文献、制定方案、撰写材料、上传讨论成果）、调查问卷、测试题等</td><td>平台赋分</td></tr>
<tr><td rowspan="5">课中评价（50%）</td><td rowspan="2">学生自评与互评（10%）</td><td rowspan="2">学生结合课堂学习和任务完成情况进行自评，深刻反思学习过程中的获得与不足；同组或组间同学进行互评，通过相互借鉴优化改进</td><td rowspan="2">学生</td><td colspan="2">维度2：劳动知识（25%）</td></tr>
<tr><td>评价内容</td><td>（1）劳动法律、劳动政策、劳动维权知识等；
（2）劳动安全知识；
（3）职业卫生与职业病知识；
（4）就业创业政策；
（5）专业劳动知识；
（6）职业认知</td></tr>
<tr><td rowspan="2">教师评价（20%）</td><td rowspan="2">借助学习通平台，对学生出勤、课堂互动、知识技能掌握情况、学习态度等方面进行综合评价</td><td rowspan="2">教师</td><td colspan="2">维度3：劳动能力（25%）</td></tr>
<tr><td rowspan="2">评价内容</td><td rowspan="2">（1）专业技能；
（2）人际交往与合作；
（3）身心健康；
（4）信息技术技能；
（5）劳动风险防范；
（6）劳动冲突解决；
（7）创新思维、原创性和创新物化能力；
（8）问题解决能力</td></tr>
<tr><td>专家/劳动指导教师评价（20%）</td><td>对学生劳动实践、社会服务、公益劳动等活动内容、操作规范性、项目可行性、成果应用前景等进行综合性评价</td><td>劳动指导教师</td></tr>
</table>

续表

<table>
<tr><th>评价类型</th><th colspan="2">评价内容</th><th>评价方式</th><th>评价主体</th><th colspan="3">评价维度</th></tr>
<tr><td rowspan="5">过程性评价（40%）</td><td rowspan="5">课后评价（30%）</td><td rowspan="2">学生家长/服务对象评价（15%）</td><td rowspan="2">结合学生课后实践劳动成果，由学生家长或劳动服务对象通过微信、抖音等工具，对劳动项目、社会实践或其他活动中学生的劳动效果、劳动习惯及劳动品质等进行综合评价</td><td rowspan="2">学生家长/服务对象</td><td rowspan="5">选取相关维度评价内容进行综合评价</td><td colspan="2">维度4：劳动习惯和品质（15%）</td></tr>
<tr><td>评价内容</td><td>（1）珍惜劳动成果；
（2）遵守劳动规范、职业道德；
（3）诚实守信、责任担当；
（4）爱岗敬业；
（5）劳动法律与规则意识</td></tr>
<tr><td rowspan="2">课后作业、测验、任务（5%）</td><td rowspan="2">学习通上传课后作业或测验，制定分值，学生完成后获得相应成绩；或发布课后任务，学生完成后将任务成果上传学习通，教师根据完成情况评分</td><td rowspan="2">平台</td><td colspan="2">维度5：劳动精神（15%）</td></tr>
<tr><td rowspan="2">评价内容</td><td rowspan="2">（1）乐于奉献；
（2）开拓创新；
（3）批判质疑；
（4）积极参加志愿劳动服务；
（5）持续学习</td></tr>
<tr><td>拓展课程（10%）</td><td>学生完成线上拓展课程，并通过课程考核</td><td>平台</td></tr>
<tr><td colspan="2">激励性评价（10%）</td><td colspan="6">结合学生在学习中的课堂实践出勤率、课前测验参与度、作业问卷完成度、劳动任务参与度、劳动成效满意度等进行评价。可根据学生学习情况，评选进步之星、明日劳模、明日工匠、最美护理人等。每个称号可加10分</td></tr>
<tr><td colspan="2">增值性评价（20%）</td><td colspan="6">每小节评选“进步之星”，每个“进步之星”称号可加20分。“进步之星”评选以学生前一个任务结束后的成绩和本节课前知识测试为依据，评价学生在课程学习之后的变化，评价范围包括线上课程课后拓展学习、劳动服务实践等</td></tr>
<tr><td colspan="2">终结性评价（30%）</td><td colspan="6">对学生在学习过程中掌握的劳动创造知识的学习与应用、劳动创造的操作技能、劳动创造的实践能力、劳动创造学习的成果质量等进行整体性评价。满分100分，60分合格</td></tr>
</table>

三、评价模式的运行

教学流程图说明劳动素养评价模式的运行：

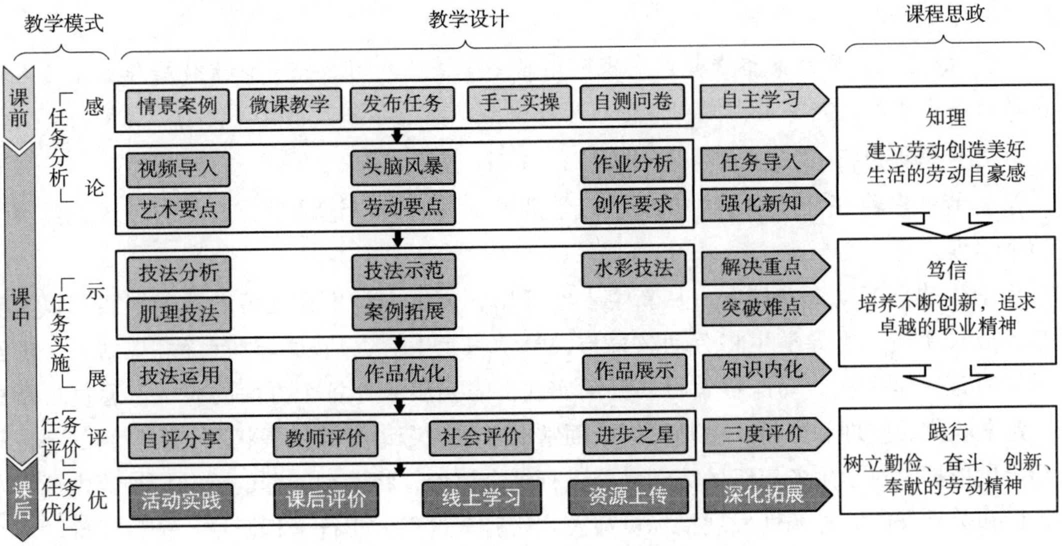

“手工劳动——创美好生活”教学流程图

（一）课前

“感”的环节：发布微课《创意手工》学习和劳动实践任务——“六一带你去旅行”：为儿童病房的小朋友制作一份六一儿童节礼物，用美丽的风景画带领小朋友们在病房中体会一次快乐的“旅行”，在完成前置劳动任务的过程中，学生在平台上传作品，用“点赞”的方式评选优秀作品，实现了对劳动能力、劳动精神的互评，教师鼓励学生积极参与手工创作，体现温度。

（二）课中

“论”的环节：师生分析劳动任务，教师结合情景任务中的特定服务对象——病房中的小朋友的需求，引导学生思考劳动中存在的劳动习惯与品质、劳动能力、劳动知识等问题，完成学生自评。

“示”环节：教师导出线上学习情况图表，分析学生操作中存在的问题，引导学生分析手工作品中的技法知识和操作方法等，理解“用劳动装扮美好生活，用职责守护孩子童心”这一具化的劳动精神，体现了评价的“深度”。

“展”的环节：学生通过学做跟练，自主完成优化作品，上传平台，增强劳动体验和自豪感，得到完成劳动成果的基础分值，尤其是师生对“最喜爱的作品”的点赞，体现了评价的“温度”，展示出激励作用。

“评”的环节：借助信息技术引入了医院导师和儿童病区评价主体，教师和学生在互评和感悟分享中，使学生进一步理解工作中要用精益求精的劳动成果服务于病患，通过医院导师和儿童病区小朋友的点击率分享，引导学生树立职业劳动中“仁心、爱心、耐心”的劳动自觉，使评价具有“深度”。教师根据评分系统的成绩，对比进步分值最高学生的课前与课后作品，评选本次任务的“进步之星”“巧手护士”荣誉。学生结合本节课各个环节自己的进步分值，找准目标差距和进步标准，体现增值评价在学习中的指导意义。

（三）课后

“优”的环节：通过网络选修课“家庭创意手工”的学习数据、评选优秀作品上传至校本劳动数字资源库，并在学生服务性劳动实践中给予实践学分，拓宽评价的“宽度”。

（二）全程运行

学生劳动素养评价区别于专业课程以学期考核为时间段记录学分成绩的方式，贯穿学生整个学程。

为学生建立劳动素养档案。从新生入学开始，为每个学生建立劳动素养档案，以“学生个人成长手册”引导学生将劳动教育与大学学习、生活、活动等进行统筹规划、合理安排，实时记录学生在劳动课程学习、劳动实践、志愿服务等各个方面的表现。通过日常记录、定期收集、整理和分析，教师可以全面掌握学生的劳动素养发展状况，为后续的评价和指导提供依据。对学生各年级的劳动素养进行综合评价，将劳动素养的劳动精神等内源性发展指标和劳动技能等外源性发展指标贯穿人才培养全过程，实行全程记录、全程评价。

完善评价及成果运用制度。学校把劳动素养作为学生综合素质评价的重要指标，制定《劳动教育实践学分认证与管理办法》。劳动实践评价采取积分制管理，纳入学生综合素质评价体系。构建家、校、社、企全员参与的劳动育人平台，支持PC端、移动端运行，各职能处室、辅导员、教师、学生、企业导师、家长等多元评价主体，能够在平台上对学生劳动素养进行评价，形成学生劳动教育成绩单。在评价结果的呈现形式上，兼顾量化（分数、等级）和质性（文字描述、具体建议），注重对劳动过程中通过学生言行反映出的劳动观念形成情况、劳动素养发展情况进行写实性记录分析，通过自评和他评的方式形成评价意见，适当采用报告、实践展示等方式呈现学生不同方面的潜质，反馈给学生进行矫正和改进，并纳入学生综合素质考核档案。

全面反映劳动素养的增值情况。2020年，中共中央、国务院印发《深化新时代教育评价改革总体方案》，提出教育评价事关教育发展方向，要“扭转不科学的教育评价导向，坚决克服唯分数、唯升学、唯文凭、唯论文、唯帽子的顽瘴痼疾”，改进结果评价，强化过程评价，探索增值评价，健全综合评价，建立科学的教育评价导向。学生劳动素养评价不简单以分数为学生贴标签，结合过程评价驱动学生的成长。在观测和评价劳动教育的成果时，既对阶段性的劳动知识、劳动能力、劳动成果等进行考核评价，也看到劳动观念、劳动品质与习惯、劳动精神的阶梯性进步，通过对比“入口”和“出口”学生所展现出的劳动素养的提升，对学生的进步做出肯定，真正发挥评价的导向和激励作用。

三、评价模式的应用效果

“多元三度五维”学生劳动素养评价模式从评价主体、评价工具、评价方法、评价过程、评价结果的使用全方位规范了职业院校劳动教育评价，形成学生劳动素养评价的成熟范式，对劳动教育起到了应有的检验、反馈和促进作用。

（一）引入信息化工具使评价数据科学化、可视化

依托智慧校园、UMU、学习通信息平台全过程采集劳动行为数据，包括劳动时长、劳动任务完成情况、劳动技能掌握情况等，真实反映学生的实时劳动素养水平，为评价提供了有力支持。

通过信息化工具对收集到的劳动素养评价数据进行精确处理，包括数据的清洗、整理、分类和量化等，能够消除数据中的误差和干扰，提高评价的准确性。借助信息化工具的数据分析功能，对劳动素养评价数据进行深入挖掘和分析，可以发现数据背后的规律和趋势，能够深入了解学生在劳动素养形成过程中的优势和不足，为后续的个性化指导和改进提供依据。信息化工具还能够将劳动素养评价数据以图表、图像等形式进行可视化呈现，直观易懂，帮助学生和教师快速把握评价的整体情况和关键信息，进行针对性的改进和提升。信息化工具的运用使劳动素养评价过程更加高效和便捷，数据的自动收集和处理减少了人工操作的烦琐，可视化的呈现方式也提高了评价的直观性，提升了评价的效率，使评价结果更易于理解和接受。信息化工具的运用也使评价更科学，通过全面、精确、深入地收集、处理和分析数据，劳动素养评价更加客观、全面、深入，相比传统、单一的评价方式具有不可比拟的优势。

"多元三度五维"学生劳动素养评价模式的顺利运行，学校劳动教育实现了从"号令驱动"向"行为自觉"转变，劳动教育资源获得从单一支持到自我演化的社会劳动圈转变，探索形成了"线上+线下"的全新劳动实践方式，实现了劳动教育范式的现代转换，"劳动云指数"等数字技术应用创新了劳动评价方式和途径。

（二）细化评价指标使评价更科学

以劳动观念、劳动知识、劳动能力、劳动品质与习惯、劳动精神等为评价维度，将评价指标细化到30个三级指标和观测点，便于教师制作适配劳动项目和劳动任务的评价量表，使评价模式具有较强的可操作性，也减少了各评价主体操作时的主观性和随意性，增强了评价结果的科学性。

"多元三度五维"学生劳动素养评价避免了以劳动成果作为唯一评价标准的简单评价，关注劳动过程和学生的劳动体验，使学生在劳动过程和劳动成果的收获中体验到成就感和愉悦感，实现了学、思、践、悟统一。例如，劳动之星、劳动标兵、劳动流动红旗的评选，激发起学生的集体荣誉感；把劳动过程制作成视频发给家长，得到了家长的认可；把学生的视频、照片张贴在宣传栏，让学生获得认同感和存在感，既是对优秀学生的激励也对周边同学起到示范带动作用；劳动技能比赛让学生把劳动与自身的价值体现结合在一起，激发了学生自觉劳动的积极性，以及劳动过程中的自律和自觉；让学生全程参与劳动的设计、组织、实施、评价，把自主学习、自我评价的权利还给学生，彰显了学生的自我教育、自我管理、自我服务职能。

（三）评价"三度"保证了教学目标的有效达成

"多元三度五维"学生劳动素养评价模式汲取"欣赏性评价"的优点，有温度、有深度、有宽度的评价激励学生乐学、精学、广学，对劳动观念、劳动精神、劳动品质与习惯等隐性劳动素养的养成具有明显的促进作用。通过劳动成果分享、"劳动云茶馆"研讨感悟以及"身边的劳动榜样"典型示范和模范激励作用，"劳动最光荣、劳动最崇高、劳动最伟大、劳动最美丽”的观念入脑入心，学生不仅“会做”而且“肯干”，保证了劳动教育教学目标的达成。学生在“知理”中树劳动观念，劳动热情高涨，从入学开始就在专业学习中积极跟岗实践，备战技能大赛，为考取职业资格证书早做准备、做好准备；在“笃信”中育劳动品质，得到了家庭社会企业各方认可，受访家庭认为孩子劳动观念增强，能积极承担家务劳动，珍惜劳动成果；在“践行”中塑劳动精神，学生在劳动实践中将劳动精神内化为自觉行动，在专业学习和实践中从被动转化为主动，勤学苦练操作技能的同时注重职业道德、职业精神的培养，所展现的规范严谨、精益求精的职业精神得到了企业的高度认可。

第八章 劳动教育的保障与机制

劳动教育教学体系的落地实施仅凭学校一己之力难以完成，需要多方力量协同联动，共同提供团队保障、场地环境保障和教学资源保障，构建育人共同体、利益共同体、责任共同体、资源共同体、行动共同体，形成统一观念、统一策略、统一行动，为劳动教育构筑制度性保障和支持系统。

第一节　劳动教育“五位一体”协同育人机制建设

劳动教育教学内容涵盖日常生活劳动、生产劳动、服务性劳动全领域劳动，涉及家庭日常生活、校园日常生活、工商企业生产、现代服务业运行、社会公益事业运转等各个领域，学校不是教学实施的唯一主体，各领域劳动存在的实体组织需要承担教学主体的职责。《意见》提出推进劳动教育要发挥家庭基础作用、学校主导作用、社会支持作用、各级政府部门协调引导作用。切实解决劳动教育在学校被弱化、在家庭被软化、在社会被淡化的现象，需要建立政府专责、家庭首责、学校主责、社会重责的政家校社多方协同、互惠共赢的运行机制①，形成牢固、稳定、有力的协同育人共同体，提供组织、环境、资源、团队等多项保障，形成教学运行与质量监控的闭环管理机制。依据劳动教育贯穿全学程、跨越全时空、覆盖全领域的理念与思路，劳动存在的场域即可开展劳动教育，对新生代的劳动教育是政府、家庭、学校、企业、社区及乡村等的共有职责。根据职业院校学生的活动空间和劳动教育的教学要求，推动职业院校劳动教育的顺利、有效实施，需要构建“政府、家庭、学校、企业、社区”五位一体协同育人机制，以学校为主导，整合政府、家庭、企业、社区的力量和资源，形成自上而下的纵向教育行政推动力和社会各方面力量的横向作用网络，使劳动教育在空间上有效对接，在时间上贯穿人的终身，建立立体式网络状的校内外劳动教育协同育人机制，形成劳动教育大格局。

一、以共同利益为核心建立目标协同

美国管理学家切斯特·巴纳德提出的协作系统理论认为，组织之间的协作包括协作意愿、共同目标、信息联系三要素，共同目标是前提，协作意愿是基础，信息联系是保障。在

---

①曾天山，顾建军.劳动教育论[M].北京：教育科学出版社，2021.

全国上下大力提倡劳动教育的大背景下，社会各界对支持和推动劳动教育具有基本的共识，构建育人共同体的关键是通过有效的信息沟通提高各方对劳动教育的认识，增强参与劳动教育的意愿和热情。

意愿是基于对事物的基本看法而产生的主观性思维和愿望，协同意愿是各组织对协同的认识、参与协同的愿望以及协同的积极性和主动性。政府部门、学校、家庭、企业、社区分别为不同的主体，有各自不同的利益追求，虽然都有对落实新时代劳动教育的基本支持态度，但对劳动教育的认知以及对自身义务的理解不同，在劳动教育实践中的关注点态度和行为选择不同。教育行政部门是推动劳动教育的主责部门，推进的手段往往是对学校的要求、检查、监督，缺乏工信部门、经贸部门、宣传部门以及基层政府部门的有力协作；企业有自身的生产任务和专业人才需求，对于接收本专业学生的实习有积极性，但对于具有基础教育性质的劳动教育缺乏耐心和热情；家庭对劳动教育的认识处于一种矛盾的状态，家长关注的是学生未来的职业发展，对于主动承担家务劳动等劳动教育目标缺乏较高要求和积极配合；社区对劳动教育的认识程度相对较低，仅限于被动地提供场所，尚未认识到自身在劳动教育中的作用和责任。劳动存在于人类生产生活的全时空，决定了劳动教育是跨界教育，需要各主体主动、准确站位，共担育人责任，共同建构劳动教育资源，形成多维度、多路径、多主体教育，形成全面、全员、全域推进劳动教育的整体格局，协同育人共同体的建设是劳动教育教学体系能否顺利实施并取得实效的关键。

亚当·斯密（A.Smith）曾提出“人都追求自利”的经济人假设，认为人是以追求物质利益为目的而进行经济活动的主体，希望以少的付出获得最大限度的收获，在经济生活中，获得协助不能只依赖他人的同情心或利他主义。在构建育人共同体的实践中，不能仅凭各方的道德自觉来维系，需要从不同的利益视角考虑问题，站在各利益主体所构成的整体的高度，寻找教育的公益性与各方利益之间的平衡，使各方利益诉求要得到有效的满足，否则，合作行为只能是短期的、浅表的，会因各种因素影响难以维持。构建协同育人共同体的前提是寻求各方利益的交汇点，梳理出共同利益和共同目标。

劳动教育是面向各劳动领域进行思想动员和劳动动员的教育，也是以提升劳动者劳动素养为手段促进各领域创新发展的教育，因而劳动教育不仅仅是教育问题，还是家庭问题、社会问题、经济问题、民生问题、生态问题等，最终结果将指向各方利益的达成和优化。家庭是劳动教育直接利益的获得者，劳动教育对家庭家教家风建设、子女的成人成才成功教育均起到了重要作用，家庭的基础作用在于推进劳动教育生活化、实践化、常态化，使劳动教育来源于生活切实服务于生活；除学校外，企业、社区也是劳动教育利益的直接获得者，高素质生产、管理、服务人才能够切实提高生产效益、管理效益、服务水平，企业的主动站位不仅是岗位和场地的支持，更是教育理念、教学资源和教学团队的支持，要主动挖掘本领域劳动的核心特征，挖掘体现新时代劳动精神和劳动品质的优秀劳动者事迹，让学生认识到劳动背后的文化传承、创新创造、家国情怀以及神圣的使命，切实发挥劳动教育对学生理念、品德的塑造作用；教育行政部门之外的各级政府部门也要深刻认识到劳动教育与自身主体价值的贡献价值，认识到劳动教育是提高人才培养与区域人才需求适配性的需要，是以人才创新为驱动促进区域产业发展的需要，培养当今的人才就是在培养未来的社会，在人才培养中搭建信息沟通的平台以及促进学校与企业、社区匹配的平台，既是职责所在，也是以劳动教育的有效实施延伸政府职能的一种手段。

以高素质、创新型人才培养为核心联结各方利益，可以让各方拥有共同的利益视角，政府以育人为手段规划、提供教育和产业发展要素，推动区域建设；高校通过人才培养服务社会，实现发展目标；企业通过高素质、创新人才的引进提升员工队伍素质结构，获得稳定的、高质量的人力资源，特别是通过创新型人才推动技术革新和产品创新，提升生产效率和经济效益；家庭通过人才培养实现家庭经济目标，促进家庭幸福和谐；社区通过劳动教育积累了丰富的服务资源，提高了社区对居民的黏合度。以共同利益建立起来的协同意愿更稳固，使劳动教育在育人之上延伸出丰富的社会价值。基于协作意愿可建立目标协同，各方积极寻求协同并达成协同路径，达成目标一致、路径一致、步调一致，并在育人共同体的构建中主动让渡自身利益，共同为育人付出人力、物力、财力资源，形成以育人为核心的多方协同、互惠共赢的运行机制。

二、以协同机制为手段建立组织协同

系统论认为，系统是由若干系统相异而又彼此补充的要素按一定结构有机组成的统一体①。当各方的共同利益、共同意愿、共同目标被激发后，劳动教育育人共同体的形成需要有组织保障，将各方人力、物力组织到一起，形成强有力的规划、实施、评价和支撑力量。当前，家庭、社区参与劳动教育的主动性未得到有效激发，参与劳动教育呈现碎片化、项目式、任务式等特征，参与的深度和广度远达不到协同育人的高度。在育人共同体组织力量的建设中，学校要发挥主导作用，通过政校、家校、企校、社校之间的联系，将各方聚合在一起，搭建共同议事、共同决策、共同执行、共同监督、共同评价的平台，促进各方良性互动和有机协同，挖掘合作潜力，提升合作效益。学校是专职教育机构，在劳动教育实践中理应站在前位，围绕教学体系的实施需求，以各方优势资源互补为前提，以实现多方利益为出发点，将各方力量有效地凝聚在一起，共同朝着育人目标努力。

学校牵头成立劳动教育教学委员会是建立组织核心、构建决策和议事机制有效方式，可以将各方力量聚合在一起，负责劳动教育的策划、指导、组织、实施、检查和评价工作，起到头部作用。教学委员会至少应由校级领导担任组长，才能有效协调各方资源，委员会成员应包括政府部门、学校、企业、社区、家长代表各方人员，学校人员应包含教务处、学生处、劳动教育主责部门、各二级院系主要负责人，使各方均具有利益代言人和任务承接人。作为劳动教育教学委员会的具体落实部门，按照教育部的要求，学校应成立劳动教育教研室，或独立运行或挂靠在教务处、学生处、马克思主义学院，保证上级工作任务的对接和落实。

组织协同的关键是建立以章程为制度基础的协同运行机制，借鉴职业教育产教融合共同体的经验，共同体的合作模式正在由产教融合项目合作式共同体向校企联盟式共同体、生态圈型共同体转变②，劳动教育育人共同体初始阶段可以教学体系的实施为驱动构建项目合作式共同体，共同建设校内外劳动教育实践基地，共同组建教学团队，使劳动教育课程实施有场地、有人教、教得好。形成稳定的教学环境、教学资源和教学团队协作基础后可拓展协作领域和协作范围。一是扩大校外实践基地的种类和范围，如各地市属职业院校以“一个业态一个实践基地、一县区一个实践基地的思路”优化教学场域，提升劳动教育与区域经济的

①张子睿, 郭传真. 劳动教育及其创新进路研究[M]. 北京: 中国书籍出版社, 2021.

②汤慧芹, 周斌. 产教融合共同体建设: 形态演进、现实审视与路径优化[J]. 中国职业技术教育, 2024(3): 21-27.

契合度；二是建设教学团队资源库，将各行各业劳动模范、技术能手、家长代表等纳入资源库，通过优秀的劳动者培养出未来更优秀的劳动者；三是加强制度建设和教学资源开发，加强教材、劳动项目及各种素材载体的开发，结合本土化元素，形成具有自身特色的制度、模式、文化，构建师资共建、基地共建、标准共建机制，提高劳动教育的供给质量；四是以劳动教育为牵引促进区域人才链、教育链、产业链、创新链的深度耦合，形成资源共建共享的生态圈，优化各方利益。

根据切斯特·巴纳德的协作系统理论，组织协同的关键还在于搭建各方信息交换、研讨决策的平台，建立有效的信息沟通方式保障共同体各成员组织形成共同目标、协作意愿，打通各方利益诉求和实现的路径，建立沟通理解、合作议事、决策执行、监督评价机制，保障日常工作运转。信息畅通是组织协同的媒体和保障，搭建信息交换的平台便于各方相互了解，探查他方的利益点，深入表达自身的利益诉求，实现资源交换和互利共赢。还要搭建各方议事的平台，深入探讨劳动教育的问题，基于落实国家政策、教育的公益性以及实现多方利益三个维度对教育问题达成共识，形成共同的目标追求、协同策略和协同路径。在沟通机制建设中，各方要充分对话，只有深刻认识自身角色和职责，才能超越利益的狭隘建立责任共同体，能够协同工作，进而形成稳固的育人共同体。各方要拥有平等的话语权，特别是在以政府部门或以学校为联结的共同体中，企业、家庭、社区不能被动执行政府部门或学校的要求，要主动站位，及时进行信息交换，形成相互信任和理解，匹配学校的教育目标和要求提供相应的人力、物力资源，增强协同度。例如，社区、企业、家庭要参与学校劳动教育方案的制定，使劳动教育方案的设计者能够拥有全局化、系统化的视野。在劳动教育的实施环节，各方除了提供场地和机会之外，还要匹配师资力量，不仅传授劳动技能、劳动体验，还要有劳动价值观层面的输出。沟通机制的建设要多渠道、多手段，既可以线下定期召开劳动教育委员会例会，还可以利用网络建立线上的实时沟通渠道，保证信息的及时传递和快速流动，通过微信、网站或其他社交平台，企业、社区发布岗位用工需求，学校、家庭发布可提供的人力资源，形成供需信息的广泛发布和有效匹配，促进多元主体实时互动交流，使各方需求有效对接，解决学生找不到劳动实践机会而用人单位人才短缺的结构性问题。通过机制和制度建设，为劳动教育教学体系的实施构筑坚实保障，使育人共同体成为决策共同体、执行共同体、监督共同体、评价共同体。

三、以职责任务为驱动建立行动协同

在实践行动中，各方能否步调一致、各尽其责，也是育人共同体能否正常运转的关键，需要对各方协同方式、职责任务、行动规范进行结构性安排和制度性设计，以完善制度、规范机制为手段，明晰多元主体的职责，充分调动多元主体的资源和活力，推动师资共建、场域共享、任务共担，实现行动协同。可依据教学体系整体设计用劳动项目或教学任务将各方人员、场地、资源串联起来，细化人员教学规范、场地和资源建设规范，细化项目任务的实施措施、步骤和标准，明确责任主体和实施任务，使各方明晰职责和任务，形成职责任务—行动目标—行动实施—监督评价—诊断改进的闭环，提升协作的规范化和协作效益。

各级政府部门的职责是推动国家方针政策的贯彻落实，特别要调动学校作为劳动教育主体的积极性，站在区域整体的视角为学校与企业、家庭、社区牵线搭桥，解决学校自身难以解决的政策及资源配给问题，共同为学校落地实施劳动教育搭好台。如政府引导社会力量参与劳动教育实践基地建设，调动工会、共青团、妇联、社区、街道以及各类公益基金会、福利院、公共场所等，提供公益劳动岗位和志愿服务岗位，帮助学校建设稳定的、有质量的校外实践基地；工商管理部门积极出台减免政策激发企业承接参观、研学、学生实习及现场教学任务的积极性；宣传部门引导主流媒体大力宣传劳动模范，引领全社会形成热爱劳动、崇尚劳动的社会风尚。

生产与服务性劳动存在于一个个生产企业或劳动组织中，具有特定的劳动环境，学校无法真正提供真实的劳动场景，企业在劳动教育中的主动站位至关重要。为避免“有劳无教”现象的发生，需要企业协同学校进行课程建设、劳动项目和教学资源开发。企业提供的是综合的、复杂的、真实的劳动流程和劳动内容，拥有丰富的、生动的、真实的劳动场景，可开发为劳动教育资源，不仅生产任务和劳动内容、生产过程是劳动教育的资源，生产技术人员、管理人员等优秀劳动者言行中体现的价值观、劳动态度、劳动品质习惯、劳动精神等也是劳动教育的绝佳素材，赋予了教育元素的劳动就成为有教育、有劳动的劳动教育。

在日常生活劳动教育中，家庭、社会与学校是协同者，家庭的影响力甚至超过学校的教育，家庭不具有专门知识和理念，学校要对家庭教育和社会教育起到指导作用，以学校为轴心，把家、校、社会联系，构建步调一致的全时空教育网络，实现无空白、无死角的教育。家庭是学生成长的第一场所，家长是学生的第一任老师，家长要认识到家务劳动的重要育人价值，让学生认识到成人应有的责任和义务，逐步承担起家庭责任。学生还生活在社会中，社会文化在劳动教育中也起着至关重要的作用。当前网络通达的全媒体时代，学生既生活在由同学、家人、朋友生活的地理空间所营造的现实生活中，也生活在由各色各样真实的或虚拟的人所组成的网络社会中，学生劳动价值观的形成需要学校进行正面引导，也需要现实生活中的重要他人的影响，还会受到各种舆论的影响。教育需要直面社会环境的多元文化现实，在学生成长的各个时间和空间构建“同盟军”，积累社会主流文化资源，共同应对各种负面影响，引导学生去伪存真。

第二节　劳动教育“五课堂”协同育人资源建设

教学资源是教学体系的支持和保障，包括教学环境、教材和教学材料、教学平台以及其他信息化教学支持系统，是直接服务于学生学习的有形载体。劳动教育鲜明的实践性决定了对教学环境和实践教学条件的依赖，教学环境包括教学场所、设施设备所组成的物理环境，师生、生生关系所组成的人文环境，以及围绕教学任务展开的教学组织、教学过程所组成的时空环境。学校只能提供日常生活劳动中校园劳动的真实劳动场景，其他劳动的真实场景存在于家庭、企业、社区、乡村，劳动教育要突破教室、校园、学科、专业、组织的界限，联合家庭、企业、乡村、社区等，选取劳动存在的真实场域，协同构建劳动任务清晰明确的学校课堂、企业课堂、家庭课堂、社区课堂、空中课堂等，为学生全方位、全情境、全时空学习提供支撑，真正实现家庭劳动教育日常化、学校劳动教育规范化、职业劳动教育专业化、社会劳动教育多样化。

一、夯实学校劳动教育主课堂

劳动素养是具身的个性生理和心理特征，不是仅凭借教师教就能够教会的，要依靠学生在劳动实践中通过感受、领悟、操作进而内化为自身牢固的认知和稳定的身心个性特征。学校是新时代劳动教育的主力军，校园是主阵地，劳动教育专题必修课、主题选修课、校内岗位实践课是主渠道，校内教学资源建设是学生学习的主要支撑。学校可围绕劳动教育教学体系的实施，建设多媒体教室、实训室、校内公共劳动实践基地、校内实践岗位四位一体的劳动教育教学环境，使之成为承担劳动教育教学任务的主课堂，为学生创设“有准备的环境”，做学生自主建构劳动素养的支持者和引导者，充分激发学生的主观能动性，激励、引导、支持学生自主性学习、研究性学习、实践性学习，在教师的引导、支持、扶助下，使自身的劳动素养增强时代性、社会性，为个人全面而自由地发展奠定基础。

多媒体教室是学生进行理论知识建构和研讨思辨的主要学习场域，物理环境与学习资源建设要有利于师生、生生互动，可按照研讨型教室的标准建设。布局要采用分组教学的方式，除了教师的主要讲授区域外要设计多个分中心，便于每个小组自主研讨和设计；多媒体设备要将各分中心与教室的展示区相连，便于各组展示成果；教室内要提供丰富的线上线下教学资源，线下可在教室边角设置书架，摆放教师提供或经过教师筛选的学习资料，线上建设课程教学用数字资源库，便于学生随时查阅；教室与各实训室尽可能处于同一空间，或者相邻，便于学生随时转换学习任务。

劳动实践环境建设可将各专业实训室的资源进行整合利用，还需要围绕专题必修课、主题选修课的教学需要建设公共劳动实践基地。劳动教育教学体系实施理想化的状态是在各个教学模块中都能够找到真实的教学场景，但受到地理空间、集中教学等各种因素的约束，组织大量的学生到家庭、企业、社区、乡村直接参加劳动并不现实，可以采用组合的方式，构建模拟劳动环境、真实劳动环境共同组成的教学环境，以真实环境为先，每个类别的劳动至少组织学生参加一次真实场景中的劳动。为保证必修课和选修课实践教学的开出率，校内公共劳动实践基地要尽最大可能搭建真实的或无限接近真实的劳动场景，为各模块教学提供校内全场域教学场景，除了提供日常生活劳动中校园劳动的真实场景外，可建设模拟的家庭厨房、起居室、卫生间等家务劳动场景，校内农场、阳光温室等农业劳动场景，文化推广、义务宣传、亲子活动等服务性劳动场景，民俗手工、木工金工、实用绳结、布艺陶艺等工艺劳动场景，工商及服务业劳动场景建设可借助各专业实训室完成，形成覆盖全劳动场域的学校主课堂。

校园是一个小社会，各劳动岗位是劳动教育的天然场景。学校层面需要进行校内统筹，协调教育、教学、管理、服务等各岗位开发劳动实践岗位，利用宿舍、教室、校园、食堂、各处室等设置管理助理、勤工助学、志愿服务岗位，让学生真实参与校园清扫、花木修剪、食堂服务、垃圾分类督导、图书档案管理等劳动，为劳动教育岗位实践课程的实施提供支持。

二、设立企业劳动教育分课堂

劳动教育是联通现实世界的教育，组织学生进入现实世界、进入真实的劳动场域，承担或体验真实劳动是劳动教育的应有之义。校内教学资源的单一供给难以为劳动教育提供全场域的真实劳动场景，需要校外真实的大自然、大社会利用现实存在的工农商服务等多业态与多形态劳动协同构建匹配的劳动资源，职业学校学生的校外劳动不同于中小学生的农工商体验劳动，学生的劳动可能会成为其毕业后的职业劳动或兼职劳动。在真实劳动中形成的劳动素养更真实、稳固、长久，学生能够真正感受各行各业劳动的特征，站在他人的立场理解劳动、尊重劳动，形成珍惜劳动成果的真实感情。真正的劳动资料、劳动对象以及劳动时间、劳动关系以及构建的劳动氛围是学校模拟劳动环境所不能替代的，模拟劳动中学生往往抱着休闲的心态，学生在模拟环境中没有真实的紧张，不需要付出较多的体力和智力，对责任感、劳动精神的培养贡献度不高，真正的劳动对人的体力和智力的综合性、劳动的价值性以及不诚实劳动所付出的代价，模拟劳动都无法比拟。此外，校内的资源是有限的，职业劳动受到专业限制，难以让学生看到劳动的多样性，难以给学生呈现一个完整的劳动世界，需要课内外、校内外联通，协同构建全领域劳动场景。

《意见》要求各级政府部门积极协调和引导企业、公司、工厂、农场等组织履行社会责任，开放实施场所，支持学校组织学生参加力所能及的生产劳动、参与新型服务性劳动，鼓励高新企业为学生体验现代科技条件下的劳动实践新形态、新方式提供支持。《纲要》提出确认一批山地、山林、草场等作为学农实践基地，确认一批厂矿企业作为学工实践基地，认定一批城乡社区、福利院、医院、博物馆、科技馆、图书馆等事业单位、社会机构、公共场所作为服务性劳动基地①。工商服务业企业可直接用于校外劳动教育分课堂建设，但要区别劳动资源与劳动教育资源，用于教学的劳动场域不是简单的原始工作状态的自然呈现，要根据教学需要进行教学化改造。企业分课堂建设要包括四个核心要素：有真实的劳动场景、真实的劳动任务、真实的劳动产出、企业在职人员的真实教学。学校与企业可通过校企合作建立教学资源共建共享机制，在原始劳动状态的基础上加入教育元素。在空间上要提供可容纳学生整体班级教学的场地，学校教学一般是按照班级成建制组织，企业除了提供真实的生产岗位之外要为教学预留空间，便于教师组织学生集体教学，教学区域与劳动区域要相连或相近，便于教、学、做之间的随时切换；在师资配备上企业要鼓励在职人员成为“双师素质”兼职教师，与学校教师共同组成课程教学的“双导师”，采用“一堂多师”、分工合作的方式共同完成课程教学任务；在资源建设上，企业要配合学校积极挖掘教育资源，挖掘产品背后传承创新的故事，挖掘生动鲜活的劳动场景，挖掘员工爱岗敬业、执着专注、精益求精、追求卓越的感人故事，挖掘体现劳模精神、劳动精神、工匠精神的先进人物和鲜活事例，还要将企业标准融入教学标准，协同学校完成劳动教育评价，保证教学效果。

农业生产具有特殊性，如果直接组织学生到农村，一家一户的农业生产方式无法满足集中教学的需求，农场、各种劳动教育实践基地可建设成为对学生进行农业劳动教育的分课堂。国家、省、市等各级教育行政部门也通过认定的方式，鼓励支持社会力量参与建设劳动教育实践基地。各地纷纷出台大中小学劳动教育实践基地建设标准，鼓励市（区、县）基础条件好的休闲农业园区、文旅基地、农业游学产业园等建设劳动教育实践基地。各地建设的劳动教育实践基地较好地解决了传统农业与现代农业的碰撞问题，很多实践基地兼具传统农业和现代农业特征，既提供让学生到田间劳作的场景，也将现代化农业的特征较好地呈现出来，还将农业发展史进行了梳理，将农业现代化过程中的机械化或半机械化生产工具以不同的方式展示给学生，让学生感受科技进步带来的生产力的进步，认识创新对人类带来的利好，对培养学生的创新意识和创新精神起到了积极作用。

校外劳动教育实践基地建设为劳动研学提供了丰富的教学资源，为劳动研学实践课程教学构建了生动鲜活的教学生态。除了成规模的劳动教育实践基地外，还可以开发或盘活部分农村中闲散的资源，有效利用城镇化过程中闲散的、废弃的资源，利用各区域社

① 教育部关于印发《大中小学劳动教育指导纲要(试行)》的通知(教材〔2020〕4号)[J]. 中华人民共和国教育部公报, 2020(7): 2-11.

会建设、文化建设的新成果，利用智能劳动和数字经济发展的新业态，建设挂牌“农业+”“工业+”“商业+”“智能+”“生态+”“文化+”等不同特色的劳动教育实践基地并进行针对性开发，经过课程化改造成为有真实生产场景、真实生产任务的劳动课堂。劳动实践基地的建设需要突破学校界限，根据课程教学的需要，站在区域资源整合的高度，从区域角度进行宏观规划、合理布局。对于职业院校集中的区域可建立资源共建共享机制，避免重复建设、各自为政的倾向，各方在互惠互利的基础上共同投资建设，提高资源的建设管理水平、资源使用率和资源效益。还要注重挖掘资源功能，使基地建设达到最大教育效益、社会效益、经济效益。

三、联结家庭劳动教育小课堂

新时代劳动教育将日常生活劳动纳入劳动教育的范畴，诠释了劳动来源于生活、服务于生活的本质特征，以及有劳动的地方就应该有劳动教育的应有之义。家庭是学生日常生活劳动的第一课堂，将家庭建设成为劳动教育的第一课堂，是将劳动教育生活化、常态化的手段，家庭日常生活中自我服务性的整理床铺、自我卫生管理，家庭服务性的做饭、清洁、收纳、维修、家居美化，亲友服务性的接待客人、照顾老人小孩等，丰富的劳动项目为学生劳动素养培育提供了鲜活的载体，均可成为可开发利用的劳动教育资源，家庭环境可成为现场教学的场所，家长可成为与学生进行“一对一教学”的劳动教育教师。

家庭劳动教育小课堂的开发可利用集中教学与分散教学相结合的方式，可通过劳动任务和劳动清单的方式，以评价为手段逆向推动日常生活劳动教育。学生在校内可接受日常生活劳动教育的集中教学，回归家庭后一方面落实劳动清单的要求，由家长作为教育者监督学生一项项夯实劳动能力；另一方面引导家长将劳动与劳动教育结合起来，让学生常态化参与家务劳动，夯实劳动观念、劳动素质教育。建设家庭劳动教育小课堂不仅需要教师和家长再造家庭劳动环境，还需要教师利用现代化信息技术提供丰富的教学资源，制定家庭劳动教育手册，引导学生完成自主学习任务，引导学生及家长的教学行为，利用视频、直播、微信等方式布置教学任务、监督教学过程、组织教学评价，家长以实践教学教师的身份现场指导学生完成教学过程，协助教师完成教学评价。

家庭劳动教育小课堂建设的关键是家长资源的开发利用，需要对家长进行教育观、劳动观的培训，提升家长对劳动教育的认识，使家长成为劳动教育的坚定支持者和协同者。首先，要让家长充分认识到劳动教育对人成长的重要意义，转变因生存而劳动的传统观念，扭转功利化的人才观，树立劳教结合是取得和检验教育成效手段和根本路径的教育观，认识到劳动对学生学习、生活及全面发展的重要意义，能够主动起到要求、监督、教学及与学校协同的作用；其次，要让家长参与劳动成果的展示评价，在劳动成果的展示交流中引导家长树立优质劳动、创新劳动的理念，对孩子劳动的评价不能满足于能够完成劳动，而是建立劳动的质量标准和创新标准，帮助孩子形成稳定的劳动习惯和优秀的劳动品质，提升劳动素养的水平，用优质劳动、创新劳动优化家庭生活；再次，学生家长是各行各业的劳动者，不乏能工巧匠、科技精英、商界人士，有丰富的可利用劳动教育资源，可以邀请家长中各行各业的优秀劳动者进入校园，成为学校主课堂的教师；最后，建设家庭劳动教育小课堂的意义还在于从教育学生到教育家长的辐射和延伸，让家长在参与劳动教育的过程中增强对劳动的正确认识，树立正确的劳动观、教育观、成才观，正确引导学生身心成长和全面发展，主动承担教育职责，夯实家庭在劳动教育中的基础作用，用优质劳动教育推动良好家庭家教家风建设。

四、拓展社区劳动教育大课堂

人生活在社会中，人的社会化程度对人的角色定位以及社会地位具有重要作用，人的社会化不仅体现于能够在社会劳动分工中找到自己的位置，还在于人参与社会公共管理与服务的程度。当今社会，人与人之间的交流互动加剧，对社会服务及社会化劳动的需求增加，不仅延伸出多种多样的服务性劳动岗位，也对公益服务提出了更多需要。公益劳动和志愿服务既是和谐社会建设的需求，也是人追求高层次劳动价值的途径。《意见》要求工会、共青团、妇联等群团组织以及各类公益基金会、社会福利机构要组织动员相关力量、搭建活动平台，共同支持学生深入城乡社区、福利院和公共场所等参加志愿服务，开展公益劳动，参与社会治理。学生深入乡村、社区参加公益劳动和志愿服务活动，是学生参与公共事务管理和进行社会实践的一种方式，对深入了解国情、民情，感受不同地域、不同家庭之间的差别，客观认识社会问题，更好地理解国家政策，增强大局意识和整体观念，增强新时代年轻人应有的社会责任感和担当精神具有重要意义。

社区是现代社会生活的产物，是聚居在一定地域范围内的人们所组成的社会生活共同体，也是现代城市治理的基本单元，为公益劳动和志愿服务提供了丰富的劳动资源，可开发建设为学生公益劳动和社会服务劳动实践的大课堂。学校可充分利用周边资源，与乡村、社区建立稳定的公益服务劳动教育基地，将劳动资源改造为劳动教育资源。一方面，学校、社区协同开发劳动教育资源，对可能提供的公益劳动和志愿服务劳动进行岗位化、项目化，将服务对象、服务内容、服务规范、服务技能等显性化、标准化，有条件的可用文字、视频、图片等方式呈现，便于学生上岗前通过学习增强认知；另一方面，学生上岗后要有教育和培训环节，由社区工作人员进行集中现场教学以及分组指导或个别指导，把劳动和教育融合在一起，对学生的观念、技能、品质和奉献精神等进行一体化培育，既能达成劳动教育目标又能保证公益劳动和志愿服务的质量。

五、建设空中劳动教育云课堂

现代信息技术的发展推动了教育革命，在线开放课程、教学平台、数字资源的建设延伸了课堂教学的知识存量，线上线下混合式教学已经成为当前各职业院校教学普遍运用的方式，时时能学、处处可学、人人皆学的学习环境也为当代人泛在学习提供了可能。为保证学校、企业、家庭、社区课堂的教学实施，便于学生课前自主学习及线上线下混合式教学，需要开发丰富的在线教学资源，建设劳动教育空中云课堂。云课堂建设可以突破时空的界限，扩大知识的容量，通过劳动任务引导文件引导师生的教学活动，将学校课程、企业课堂、家庭课堂、社区课堂有效联结起来，形成课内外、校内外融通的劳动教育大课堂。

空中云课堂的建设包括教学材料建设、在线开放课程建设、教学平台建设、数字教学资源库建设，核心是教学资源开发。因现实世界中的劳动千差万别，教学资源开发时要把握三个关键点：一是教学资源的体系化，以有效引导学生的学习和劳动为基本思路，对应劳动项目开发劳动任务单、劳动信息单、劳动报告单、劳动评价单等，将劳动知识精练成为系统完整的知识体系，用教学视频、教学课件、教学文件、拓展资料等方式呈现，开发为覆盖劳动教育五大教学内容的在线开放课程；二是注重教学资源的生活化，教学素材与区域生活需求和产业科技发展对接，反映现实世界中的真实劳动以及地方劳动形态中的新技术、新产业、新业态，符合时代发展对学生劳动能力、劳动素养的要求，只有来源于生活并服务于生活才能让学生乐学会用；三是注重数字教学资源的开发，利用多媒体技术开发鲜活的资源，把承载劳动观念、劳动精神、劳动品质的先进人物事迹、事件开发为声音、图片、视频等多媒体数字资源，增强学生的视觉和多感官学习体验，动态直观的呈现方式可以强化认知和感悟，还可以直观展示劳动的操作细节，便于学生反复观看，对于劳动的时间、空间特性，如植物的生长过程、各区域植物的特点等，可以开发为VR虚拟劳动场景，用3D、人机交互等方式，增强学生的体验感，延伸学生的劳动空间；四是注重教学资源来源的多元化，注重劳动过程中学生学习的生成与交互，鼓励学生基于劳动任务进行发散性设计和创新性劳动，将劳动实践过程和经验制作成微课程，上传至线上平台，成为其他学生的多样化学习资源，使学生既是资源的使用者也是开发者。

教学资源的开发要动员社会各界的力量，鼓励社会各界劳动者讲述自己的劳动故事，建成内容丰富、范围广泛的劳动资源库，让学生了解大千世界中各种各样的劳动，促进劳动知识技能的交流、推广与创新。各劳动领域的典型劳动案例也是绝佳的劳动教育教学资源，企业案例是企业生产过程中实际发生的，具有理论和实践的双重属性，既是可用于学生认知的显性知识，又是学生劳动实践的引导性文本，而且反映了劳动的综合性和现实性，可以将企业中的劳动案例收集起来，结合学生的认知特点，编写成以案例形成过程中的原始劳动为主体，以点评和反思为辅助的教学材料，对劳动中反映出来的教育元素进行提炼加以标注，学生既可以还原案例中的劳动，还可以通过点评和反思把劳动的直接经验上升为间接经验，实现劳动素养的综合提升。每一个企业都有生产质量标准和管理制度，也是劳动教育重要的教学材料，可用于课程开发以及劳动评价标准开发。一个企业的成长史往往是一部劳动奋斗史，企业中的人员特别是劳动模范的先进事迹，也是劳动“四最”的生动体现，企业劳动文化如劳动技能评比、技能练兵、员工之家活动、企业理念等，可以感染学生的劳动热情，是活的教学素材，这些都是劳动精神、劳模精神、工匠精神教学的生动素材和载体。

第三节　劳动教育协同育人团队建设

教师是劳动教育教学体系的设计者、管理者、执行者，师资队伍的建设水平决定了劳动教育的水平。劳动教育是跨界教育，教学实施跨学科、跨专业、跨场域，需要组建由高校教师、家长、企业与社区人协同的组合式教学团队，通过教师培训、教学研究促进劳动教育师资的专业化发展，保证劳动教育有人教、教得好。

一、组建模块化教学团队

劳动教育涉及日常生活劳动、生产性劳动、服务性劳动全领域劳动，教学内容对应现实生活中各种形态的劳动，而当前高校任何一个学科或任何一个专业背景的教师都难以掌握五大教学模块所需要的所有知识和技能，难以完成全部教学任务。为保证课程的开出率，需要打破班级教学与教师一对一的传统师资配备模式，打破一门课程一名教师贯到底的教学任务分工方式，推行分工合作的模式化教学组合模式，以高校教师为主体建设一支跨学科、跨专业、跨组织，多人分工合作完成模块化教学的组合式教学团队。课程教学团队采用专兼结合的“1+X”组建方式，“1”是配备1名高校专职教师，担任教学设计、教学组织、教学评价的全教学过程组织工作，承担系统性知识和技能的教学任务，担负课程设计、资源统筹、组织实施主体职责，按照教学计划组织课程教学；“X”是指在不同的教学模块或不同的教学场域，聘请各劳动领域掌握关键劳动知识和技能的劳动能手，与高校教师共同实施教学，探索多师同堂、合作共教、师生互教模式，形成基于模块教学分工合作的组合式教学团队，既能够发挥校内外教师各自的优势，形成知识、技能和素养互补，又能够保证教学的专业性，让学生系统地提升劳动素养，增强学生的获得感。

打通劳动教育跨界型教师队伍建设渠道，将多师组织到劳动教育的课堂中来，使教师队伍成为连接校家社的纽带，是强化劳动教育师资队伍建设、打通多场域教学的关键。建设模块化教学团队需要高校打破师资队伍建设的传统思维，主动积聚社会人力资源，有效开发各劳动领域中蕴含的劳动模范、行业技师、科研创新人才等潜在师资力量，建设数量充足的劳动教育师资库，也需要社会各劳动组织有力支持，为相关人员到高校兼职教学提供时间和政策支持。高校需要组建劳动教育教研室或明确承担劳动教育教学任务的专门教学机构，设置劳动教育专业化师资编制，保障教学团队的基本固定师资，通过师资培训、课程教研等方式促进校内外教师的沟通与合作，协助校内外教师建立共同教学目标和共同价值目标，形成共同的任务趋向，使团队成员之间相互配合、相互支持，协同完成教学任务，打造出一支数量充足、教学能力强、师德修养好的教学团队。

各方需要高度认识兼职教师加入教学团队的重要性，认识到兼职教师的教学是学生劳动素养培育真实性、实用性的必要保证，即使在校内师资充足的情况下，“1+X”也是劳动教育教学团队结构的基本特征。企业在岗员工掌握劳动岗位核心技术，掌握劳动一线的新技术、新方法、新流程、新工艺，具有丰富实践经验的人员，对劳动观念、劳动素质有着深刻的认识和理解，切实掌握企业需要什么样的人，能够在细节上增强人才培养的精准性，从整体上增强人才培养与岗位需求的适切性。现实世界中的劳动千差万别，劳动技能各有其特色，有些技能已经知识技能化，能够被他人学习，而有些知识技能是从业人员的隐性知识，尚未被挖掘和显性化，附着在劳动模范、技术能手、大国工匠等优秀劳动者的身上，只有在与其接触中才能接受言传身教或潜移默化的教育，这些都是高校教师独立教学难以实现的，分工合作的专兼职组合式教学团队组建方式是教学发展的必然趋势，让专业的人教专业的内容，保证学生的学习不缺项漏项且实用管用。教学团队的组建需要与教学体系的构建统筹规划、同步实施，将教学内容、劳动项目开发、教学团队、教学资源等统筹考虑，还要考虑教学规律与劳动规律的结合点，使高校教师的教学思维与企业人员的生产、管理、服务思维同频共振，使高校教师与企业人员能合作、合作好，无限接近劳动教育师资配备的理想状态。教学理想化的状态是在现场进行现场教学，条件不成熟的情况下也可以由企业人员带着实践经验和真实案例、劳动技巧、实际问题进入学校，在校内模拟环境实施教学。

二、促进劳动教育师资的专业化

教师是教学质量的必要保障，劳动教育的学科化、专业化必然要求师资的专业化。由于劳动教育2022年才正式纳入普通高校本科专业目录，目前尚没有毕业生，因而短时期内无法配备数量充足的具有专业学科背景的任课教师。为保证课程的开出率，各校一般采取转岗或兼课、兼职的方式组建课程教学团队，或者由担任思政课教学、创新创业课程教学的教师担任，或者由辅导员或其他行政岗位、学科专业空余师资担任教学工作。师资队伍专业性不足，教学标准和考核标准建设滞后等，都使职业院校劳动教育教学效果打了折扣。劳动教育的学科化、专业化必须有师资队伍的专业化做保障，需要高校与企业共同建设劳动教育师资培训平台，使校内外劳动教育教师快速成长为与时代同步的专家型教师。

师资队伍的专业化需把教师的政治素质放在首位。新时代劳动教育是以正确的劳动价值观教育为核心的素质教育，马克思主义劳动观、社会主义核心价值观、习近平新时代中国特色社会主义思想是教育的灵魂和统领，教师必须坚持正确的政治方向，深刻理解新时代劳动教育的“中国特色社会主义教育”属性，从国家的要求、社会的需求、人的全面发展等多层面深刻理解新时代劳动教育的内涵，形成正确的劳动观、教育观、教学观、学生观，具有肩负为国家培养社会主义建设者和接班人的使命感，不能把劳动教育仅作为一门课程来教，要着力引导学生做社会主义核心价值观的践行者，做中国特色社会主义伟大事业的建设者。教师还要对新时代劳动教育有强烈的情感认同、思想认同和价值认同，只有自身热爱劳动、尊重劳动，能够有质量地劳动、创造性地劳动，才能在课堂上言传身教感染和激发学生，将教学目标有效贯彻到教学设计、教学实施、教学评价的各个环节。

师资队伍的专业化还需要建立课程管理者、开发者、执行者的协同，基于对劳动教育的认识程度和理解深度，从劳动教育课程建设的理论逻辑、实践逻辑和教育效果等多维度整体推进劳动教育教学目标的落实。课程管理者包括教务处、教学院系等教学管理人员，课程开发者包括开发专题必修课、主题选修课、五育融合课的教师以及劳动实践岗位、研学项目的各类管理服务人员，课程执行者包括任课教师及课程资源的提供者、管理者等。促进各方有效协同的关键是教学标准、考核标准、督导检查制度建设，以标准为行动规范加强校本教研，实行统一计划、统一标准、统一备课，还可以同研一堂课、同享一堂课、同评一堂课，保证教学目标的有效落实以及各专业教学的均衡。学校还需要积极推进高校教师与企业兼职教师的双向交流，高校教师到真实的劳动场景中提高劳动实践能力，弥补自身劳动经验的短板，更新自身知识体系，企业兼职教师到高校接受教育教学规律和教学方法的培训，提高教学能力与教学素材的开发能力。使专兼职教师成长为兼备立德树人理论知识和劳动实践指导能力，以劳动教育课程教学需要为核心，善于育人、多会多能，勇于创新的复合型、“双师型”素质教师。

劳动教育师资队伍的建设还包括除专题必修课、主题选修课之外的其他各课程的教师以及与劳动教育相关的管理服务人员，劳动教育是“五育”中的“一育”，是学校层面的顶层设计和全校范围内的全面教育，理应构建全员、全过程、全方位的教学环境。要引导其他基础课程和专业课教师在认识上增加劳动教育的维度，不要认为劳动教育是劳动教育专职教学人员的职责，在思想上认同劳动教育课程与各类课程同向同行协同育人的理念，真正认识劳动教育的必要性，掌握一定的劳动教育理念和方法，把劳动教育元素融入本课程教学目标、教学内容、教学过程、教学评价，基于劳动教育理念对本课程进行二次建构，生成新的课程目标和课程内容，实现劳育课程与课程劳育的同频共振、同向同行。增强广大教师的劳动观念，对劳动教育在理论认知上具有自觉性，在策略方法上具有能动性，在价值取向上具有一定社会制约性[①]。学校层面要推动全体教育、教学、管理、服务人员主动学习劳动教育

---

①刘建峰, 刘有为, 李咸洁. 高校劳动教育理论课教学模式路径创新研究[M]. 重庆: 西南交通大学出版社, 2023.

的理论，与劳动教育教师进行研讨，既在方向上一致又在分工上有所侧重，促进公共课中劳动教育理念的融入、专业课程中劳动案例的选择、管理服务中劳动实践岗位的开发以及校内外劳动实践基地建设，使劳动教育理念和方法全面融入各领域。

保障激励机制是师资队伍建设的重要保障，是提升教师角色认同和职业能力的重要措施，教师内在动力的激发需要组织内部和外部实质性激励。激励手段包括经济手段，政策支持、事业环境等，在初始阶段，可以在评优评先、评职称、绩效分配等方面形成明显优势，鼓励教师转型和深入研究，使任课教师的政治素养、劳动教育理论、劳动教育实践、教学能力四个维度综合提升，通过教师的专业化促进劳动教育的学科化、专业化发展。

三、加强劳动教育研究

教学和科研存在内在的本质联系，教师从事适量的科学研究有利于了解科学前沿、提高学术水平和思维能力，从而有助于提高教学质量①。高质量的教学需要有高质量的研究支撑，2020年以来，劳动教育研究的热度持续升温，学者们针对劳动教育的基础理论、发展历史、课程和实施体系建设、考核评价、资源保障体系建设等进行了广泛探讨，深入推进劳动教育还需要在家校社协同机制建设、专业化师资队伍建设、创新性教学模式开发等方面持续发力。关于职业院校劳动教育教学体系的研究属于教学和实施体系建设研究层面，鼓励教师基于教学体系的扎实有效落实进行深入研究，研究如何根据学生的认知特点设计教学模式和教学方法，研究如何将现实的劳动转化为教学中的劳动项目，研究如何提高教学设计、劳动项目开发与学生劳动素养的匹配度，研究如何促进教学研究成果向教学的转化等。

劳动教育具有自身的教学规律，教师应掌握生产生活科技的前沿动态，可以不用精深但必须广博，将前沿知识、技术转化到课堂中来，对学生的劳动认知和劳动创新起到引导作用，给学生创造面对综合问题的机会，鼓励学生面对未知的综合问题探索解决问题的路径，教给学生行动研究的方法，促进学生形成研究性劳动思维。生产和生活是由一个个问题或任务组成的，发现问题、分析问题、解决问题是人生的常态，问题思维是学生必备的思维模式，经过科研训练的学生，能具备面对未知的能力，具有终身学习的理念和习惯。科技自立自强是社会主义现代化建设的核心，创新不仅仅在高精尖领域，也不仅仅是科研工作者的责任，人人树立创新意志，人人具备创新能力，在平凡的生活中处处都存在创新，创新也不是一蹴而就的，创造在发生之前对人类而言是未知的和不可预估的，是由无数个创新累积而成的由量变到质变的过程，赢得新一轮科技革命和发展的主动权，必须培养一大批具有创新思维的劳动者，在千千万万个平凡的岗位上、在劳动的一线推进劳动创新。职业院校要培养服务一线的高素质高技能人才，要服务企业的技术研发和产品升级、科技成果转化，为地方科技创新和产业转型升级提供强大智力和人才支持，使产业链、创新链、人才链、教育链形成闭环，需要教师深入进行教育教学研究，带领学生深入企业调研企业的突出问题、发展方向以及前沿技术的应用，以产学研为纽带促进与地方发展相适切的科研成果的产出和转化，使学生打开思维，审视自身素养与劳动需求的适切性和黏合度，自主建构综合性劳动素养和创新性思维，自觉成长为德智体美劳全面发展的社会主义建设者和接班人。

---

①潘懋元. 从“回归大学的根本”谈起[J]. 清华大学教育研究, 2015(4): 1-9.

第九章
结　论

大力推进劳动教育，构建科学、规范、系统的劳动教育教学体系，使劳动教育可教、可学、可评、可测，扎实落地且取得预期教学效果，是职业院校落实《意见》提出的“把劳动教育纳入人才培养全过程，贯通大中小学各学段”的必然要求，也是彰显职业教育类型特征、加强自身内涵建设、提升人才培养质量的应有之义。

一、明确定位，树立正确的教育观、教学观、学生观

职业院校推进劳动教育首先要厘清劳动教育与专业教育的关系，明确劳动教育的定位。需要深入解析劳动、劳动教育、专业技术教育的内涵，厘清劳动教育与专业教育、德育、体育、美育的关系，避免陷入“职业教育本身就是劳动教育，没必要再额外强化劳动教育”的认识误区，以及或在各专业原有的课程体系中加上一门劳动教育必修课，或在学生活动中增加一些劳动实践活动，或声势浩大地搞一场劳动技能大赛等简单、机械、零散的行为定式。需要深刻认识劳动教育与专业教育是两种不同性质的教育，二者均是职业教育的重要组成部分。劳动教育是具有公共基础性质的素质教育，是面向各专业学生、面向人人的普及性教育，教育目标并不指向某一具体劳动领域的精深技术，而是着力提升受教育者日常生活以及参加社会生产生活所需要的基本必备劳动素养，职业院校推进劳动教育既是对国家教育方针的贯彻落实，更是对职业教育提质赋能，提供高质量、创造型人才产出的重要举措。

在明确劳动教育定位，深刻认识新时代劳动教育的性质和任务的基础上，树立正确的教育观、教学观、学生观。明确“五育融合”的整体教育观，要深刻认识劳动教育作为“一育”的独立性和完整性，深刻认识劳动教育与德育、体育、美育之间相互联结、相互渗透、相辅相成的紧密关系，深刻认识劳动教育在新时代重提重申的重要意义以及面对的突出问题，坚持五育并举、融合发展，一方面，坚持教育与生产劳动相结合的教育方针，挖掘劳动树德、增智、强体、育美的职能，使劳动教育贯穿全学程、覆盖全方位，有效利用劳动实践优化各专业实践教学体系，使劳动教育为职业教育赋能提质，全面提升人才培养质量。另一方面，采用“劳动+”的思路，促进德育、智育、体育、美育课程承担劳动教育任务，构建劳育课程与课程劳育同向同行的“大劳动教育”格局；在劳动教育过程中树立以学生为中心

的、行动导向的教学观，利用劳动教育为学生架设学校学习与现实世界的桥梁，拓展学生的知识视野和活动空间，将学生导向丰富的现实世界，让学生客观认识千变万化的劳动形态和多姿多彩的社会生活，全面对接学生当前生活与未来职业的需要，用现实劳动及劳动的创新发展重构教学内容，用真实的劳动过程构建教学过程，运用行动导向的教学模式和教学方法，培养学生客观认识自我、客观认识世界，树立正确的劳动观念，具备真实的劳动能力，培育与时代发展和社会需求相匹配的劳动素养，使学生的综合劳动素养具有生活性、实践性、社会性、创新性；树立全面发展的学生观，在课程开发和教育教学中突出对学生成长的引领性，注重教育教学对学生成长的价值，推进教育评价改革，促进学生全面发展，使每一名学生都在自身原有基础上实现增值成长。

二、立足全面发展，构建科学的目标体系、内容体系

职业院校推进劳动教育需要立足新时代劳动教育的新特征和新要求，以促进学生全面发展、提升学生综合劳动素养为出发点和落脚点，构建科学的目标体系、内容体系，以清晰明确、结构完整、科学系统的目标体系建设和内容体系建设为标志，促进劳动教育向学科化、专业化方向发展。《意见》和《纲要》提出树立正确的劳动观念、具备必备的劳动能力、培育积极的劳动精神、养成良好的劳动品质和习惯四个方面的劳动教育总目标，着眼点在于提高受教育者的劳动观念和劳动品质，增强学生对当前生活及未来职业的适应性、灵活性、创造性，以适应新时代科技创新、产业升级、高品质生活以及未来不可预期的劳动需要。目标体系建设关系到“培养什么样的人”根本问题，内容体系建设关系到“教什么”的教育实施问题。由于当前职业院校的劳动教育缺乏国家层面的教学标准，建构劳动教育的目标体系和内容体系成为各职业院校落实劳动教育亟待解决的问题。职业院校的劳动教育需要立足于职业教育的类型特点，与专业教育相互支撑，与德育、体育、美育协同，服务职业教育的全面培养和高素质、高技能人才培养目标，落实《意见》《纲要》要求，建构体现职业教育类型特色、符合自身教育教学规律的目标体系和内容体系。

职业教育是职业准备教育，直接面向生产、建设、管理、服务一线，培养符合经济发展和社会需求的劳动者，职业院校劳动教育目标体系和内容体系的建构，直接关系着劳动者劳动素养的水平。在劳动教育教学目标设计上，以正确的劳动观念教育为核心，以具有创新性、实践性、生活性、社会性的劳动能力教育为主体，以优秀的劳动品质、习惯、精神培育赋能提质，整体提升受教育者的综合劳动素养。还需要考虑劳动素养的进阶提升，增加纵向的教育梯度，引导学生完成劳动素养由低到高，由参与劳动到有效劳动再到创造性劳动的蜕变，构建由劳动观念、劳动能力、劳动素质三个维度，由参与性、有效性、创新性三个阶梯组成的“三维三阶”教学目标体系。在教学内容的整合上，要考虑新时代劳动教育总目标包括劳动观念、劳动能力、劳动精神、劳动品质和习惯四个维度，不能偏废任何一个方面或顾此失彼。一方面，要认识到劳动观念、劳动精神、劳动品质和习惯是劳动教育的重要内容，不能以劳动能力教育代替，或以劳动的本体性知识代替劳动教育的知识；另一方面，不能因为课时、场地、师资等条件限制，以劳动观念、劳动精神、劳动品质和习惯的理论教学代替对劳动能力的实践培养。覆盖劳动教育总目标，面向现实世界的日常生活劳动、生产劳动、

服务性劳动三大类别劳动领域，结合职业教育的专业分类以及教学实施的可操作性，将服务性劳动中的职业部分与公益劳动和志愿服务进行分离，职业院校的劳动教育可整合为劳动观念教育、劳动素质教育、日常生活劳动教育、职业劳动教育、志愿服务劳动教育五大模块教学内容，形成职业院校劳动教育的“五大模块”教学内容体系。

三、整合全教育要素，推动劳动教育课程化和项目化

劳动教育的方法体系建设包括教育教学的形式、方法、手段、载体等建设，关系到教学内容如何呈现、师生如何互动等教学实施问题。在学校教育中，课程是教学的基本形式，是为实现教学目标而选择的教学内容、教学进程、教学方式及方法、手段的总体，也是学校整合教学资源的基本单元，帮助学生掌握劳动教育“五大模块”教学内容，开设劳动教育课程是最直接、最有效的手段。劳动教育是“一育”而非“一课”，不是仅开设一门劳动教育必修课就可达到预期教学目的，需要利用学校全要素教育教学手段，以课程的形式使各要素手段显性化、规范化、制度化，有计划、有目的、有组织地作用于学生劳动素养的成长。开设专题必修课是基础手段和基本形式，选取劳动教育“五大模块”教学内容的主体内容，特别针对现实世界中日常生活劳动、生产劳动、服务性劳动领域的典型劳动进行项目开发，开发为能够体现本领域劳动的典型特征和完整劳动过程，承载本领域劳动必需的劳动观念、劳动知识、劳动能力、劳动品质与习惯、劳动精神，并且可教、可学、可测的劳动项目，整合开发为劳动教育专题必修课，对学生进行基础知识、基础技能、基础素养教育。还可以劳动为圆心，挖掘劳动与各学科知识的联系，开发为以拓展学生劳动认知为目的的认知与分析类主题选修课，或将现实世界中丰富多彩的劳动业态进行整合提取，开发为以提高学生真实劳动能力为目的的实践与体验类主题选修课，作为对专题必修课的有益补充。劳动教育是长期的、系统的、全面的教育，专题必修课及主题选修课之外，有效推进劳动教育还需要发挥德、智、体、美的协同共育职能，开发“五育融合”课程，促进课程劳育与劳育课程同向同行、协同育人。还可以利用校内教育、教学、管理、服务等一切教育元素和教育渠道，推进劳动教育内容、方法、手段课程化，对第二课堂、社团、校内外社会实践、志愿者服务等进行课程化改造，开发岗位实践课程、研学实践课程，使劳动教育跳出“一课”的局限，统筹学校教育第一课堂、第二课堂以及校外社会实践第三课堂，构建专题必修课、主题选修课、五育融合课、岗位实践课、研学实践课五课联动的职业院校劳动教育课程体系，实现课程全覆盖，生活全情境、管理全过程、服务全方位，有劳动的地方就有劳动教育，使劳动教育成为激发学生积极探索、主动实践，引领学生全面而自由发展的动力和引擎。

四、彰显教育创新，推进教学模式创新和路径创新

利用项目化课程建设理念和方法，劳动教育课程可依据现实世界的典型劳动建构为项目化课程，教学内容以一系列相互关联且相对独立的、完整的劳动项目呈现，为劳动教育推行理实一体的行动导向教学模式改革提供了前提。行动导向的教学思想既是一种教学论，也是一种成熟的教学范式，目前已经广泛应用于职业教育教学。行动导向的教学区别于传统的理论教学或实践教学，是基于“在做中学”教学思想建构教学，以行动为主线设计教学过

程，按照行动逻辑串联知识技能的一种课程开发方法和教学模式，让学生经历“面对典型问题或典型任务—学习相关知识和技能—寻求解决问题或完成任务的策略—实施策略解决问题或完成任务—评估反思与改进提升”的行动过程，使学生在行动过程中学习并形成相应的思维方式，摒弃了培养学生掌握一技之长的“工具人倾向”培养目标，转向为体现当代社会对劳动者的创新能力具有较高需求的“设计人倾向”培养目标，着力培养学生面对真实的、不可预知的职业情境，自主地学习和探究、能动地思考和行动的能力。职业院校的劳动教育是对专业技术教育增值赋能的教育，旨在使学习者成为劳动的设计者、实施者、反思者及劳动成果的创造者，利用行动导向的教学思想进行教学模式和教学方法改革，是体现其职业教育类型特征、建构具有自身特色教学的应有之义。在教学模式改革上，可采用线上线下混合式教学、项目式教学、案例教学或任务驱动教学等行动导向的教学模式和教学方法，注重教学模式创新和教学方法的多样性、灵活性，构建“一中心、双轨道、三阶段、五课堂、六环节”教学模式，提升学生的学习体验和学习效果；在教学路径探索上，需充分认识劳动教育的长期性、复杂性以及教育效果的迟滞性，构建全员、全过程、全方位的教育生态，促进劳动教育与学校教育、教学、管理、服务各教育手段、教育元素结合，利用专业建设、课程建设、校内外学生实践活动及实践教学条件建设、学生日常管理、校园日常生活服务、校园文化建设、创新创业等，构建专业劳育、课程劳育、实践劳育、生活劳育、文化劳育，打造“进专业、进课程、进实践、进生活、进文化”五进教育实施路径。

五、聚焦全面发展，推动教育评价改革

劳动教育的考核评价体系建设关系到教学目标的达成度，具有激励、导向、诊断、改进功能。在考核改革中，经过多年的教育教学实践，职业教育已经积累了成熟的经验，前期研究者已经在考核标准建设上提出了较为成熟的思考，对考核内容、考核方式、成绩组成等进行了深入研究和实践，劳动教育可借鉴参考；在教育评价改革中，劳动教育评价既要评学生还要评教师、评课程，完善评价体系和评价方案建设，其中，学生劳动素养评价体系建设是核心，中共中央、国务院《深化新时代教育评价改革总体方案》对破除唯分数、唯升学的教育评价积弊提出了明确要求，覆盖劳动教育教学目标，对应学生劳动素养，设计具有职业教育特色的学生劳动素养评价指标体系至关重要。职业院校学生劳动素养评价可从劳动观念、劳动知识、劳动能力、劳动品质与习惯、劳动精神五个维度，分学段、分层次，从学校教师、家长、企业导师、社会活动组织者、服务对象、学生等多元主体的视角设计评价指标，在评价中还要关注评价的温度、深度、宽度，采用过程性评价、终结性评价相结合，激励性评价、增值性评价、综合素质评价相结合等多种方式，构建“多元三度五维”学生劳动素养评价模式，加强劳动教育评价的科学性、可操作性、引导性，确保教学目标的有效达成。

六、对接现实世界，构建协同育人“大劳动教育”格局

劳动教育教学体系的顺利实施需要教学条件、师资团队、劳动资源、教学资源、教学制度等作为保障。在教学条件建设上，考虑到新时代劳动教育是将受教育者导向现实生活和

客观世界的教育，劳动教育的教学就要突破课堂、校园的空间界限，利用校内外真实劳动资源建构开放式教学环境，使教学在真实的或无限接近真实的教学情境中进行。配合五大模块教学内容的实施，职业院校的劳动教育需要建设校园课堂、家庭课堂、企业课堂、社区课堂、空中课堂五大劳动教育课堂，为教学提供真实的劳动情境、线下可教可学的劳动资源、线上可随时随地调用的丰富教学资源等，让学生在真情境中真劳动、真感悟、真提升；在师资队伍建设上，职业院校的劳动教育是跨界、跨学科、跨专业的教育，教学的设计、实施、评价需要来自各界人力资源的全方位支持，由学校教师、家长、企业或社区在职人员等联合组建跨界、跨学科、跨专业教学团队，根据模块化教学的需要，采用多师同堂、合作教学的方式共同完成教学任务；在教学管理机制建设上，保障教学体系的顺利实施需要提供组织保障和制度保障，由政府部门驱动，学校主动承担设计、组织、协调工作，联合家庭、企业、社区及其他社会各界劳动主体，协同构建“政府部门、学校、家庭、企业、社区”五位一体协同育人共同体，联合开发校内外教学资源，实现课内外、校内外联动，与学生的日常生活、学习以及未来的职业生活同步，构建与学生活动轨迹相对应的全时空教学环境，开展全员、全方位、全过程的陪伴式教育，形成“大劳动教育”格局，使劳动育人落到实处、起到实效。

劳动是贯穿人一生的实践活动，劳动教育理应是与人生的全时空、全过程相伴相生的教育。新时代的劳动教育需要承担起时代赋予的责任和使命，发挥劳动以劳树德、以劳增智、以劳强体、以劳育美的综合育人职能，促进德、智、体、美教育效果集中展现于人类生产生活实践，通过劳动育人推进全面培养的社会主义教育体系建设，培养造就德智体美劳全面发展的社会主义建设者和接班人。